JN074693

令和6年度版 所得税入門
の入門

藤 本 清 一 著

税務研究会出版局

は　し　が　き

　わが国には、50を超える種類の税金があります。所得税は、中でも最も身近かな税金です。

　脱サラして商売を始めたいが税金は高いの？

　マイホームを購入したいが、住宅ローン減税は？

　家や土地を売りたいが税金はいくらかかるの？

　病院に入院したが医療費は税金から返してもらえるの？

　投資信託をすすめられたが税金は？

　パートで働きたいがいくらまでなら稼いでいいの？　……などなど

　この本は、題して『所得税入門の入門』としました。

　所得税法はむずかしくてわからないとも聞きますが、どなたにでもわかるようにポイントだけを絞って、やさしく書きました。

　できれば最初から読んでほしいのですが、商売をしておられない方は第2章の②をとばし、土地や家を貸しておられない方は第2章の③をとばすなど、関係のあるところ、興味のあるところからお読みください。本の題名は『所得税入門の入門』ですが、基本はしっかり書いてあります。これだけわかれば所得税の知識は十分です。あとは、特例や適用要件、手続きです。それは必要な都度補えば十分足ります。

　なお、この本の発行に当たっては、税理士西教弘氏に大変お世話になりました。ここに厚くお礼申し上げます。

　　平成11年5月

　　　　　　　　　　　　　　　　　　　　　　　　　著　　　者

——令和6年度版発行に当たって——

今回の改訂に当たっては全面的に見直しました。

令和6年度の税制改正に伴う所得税の定額減税や新NISAなどの改正事項はもちろんのこと、読者のみなさまからのご意見も取り入れ、より読みやすく、わかりやすいように、と心がけて多くの箇所を書き直し充実を図りました。

所得税は、私たち個人にとって最も身近な税金です。また、知らなかったばかりに損をしたと、よく耳にする税金です。

NISA、株式の売買、土地の譲渡、医療費控除、住宅ローン控除など興味のあるところからお読みください。また、税金のことをよくご存知の方にも日常業務でのご確認のためにご利用いただければ幸いです。この本がみなさまのお役に立つことを念じてやみません。

この本は、令和6年4月1日施行の「所得税法等の一部を改正する法律」を含め令和6年4月1日現在の法令によっています。

なお、文中の意見にわたる部分については、執筆者の個人的見解であることをお断りしておきます。

この令和6年度版の発行に当たって、税理士長田義博氏、税理士寺嶋芳朗氏、滋賀大学教授増山裕一氏には、いろいろとアドバイスをいただくなど大変お世話になりました。ここに厚くお礼申し上げます。

令和6年5月　改訂に当たって

著　　者

◆もくじ

第4章　税金の計算はどのようにするのか

第5章　税金から差し引かれる金額（税額控除）の基本

第6章　申告と納税

第7章 所得税の天引き（源泉徴収）制度とは

第8章　青色申告と白色申告の記帳制度

第9章　災害にあったとき所得税は

第10章　税務署長の処分に不服があるときは

〔付　録〕

第 **1** 章

所得税の基本

① 所得税とはどんな税金か

　所得税は、個人が 1 月 1 日から12月31日までの 1 年間に得た**所得**（いわゆる "もうけ"）に応じてかかる税金です。

　わが国の税金には、50を超える数の種類があります。

　税金は、国の税金と、都道府県や市町村の税金に分かれます。

　国の税金を、**国税**といいます。

　都道府県や市町村の税金を、**地方税**といいます。

　所得税は、国の税金で国税の一つです。

　所得税は、消費税、法人税と並んで、国の税収の中で最も大きなウエイトを占めています。

　税金は、誰が負担するかによって、**直接税**と**間接税**に分類されます。

　税金を負担する人と税金を納める人が一致するのが、直接税です。

　税金を負担する人と税金を納める人とが異なるのが、間接税です。

　所得税は、国税である法人税や相続税、地方税である住民税や固定資産税と並んで、直接税の代表的な税金です。消費税や酒税は、間接税の代表的な税金です。

　また、税金は、何を対象として、課税するかによって、**収得税、財産税、消費税、流通税**に分類されます。

　収得税は、所得にかかる税金です。

　所得税、法人税、それに地方税の住民税や事業税は、収得税の一つです。

　財産税は、人が所有する財産にかかる税金です。

　相続税や贈与税、地方税である固定資産税、自動車税などは、財産税

の一つです。

　消費税は、消費したときにかかる税金です。

　酒税、消費税、たばこ税、揮発油税などは消費税の一つです。

　流通税は、財や物（もの）の移転・移動にかかる税金です。

　登録免許税、印紙税、地方税の不動産取得税は、流通税の一つです。

　つまり、**所得税は**、**個人の所得に**かかる**国税**であって、**直接税**に属し、**収得税**に分類される税金です。

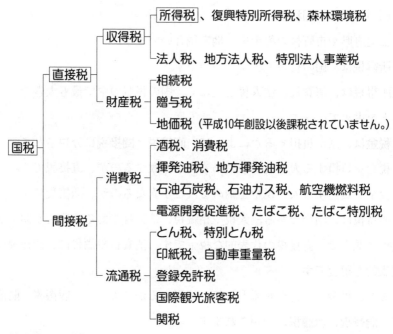

```
                   ┌ 収得税 ┬ ［所得税］、復興特別所得税、森林環境税
                   │        │
        ┌ 直接税 ┤         └ 法人税、地方法人税、特別法人事業税
        │          │        ┌ 相続税
        │          └ 財産税 ┼ 贈与税
        │                   └ 地価税（平成10年創設以後課税されていません。）
  国税 ┤         ┌ 消費税 ┬ 酒税、消費税
        │          │        ├ 揮発油税、地方揮発油税
        │          │        ├ 石油石炭税、石油ガス税、航空機燃料税
        │          │        └ 電源開発促進税、たばこ税、たばこ特別税
        └ 間接税 ┤         ┌ とん税、特別とん税
                   │        ├ 印紙税、自動車重量税
                   └ 流通税 ┼ 登録免許税
                            ├ 国際観光旅客税
                            └ 関税
```

　地方税……省略

　また、税負担を経済活動のどの局面に求めているかに着目して、所得課税、消費課税、資産課税等に分類することがあります。

② 所得税はどのような人にかかるか

所得税がかかるのは、

　　原則として、**個人**

ですが、**法人**にもかかる場合があります。

　個人は、日本国内に居住する形態の違いにより、**居住者**、**非永住者**、**非居住者**に区分して、それぞれ課税される所得の範囲が定められています。

(1) 居住者とは

　日本に住所がある個人、または引き続いて1年以上居所がある個人をいいます。

　なお、「住所」とは、個人の生活の本拠地をいいます。住民登録をしている場所とは限りません。

　居住者には、日本国内で生ずる所得だけでなく、外国で生ずる所得についても所得税がかかります。

（コメント）　国家公務員や地方公務員は、原則として日本国内に住所がない期間も国内に住所があるものとみなされます。

(2) 非永住者とは

　居住者のうち、日本国籍を有しておらず、かつ、過去10年間のうち5年以下の期間国内に住所または居所がある個人をいいます。

　非永住者には、日本国内で生ずる所得の全部と外国で生ずる所得のう

ち日本国内で支払われ、または日本国内に送金があった所得について所得税がかかります。

(3) 非居住者とは

日本に住所も1年以上の居所もない個人をいいます。

非居住者は、日本国内で生ずる所得（国内源泉所得）についてのみ所得税がかかります。

(4) 法人にかかる所得税とは

特定の所得については、個人だけでなく法人（人格のない社団または財団も含まれます。）にも、**源泉徴収**という方法で所得税がかかることがあります。

国内に本店や主たる事務所がある法人を、**内国法人**といいます。

内国法人は、国内で支払われる利子、配当、馬主が受ける競馬の賞金などの特定の所得について、支払いの際に所得税が源泉徴収されます。

内国法人以外の法人を、**外国法人**といいます。

外国法人には、国内源泉所得のうち、利子、配当、各種の使用料・対価など一定のものについて所得税がかかります。

コメント 源泉徴収については、301ページ以下を参照してください。

③ 所得税がかからない所得はあるか

　所得税は、原則として、個人がその年に得たすべての所得に対してかかります。

　しかし、例外として、社会・経済政策上の配慮、担税力の考慮、相続税等との二重課税の防止、課税技術上の問題などの理由から、特定の所得については、所得税がかかりません。

　これを

　非課税所得

といいます。

　非課税所得は、所得税の計算のうえでは、**はじめから所得がなかったものとして取り扱われ**ます。したがって、配偶者控除や扶養控除を受けるための所得要件の判定に当たってもその所得はないものとされ、また、**損失が生じた場合でも、その損失はなかったものとされます。**

　非課税所得の主なものには、次のようなものがあります。

1　利子・配当にかかるもの

①　障害者や所定の障害年金を受けている人、遺族年金などを受けている妻や児童扶養手当を受けている児童の母が受ける次の利子（非課税貯蓄申込書の提出など一定の手続きが必要です。）

　イ　元本350万円を限度とする少額公債の利子

　ロ　元本350万円を限度とする少額預金等の利子

②　勤労者財産形成住宅（または年金）貯蓄の利子等で、元本550万

円（一定のものは385万円）を限度とするもの（非課税貯蓄申込書の提出等一定の手続きが必要です。）

③　税金の納付のために引き出された納税準備預金にかかる利子

④　当座預金の利子（年利率が1％を超えるものは除きます。）

⑤　小・中・高校、義務教育学校等のいわゆる子供銀行の預貯金等の利子

⑥　オープン型の証券投資信託の収益の分配金のうち、元本の払戻しに相当する特別分配金

⑦　非課税口座（いわゆる NISA、つみたて NISA、ジュニア NISA）内の少額上場株式等にかかる配当等

2　給与にかかるもの

①　給与所得者の出張旅費、転任旅費

②　給与所得者の通勤手当（最高、月額15万円）

③　給与所得者の職務上定められた制服など

④　外国勤務の居住者の受ける在外手当

⑤　外国政府、国際機関等の職員が受ける給与

⑥　特定の取締役等が受ける新株予約権等の行使（ストックオプション）による経済的利益

⑦　学資金（役員等一定の者にかかるものを除きます。）

3　資産の譲渡にかかるもの

①　家具、じゅう器、衣服などの生活に通常必要な動産の譲渡による所得

（コメント）　生活用動産でも、1個または1組の値段が30万円を超える宝石

や貴金属、書画、骨とう、美術工芸品などの譲渡による所得は課税の対象となります。

② 　資力をなくして債務を弁済することが著しく困難な個人が競売などの強制換価手続き等により資産を譲渡した場合の所得

③ 　非課税口座（いわゆる NISA、つみたて NISA、ジュニア NISA）内の少額上場株式等にかかる譲渡所得等

④ 　起業等のために売却した株式の譲渡益

⑤ 　国や地方公共団体、公益法人（国税庁長官の承認を受けたものに限ります。）に資産を寄附した場合の所得

⑥ 　相続税を納めるために財産を物納した場合の所得

⑦ 　特定の国宝、重要文化財等を国や地方公共団体に譲渡した場合の所得

⑧ 　保証債務の履行のために土地等を譲渡したが求償権が行使できない場合の所得

⑨ 　個人に対して資産を贈与した場合の所得（贈与を受けた人に原則として贈与税がかかります。）

（コメント）　法人に対して資産を贈与または時価の２分の１未満の価額で譲渡した場合には、時価で譲渡があったものとみなされて課税されます。

4　そ の 他

① 　傷病者や遺族などが受ける恩給、年金、特別給付金など

② 　地方公共団体が心身障害者扶養共済制度に基づき支給する給付金

③ 　皇室の内廷費および皇族費

④ 　文化功労者年金等や学術奨励金等で財務大臣の定めるものなど

⑤ 　学資金（給与などの対価の性質を有するものを除きます。）およ

び扶養義務者が扶養義務を履行するために給付する金品

⑥　相続、遺贈または個人からの贈与により取得するもの（相続税、贈与税の対象となります。）

⑦　心身に加えられた損害または突発的な事故により資産に加えられた損害に基因して取得する、損害保険金、損害賠償金、障害給付金、慰謝料、見舞金など

⑧　葬祭料、香典、災害等の見舞金（その金額が受贈者の社会的地位、贈与者との関係等からみて社会通念上相当と認められるものに限られます。）

[例]　Aさんは店舗付住宅で青果店を営んでいましたが、ある日B社のトラックが突っ込んできて、Aさんは負傷、資産にも損害を受けました。

⇩

イ　Aさんの負傷について受けた治療費、慰謝料……非課税

ロ　Aさんの負傷に伴う収益補償金……非課税

ハ　事業用資産の損害について受けた賠償金、保険金……非課税（必要経費に算入される損失額を補てんする部分は除きます。）

ニ　住宅用の資産の損害について受けた賠償金、保険金……非課税

ホ　商品の損害について受けた賠償金……課税（事業所得の総収入金額に計上します。）

ヘ　友人、知人、取引先からの見舞金……非課税

---

⑨　公職の候補者が、選挙運動に関し法人から受ける寄附で公職選挙法による報告がされたもの

⑩　健康保険・介護保険などの保険給付、出産育児一時金等、一定の健康被害救済給付金、感染救済給付金、ハンセン病療養所入所者等に支給される退所者給付金など

⑪　労働者災害補償保険の保険給付、雇用保険の失業等給付、求職者支援給付金、職業訓練受講給付金、職業転換給付金（事業主に対して支給されるものを除きます。）、自立支援教育訓練給付金、高等職業訓練促進給付金、育児時短就業給付金など

⑫　生活保護のための給付、児童福祉のための支給金品、児童手当・児童扶養手当、身体障害者の福祉のための支給金品、生活困窮者住宅確保給付金、子育て世帯等臨時特別支援事業の支援給付金、高校の実質無償化にかかる「高等学校等就学支援金」など

⑬　児童養護施設退所者等に対する自律支援資金貸付事業による金銭の貸付けやひとり親家庭高等職業訓練促進資金貸付事業の住宅支援資金貸付けにかかる債務免除益

⑭　国や地方公共団体からの子育てにかかる助成の費用（ベビーシッター、認可外保育施設などの利用料）

⑮　オリンピックやパラリンピックの成績優秀者を表彰して交付される一定の金品

⑯　非居住者のIR区画におけるカジノの所得（令和9年分から令和13年分）

⑰　宝くじの当せん金など

（コメント）　外国の宝くじの当せん金は一時所得（150ページ参照）として課税されます。

　非課税所得に該当しませんが、一定の手続きにより申告をすれば、所得税が免除されるものがあります。

　これを

**　免税所得**

といいます。

　免税所得には、農家が飼育した免税対象飼育牛である肉用牛を一定の家畜市場などで売却した場合や一定の農業協同組合などに委託して売却した場合の所得があります。

〔損害賠償金等を取得した場合の課税上の取扱い〕

取　得　原　因			課否	具　体　例
債務不履行により受ける損害賠償金等			課税	違約金、遅延利息
必要経費に算入される金額を補てんするために受ける損害賠償金等			課税	従業員の給料、一時借店舗の賃借料その他通常の維持管理費用などを補てんするもの
身体の傷害または心身に加えられた損害につき受ける損害賠償金等	給与または収益の補償		非課税	給与所得者が加害者などから受ける給与の補償料、事業所得者が加害者などから受ける収益の補償料
	慰謝料その他精神的補償料など		非課税	示談金、慰謝料
	見舞金		非課税	いわゆる災害見舞金などで相当なもの
資産の損害につき受ける損害賠償金等	棚卸資産の補償など収入金額に代わる性質を有するもの		課税	棚卸資産の火災保険金など、特許権の侵害による補償金
	店舗、車両などの固定資産	収益の補償	課税	復旧期間中の休業補償金
		資産そのものの損害の補償 補償を約したもの	課税	収用等により漁業権、水利権等が消滅することで受けるもの
		突発的なもの	非課税	店舗の損害により受ける損害賠償金、火災保険金（必要経費に算入される金額を補てんする部分を除きます。）
		見舞金	非課税	いわゆる災害見舞金など

〔個人または個人事業主が、傷害保険の死亡保険金または傷害保険金を受け取った場合の税務上の取扱い〕

契約者 (保険料 負担者)	被保険者	傷害保険の死亡保険金		傷害保険金
		受取人	取扱い	
個人	個人	契約者の相続人	相続税	非課税 (被保険者の配偶者や同居親族等が受け取った場合も非課税) ※2
		契約者の相続人以外	相続税	
	家族	契約者	所得税（一時所得）	
		契約者以外	贈与税	
	第三者	契約者	所得税（一時所得）	
		契約者以外	贈与税	
個人 事業主	個人 事業主	契約者の相続人	相続税	
		契約者の相続人以外	相続税	
	使用人	契約者	所得税（事業所得）	
		使用人の相続人	相続税 ※1	
		使用人の相続人以外	相続税 ※1	
	使用人の家族	契約者	所得税（事業所得）	
		使用人	所得税（一時所得）※1	
		使用人以外	贈与税	

※1 支払保険料は、そのつど給与となります。
※2 傷害保険金の受取人が、傷害を受けた本人またはその配偶者もしくは直系血族または生計を一にする親族でない場合は、課税の対象となります。

④ 所得税はどのようにして 計算するのか

1 所得税の計算のしくみはどうなっているのか

　所得税は、非課税所得と免税所得（7ページ参照）の範囲に含まれる所得を除いた、

　　　個人が1年間に得たすべての所得

が課税の対象となります。

　しかし、ひとくちに所得といっても、稼ぎかたというか、所得の源泉は、いろいろです。

　たとえば、所得は稼ぎかたによって、

　①　サラリーマンの給料や賃金のように会社などに勤めて得る所得

　②　預金の利子、株式にかかる剰余金の配当、不動産の賃貸料のように資産を運用して得る所得

　③　土地や建物、株式などの資産を売って得る所得

　④　商業や工業、農業などの経営によって得る所得

　⑤　無償で資産や金品をもらったことにより生じる所得

などに区分することができますし、

　また、

　①　給料や商業、農業による所得、土地や建物の賃貸料などのように、毎年生ずる所得

　②　退職金や資産を売ったときなどのように、そのときだけ生ずる所得

などに区分することもできます。

　個人が、所得税を負担することのできる経済的能力、

　これを、**担税力**

といいますが、担税力は、所得の性質によってかなりの差があります。

　たとえば、

　給料や事業などの継続的な所得と退職金のような臨時的な所得では、給料や事業による継続的な所得の方が担税力はあるでしょうし、また、給料による所得と預金の利子や株式にかかる剰余金の配当による所得とでは、利子や配当の所得の方が担税力がある、といえます。

　そこで、所得税では、担税力の差異や課税上の要請などを考慮して、**所得**を次の**10種類**に区分し、それぞれの所得が、まずいくらかを計算するしくみになっています。

	継続的に発生する所得	臨時的に発生する所得
勤労等から生ずる所得	事業所得 給与所得	退職所得
資産の運用等から生ずる所得	不動産所得 利子所得 配当所得	山林所得 譲渡所得
その他		一時所得
上記のいずれにも該当しない所得	雑所得	

　所得税の計算のしくみは、次のように3段階になっています。

　　第1段階　　**各種所得の金額の計算**（くわしくは25ページ以下参照）

　　第2段階　　**課税所得金額の計算**（くわしくは173ページ以下参照）

　　第3段階　　**納付税額の計算**（くわしくは217ページ以下参照）

2　各種所得の金額はどのように計算するのか

　まず、1年間に得た所得を10種類の所得に区分し、**それぞれの所得に**ついて

　　いくらの**所得**があったか

　　いくらの**損失**があったか

を計算します。

　所得金額の計算のしかたは、所得の種類によって違います。

　各種所得の金額は、まず、10種類に区分して計算し（くわしくは25ページ以下参照）、

　さらに、担税力の差異または社会・経済政策上の要請から9つの所得金額（課税標準）に分類したうえで、所得税額の計算をします。

〈各種所得金額の計算〉

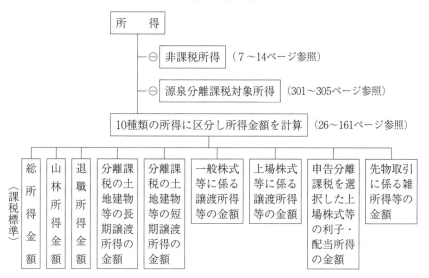

10種類の所得の金額をこの9つに分類して所得税額を計算しますが、

10種類の所得の金額の**計算上生じた損失**

があるときは、特定の損失については一定の順序により他の所得から差し引くことができます。

これを**損益通算**といいます（くわしくは163ページ参照）。

また、損益通算した結果、損失の金額が残る場合もあります。

これを**純損失の金額**（分離課税の譲渡損失などは除きます。）といいます。

この純損失の金額は、一定の条件に当てはまれば、

翌年以後、原則として、**3年間**にわたり**繰り越して**その年の所得から差し引くか、**前年に繰り戻す**ことにより前年の所得から差し引いて所得税の還付を受けることができます。

前者を、**純損失の繰越し**（169ページ参照）

後者を、**純損失の繰戻し**（170ページ参照）

といいます。

3　課税所得金額はどのように計算するのか

個人の生活は、さまざまです。病気などで医療費がかさんだ人、災害で大きな被害を受けた人、家族に障害者のいる人、家族の多い人……。

所得税では、このような個人的な事情や社会・経済政策上の要請などを考慮して、一定の金額を所得金額から控除した後で税額の計算をすることになっています。

この控除のことを総称して、

所得控除

といい、各種の控除が設けられています。

　そして、この所得控除を差し引いた後の金額が、

　課税所得金額

です。

　所得控除のことは後でくわしく説明します（173ページ以下参照）が、その控除は次の15種類があります。

　①雑損控除、②医療費控除、③社会保険料控除、④小規模企業共済等掛金控除、⑤生命保険料控除、⑥地震保険料控除、⑦寄附金控除、⑧障害者控除、⑨寡婦控除、⑩ひとり親控除、⑪勤労学生控除、⑫配偶者控

〈課税所得金額の計算〉

（課税標準）　　　　　　　　　　　（課税所得金額）

総所得金額		課税総所得金額
山林所得金額		課税山林所得金額
退職所得金額		課税退職所得金額
分離課税の土地建物等の長期譲渡所得の金額		課税長期譲渡所得金額
分離課税の土地建物等の短期譲渡所得の金額		課税短期譲渡所得金額
一般株式等の譲渡所得等の金額	所得控除	課税一般株式等の譲渡所得等金額
上場株式等の譲渡所得等の金額		課税上場株式等の譲渡所得等金額
申告分離課税を選択した上場株式等の利子・配当所得の金額		課税上場株式等の利子・配当所得金額
先物取引の雑所得等の金額		課税先物取引の雑所得等金額

（左列）－（所得控除）＝（右列）

除、⑬配偶者特別控除、⑭扶養控除および⑮基礎控除です。

4 納付税額はどのように計算するのか

　税額の計算は、9つの課税所得金額ごとにそれぞれの方法で計算します。

　そして、それらの税額の合計額を

　　算出税額

といいます。

　くわしくは、217ページ以下で説明しますが、課税総所得金額に対する税額は、

　　所得税の税額表

に当てはめて、次のように計算します。

　たとえば、課税総所得金額が550万円の場合の税額は、

　　（課税総所得金額）（税率）（控除額）（算出税額）
　　5,500,000円 ×20％ － 427,500円 ＝ 672,500円

となります（356ページ参照）。

　次に、株式にかかる剰余金の配当があったり、住宅ローン等を利用して住宅を取得した人などには、

　　配当控除

　　住宅借入金等特別控除

などの**税額控除額**を差し引きます。税額控除には、これ以外にも

　　外国税額控除

　　政党等寄附金特別控除

　　認定 NPO 法人等寄附金特別控除

　　公益社団法人等寄附金特別控除

などがあります。くわしくは、233ページ以下で説明します。

　算出税額から、これらの税額控除額を差し引いた金額が、

　　その年分の**所得税額**

です。

　さらに、配当や給料の支払いを受けたときに、天引きされた**源泉徴収税額**のある人は、その年分の所得税額から源泉徴収税額を控除します。

　この源泉徴収税額を控除した後の税額を

　　申告納税額

といいます。

　３月の所得税の確定申告の際に納めるのはこの税額です。

　ただし、７月と11月に**予定納税**（７月は第１期分、11月は第２期分といいます。）をしている人は、申告納税額からこの予定納税額を控除した後の金額（第３期分といいます。）を**納付**することになります。

　もし、この金額がマイナスとなっているときは、そのマイナスとなった金額が**還付**されます。

（参考）　定額減税

　令和６年分については、納税者および配偶者を含めた扶養家族１人につき３万円が所得税額から減税されます（くわしくは262ページ参照）。

コメント　平成25年から令和19年までの間は、**復興特別所得税**として、基準所得税額に2.1％の税率を乗じた金額が課されます（くわしくは332ページ参照）。

〈納付税額の計算〉

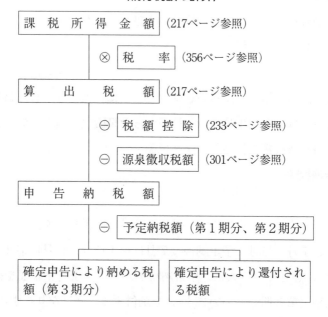

課 税 所 得 金 額 （217ページ参照）

⊗ 税 率 （356ページ参照）

算 出 税 額 （217ページ参照）

⊖ 税 額 控 除 （233ページ参照）

⊖ 源泉徴収税額 （301ページ参照）

申 告 納 税 額

⊖ 予定納税額（第1期分、第2期分）

確定申告により納める税額（第3期分）　　確定申告により還付される税額

第 2 章

所得の
計算方法
の 基 本

$\boxed{1}$　所得の種類には　　　　どのようなものがあるか

　第1章$\boxed{4}$でも説明しましたが、所得税では、担税力の差異や課税上の要請などを考慮して、**所得**を次の**10種類**に区分し、それぞれの所得金額が、まず、いくらかを計算するしくみになっています。

所得の種類	所　得　の　内　容	所得金額の計算方法
利　　　子	預貯金、国債、社債などの利子	収入金額＝所得金額
配　　　当	株式にかかる剰余金の配当など	収入金額－株式などを取得するための借入金の利子
不　動　産	土地、建物などの賃貸料など	総収入金額－必要経費
事　　　業	商工業、農業などの事業所得	総収入金額－必要経費
給　　　与	給料、賃金、ボーナスなど	収入金額－給与所得控除額
退　　　職	退職手当、一時恩給など	（収入金額－退職所得控除額）$\times \dfrac{1}{2}$
譲　　　渡	土地、建物、株式、ゴルフ会員権などの譲渡	総収入金額－売却した資産の取得費・譲渡費用－特別控除額
山　　　林	山林の立木などの売却	総収入金額－必要経費－特別控除額
一　　　時	クイズの賞金、生命保険契約の満期一時金など	総収入金額－収入を得るために支出した金額－特別控除額
雑	恩給、国民年金、厚生年金など	収入金額－公的年金等控除額
	前記の所得に当てはまらない所得	総収入金額－必要経費

② 事業所得とその計算について

1 事業所得とは

① 卸売・小売業

② 飲食業

③ 製造業

④ 建設業

⑤ 運輸業

⑥ サービス業

などの営業をしている人や

⑦ 医師

⑧ 弁護士

⑨ 税理士

⑩ プロスポーツ選手

など、いわゆる自由業の人

⑪ 農業

⑫ 漁業

をしている人などが、それぞれの事業から生じる所得をいいます。

　したがって、たとえば、飲食店に従業員として働いている人は、飲食業という事業を経営していないので、その店の経営者から支払いを受ける給料は事業所得ではなく給与所得になります。

　給与所得については、102ページ以下でくわしく説明します。

2　事業所得はどのように計算するのか

事業所得の金額は、次の計算式で求めます。

【算　式】

総収入金額　－　必要経費　＝　事業所得の金額

事業所得の金額は、それぞれの事業の総収入金額から必要経費を差し引いて計算します。

総収入金額とは、それぞれの事業から生ずる売上金額のほか事業に関連する付随収入（たとえば、仕入れのリベートや作業くずの売却収入など）を合わせた金額をいいます。

また、必要経費とは、総収入金額を得るために必要な経費をいいます。

前記の算式自体は簡単ですが

総収入金額や

必要経費

の計算は、少し複雑ですので、分けて説明しましょう。

3　総収入金額はどのように計算するのか

(1)　総収入金額の計算の基本

所得税は、1月1日から12月31日までの1年間（暦年単位）で計算します。

つまり、その収入がいつの年の収入になるかが、1つ目のポイントです。

税法では、収入金額の計算の基準を、原則として「その年において収

入すべき金額」という権利確定主義を採用しています。したがって、現実にお金を受け取っていなくても、お金をもらえること（権利）が確定すればその確定した日に収入として計上するように定められています。

　収入に計上する時期について、主なものをあげると、次のとおりです。

① 商品の販売

　　原則……その商品の引渡しの日

　　　ここで、「引渡しの日」とは、次のような場合をいいます。

　　　　　・出荷した日

　　　　　・相手方が検収した日

　　　　　・相手方が使用して収益があがるようになった日

　　　「引渡しの日」は、取引ごとに変更することはできません。「引渡しの日」をどの日にするか、をいったん決めると、その後は継続してその日に収入があったとして計上することが必要です。

② 商品の試用販売

　　原則……相手が購入の意思表示をした日

　　　配置商品などで相手が一定期間内に返品などをしないときに限り、特約により販売が確定する場合は、その日（一定期間が経過した日）となります。

③ 商品の委託販売

　　原則……受託者（販売委託を受けた人）がその商品を販売した日

　　　委託品の売上計算書が、1月以下の一定期間ごとに送付されるときに、その日で収入にあげている場合は、その日（売上計算書が到達した日）として差し支えありません。

④　**請負による収入**

　原則……Ⓐ　物の引渡しを要する請負契約

　　　　　　　➡その目的物の全部を完成して相手に引き渡した日

　　　　　Ⓑ　物の引渡しを要しない請負契約

　　　　　　　➡約束した役務の提供を完了した日

　　長期にわたり請け負った工事などについては慣習などにより完成
した部分ごとに引き渡すことになっていれば、全部が完了していな
くても、その引渡しの日（相手方に引き渡した日）によることがで
きます。

⑤　**資産（不動産を除きます。）の貸付け**

　原則……その年の末日（その年に対応する賃貸料）

⑥　**金銭の貸付け**

　原則……その年の末日（その年に対応する利息）

　例外……次による計上の仕方でも継続していれば OK です。

　　　　　Ⓐ　利息を天引きして貸し付けたものに係る利息

　　　　　　　➡貸付元本返済の日

　　　　　Ⓑ　Ⓐ以外

　　　　　　　➡契約などにより支払日が決めてあれば、その日

　　　　　　　　そうでなければ、支払いを受けた日

　　　　　Ⓒ　手形の割引料

　　　　　　　➡その手形の満期日

（コメント）　収入計上時期の特例として、リース譲渡などに適用される**延払
基準**や長期大規模工事に適用される**工事進行基準**などがあります。

(2) 自家消費など

現実にお金をもらわなくても、収入となるケースがあります。

たとえば、小売業などをしている人が、販売用の商品を、

・人にあげたり

・自分で使ってしまったり

することがありますが、このようなときも収入になります。

これを**自家消費**といいます。

自家消費は、販売価格で収入に計上するのではなく、

販売価格の70%または

仕入価格

のどちらか高い額で収入に計上すればOKです。

また、

・売上の代金を物で受け取る

・商品の仕入代金の支払いを免除してもらう

のように、お金でもらわないときでも、「そのときの価額」で収入に計上しなければなりません。このときの収入は**時価**で計上します。

なお、時価とは、一般的な市場価格と考えてよいでしょう。

(3) 広告宣伝用資産の安価での譲受け

広告宣伝用資産をタダか安い値段で引き取るといったことがあります。

特約店などの販売業者が、メーカーから製品の広告宣伝用の資産をタダか、とても安くしてもらった場合には、その資産の時価で収入金額に計上するのではなく、次のようにしてもよいこととされています。

① 看板、ネオンサイン ⇨ 収入金額は0円でOKです。

② メーカーや商品名の入った自動車、陳列だな、冷蔵庫 ⇨ メーカーの購入価額の3分の2を時価として収入金額を計算します。

　ただし、その額と支払った金額との差額（経済的利益）が30万円以下なら、収入を0円にすることができます。

　　[例]　　Dさんは商品名の入った軽四輪自動車（時価120万円）をその商品のメーカーから50万円で取得しました。この場合、Dさんの経済的利益は、次のとおり30万円となります。

$$120万円 \times \frac{2}{3} - 50万円 = 30万円$$

　　ただし、経済的利益が30万円以下となりますので、収入金額は0円とすることができます。

⑷　付 随 収 入

　本来の商売には直接関係がない次のような収入（付随収入）も、事業の収入となります。

① 空箱・作業くずの売却収入

② 得意先や従業員に貸し付けた貸付金の利子

③ 飲食店などの店内の広告掲示による収入

④ 従業員から受け取る従業員寮の家賃

⑤ 事業に使っている固定資産の固定資産税の前納報奨金　など

　これらは、本来の事業の収入とはやや異なる収入ですが、事業に付随する収入であることから**雑収入**として、事業所得の収入に計上しなければなりません。

(5)　損害賠償金や保険金を受け取ったとき

損害賠償金や保険金にも収入となるものがあります。

心身に受けた損害に対して受ける損害賠償金や保険金などは、非課税所得として税金がかからない収入とされています（10ページ参照）。

ただし、

① 　商品の損害によるもの

② 　営業の休止や廃止によるもの

③ 　漁業権、工業所有権、著作権の侵害によるもの

などは、事業の収入に計上しなければなりません。

> （コメント）　事故や災害により、資産（商品や山林を除きます。）に損害を受けた場合に受け取る損害賠償金や保険金は、総収入金額に算入しないで、その損失額を補てんするものとして、必要経費に算入すべき損失額から差し引くこととされています（66ページ(21)参照）。

(6)　国庫補助金や地方公共団体から補助金の交付を受けたとき

国庫補助金等の交付を受け、交付の目的に適合した固定資産を取得または改良した場合、その固定資産の取得等に充てた補助金等の額は、総収入金額に算入しなくてもよいこととされています。

なお、減価償却費や譲渡所得の取得費の計算では、取得価額または取得費の額は、国庫補助金等の額を控除した残額となります。

(7)　債務免除を受けたとき

未払金や借入金などの債務の免除を受けた場合には、その免除を受けた債務の内容に応じて、事業所得その他の各種所得の金額の計算上、総

収入金額に算入されます。ただし、青色申告者が、一定の要件を満たす
「債務処理計画」に基づいて債務免除を受けた場合には、減価償却資産
および繰延資産等の評価損の額に相当する金額を、所得金額を限度とし
て必要経費に算入することができます。

4　必要経費はどのように計算するのか

　事業所得の金額は、総収入金額から必要経費を差し引いて計算しま
す。この場合、必要経費とは事業収入を得るために必要な経費をいいま
すが、事業所得の主な必要経費の科目は、次のものがあります。

① 売 上 原 価……販売した商品の仕入代金など
② 租 税 公 課……収入印紙、固定資産税、自動車税、事業税など
③ 荷 造 運 賃……商品の発送費用など
④ 水道光熱費……電気、ガス、水道料金など
⑤ 旅費交通費……電車、バス、タクシーの料金、駐車料金、高速道
　　　　　　　　　路通行料など
⑥ 通 　信 　費……電話料、郵送料、切手、ハガキ代、インターネッ
　　　　　　　　　トプロバイダー料など
⑦ 広告宣伝費……新聞やチラシなどの広告料、カタログ印刷代など
⑧ 接待交際費……取引先に対する接待費用、慶弔見舞金、贈答品など
⑨ リ ー ス 料……事務用機器などのリース料（売買取引または金融
　　　　　　　　　取引として処理されるリース取引は除きます。）
　　　　　　　　　など
⑩ 賃 　借 　料……工作機械、ガレージなどの賃借料
⑪ 損害保険料……火災保険料や自動車保険料など
⑫ 修 　繕 　費……建物や機械、器具、車両などの修繕費用

⑬ 消 耗 品 費……事務用品、日用雑貨品の購入代金、ガソリン代など

⑭ 減価償却費……建物や機械、車両運搬具などの減価償却資産の償却費

⑮ 福利厚生費……従業員の慰安旅行、残業の夜食代、従業員に対する慶弔見舞金、事業主負担の社会保険料

⑯ 給 料 賃 金……従業員に支給した給料、賞与、報酬など

⑰ 支 払 利 子……借入金の利子

⑱ 手形売却損……手形の割引料

⑲ 地 代 家 賃……店舗や事務所など建物の賃借料

⑳ 事業用固定資産の損失……火災・事故・自然災害などによる減失額

㉑ 貸 倒 損 失……売掛金や受取手形の回収不能額

㉒ 損害賠償金……業務上他人に与えた損害について支出した損害賠償金

㉓ 青色事業専従者給与……青色申告者の家族従業員（事業専従者）に支給した給料、賞与など

（コメント） 事実の隠蔽・仮装に基づく確定申告をした場合や申告をしなかった年分において所得金額の基礎とされなかった間接経費は、必要経費とされない場合があります（291ページ参照）。

それでは、必要経費の科目ごとに具体的な取扱いはどのようになっているかをみることにしましょう。

(1) 売上原価

物品販売業では一番大きな費用といえます。

販売した商品の原価を売上原価といいますが、その計算は次の算式で

求めます。

【算　式】

　　年初の棚卸高 ＋ 年中の仕入高 － 年末の棚卸高 ＝ 売上原価

　商品の売上原価を計算するため、棚卸高がいくらあるかを調べることが「在庫調べ」です。これを商品の**棚卸し**といいます。

　棚卸しをする資産は、物品販売業や製造業など事業の種類によって違いがありますが、

　㋑　商品または製品

　㋺　原材料

　㋩　半製品

　㊁　仕掛品（半成工事）

　㋭　貯蔵中の消耗品

などです。

①　棚卸しの基となる商品などの価額の求め方

　棚卸資産の価額は、商品を他人から購入したものか、自分で製造したものかにより計算のしかたに違いがあります。

　　イ　他から購入したとき

　　　購入代金に次の費用を加えます。

　　㋑　引取運賃、荷造費、運送保険料、購入手数料、関税

　　㋺　買入れのための事務、検収、整理、手入れなどの費用

　　㋩　他の販売所への商品の移し換えのための費用

　　㊁　季節商品などの長期保管費用

　　ロ　自分で製造したとき

　　　自分で製造するために要した次の費用の合計（いわゆる**製造原価**）です。

　　㋑　原材料費

　　㋺　労務費

　　㋩　その他の経費

　これに、次の金額を加えます。

　　㊁　製造後の検査、整理、手入れの費用

　　㋭　他の販売所へ移管する費用

　　㋬　季節商品などの長期保管費用

②　具体的な棚卸しの方法（いわゆる評価方法）

　評価方法には、通常「原価法」が用いられますが、それには次のものがあります。

　　㋑　総平均法、㋺　個別法、㋩　先入先出法、㊁　移動平均法、
　　㋭　売価還元法、㋬　最終仕入原価法

　どの評価方法を用いるかについて、選択は自由ですが、あらかじめ税務署長に届け出ることが必要です。

　届け出がないときは、㋬の**最終仕入原価法**を用いることになります。

=== **評価方法別の計算方法** ===

　㋑　総　平　均　法

　　年初の棚卸商品の取得価額と年中の仕入価額を合計して平均する方法で、年末の棚卸商品もその平均が残っているとする次の算式で計算する方法です。

【算　式】

$$\frac{年初の棚卸高＋年中の仕入総額}{年初の棚卸数＋仕入総数量}＝平均単価 ※$$

　　※　平均単価×年末の棚卸数量＝年末棚卸高

◎ 個 別 法

棚卸商品の全部を個々の取得価額で評価する方法です。

商品の数が限られており、取引数量もそんなに多くない業種

たとえば、不動産業に適した方法です。

1回の取引が大量で、規格に応じて価格が決まっている商品には

適さず、選定できません。

ハ 先入先出法

たとえば、取出口が下にある米びつでの米の出し入れを考えてく

ださい。

先に入れた米が先に出ていきます。

このように、年末の棚卸のときに、残っている商品は、年末近く

に仕入れた新しい商品から順次在庫となっているとみる棚卸方法で

す。

ニ 移動平均法

年の中途での仕入れの都度、仕入単価の計算をやり直して、棚卸

高の計算をする方法です。

ホ 売価還元法

原価がわからない場合に、次の算式で計算する方法です。

【算 式】

$$\left(\begin{array}{c}\text{年末の棚卸商品}\\\text{の販売予定価額}\end{array}\right) \times \{1 - (\text{通常の差益の率})\} = \text{年末の棚卸高}$$

ヘ 最終仕入原価法

年末に一番近い時期に仕入れた商品の仕入単価に年末の棚卸数量

をかけて計算する方法です。

この方法が一般的です。この方法は計算が簡単で最も多く用いら

れています。

　たとえば、A商品の年末の在庫が200個あったとします。このA商品を年末に一番近いときに仕入れた仕入単価が、85円であったとすれば、

　　　85円 × 200(個) = 17,000円 （棚卸高）

となります。

③　特別な方法

　年末に仕入れた商品の時価が、仕入価額より下がったときに、青色申告者だけが使える方法に、**低価法**があります。

これは、

a　原価法（前記②の㋑～㋬）のうちのいずれかの方法で評価した
　価額

と

b　その年末の時価

とのいずれか低い方の価額を年末の棚卸高とする方法です。

(2)　租 税 公 課

営業や事業に関連して納付することとなった税金や賦課金です。

①　必要経費になるもの

　次の租税公課で、事業者としてその事業に関連して納付すべきものは、必要経費になります。

　　○固定資産税・都市計画税

　　○自動車税・自動車重量税

　　○登録免許税

○不動産取得税

○印紙税

○事業税

○所得税の延納に係る利子税

○各種の組合の賦課金　　など

　なお、店舗併用住宅や乗用車など、1つの建物や1台の乗用車を事業用と生活用とに使用している場合にかかる費用は**家事関連費**といい、事業用の部分だけが必要経費となりますが、生活用の部分は必要経費になりません。

　事業用部分の金額は、建物など不動産の場合は総面積に占める事業用部分、車両の場合は総走行距離に占める事業用走行距離の割合など合理的な方法で計算します。

（コメント）　特許権など登録により権利の発生する資産にかかる登録免許税は、必要経費でなく、その資産の取得費になります。

```
── 〖計算例（店舗併用住宅）〗 ───────────────

 ○敷地面積　300㎡（うち事業用部分の面積200㎡）
 ○建物面積　150㎡（　　　　〃　　　　　100㎡）
 ○固定資産税等　土地　24万円
 　　　　　　　　建物　15万円
 ◎必要経費の計算（面積割合により、事業用部分を計算しま
 　す。）
```

$$土地　　24万円 \times \frac{200㎡}{300㎡} = \underline{16万円}$$

$$建物　　15万円 \times \frac{100㎡}{150㎡} = \underline{10万円}$$

（計）　　$\underline{26万円}$（事業所得の必要経費となる固定資産税等）

② 必要経費にならないもの

事業に関連があっても、次の租税は必要経費になりません。

○所得税、復興特別所得税、森林環境税

○相続税、贈与税

○国税に課される過少申告加算税、無申告加算税、不納付加算税、重加算税、延滞税、印紙税法の規定による過怠税

○住民税

○地方税に課される過少申告加算金、不申告加算金、重加算金、延滞金

○課徴金

○罰金や科料（外国で科されたものを含みます。）、過料　　など

（コメント）　事業を営む個人は、**事業主体（事業者）**であると同時に**消費主体（消費者）**という二面性をもっていますが、税法では消費者としての活動に係る経費（**家事費**）は、必要経費にならないと規定しています。

③ 消費税等の取扱い

消費税等（消費税、地方消費税）は、原則として、

イ　基準期間の課税売上高が1,000万円（免税点）を超える事業者

ロ　輸入貨物の輸入者

には確定申告と納税の義務があります。

ここでいう「**基準期間**」とは、**その年の前々年**のことをいいますので、令和6年分にあっては、令和4年です。

つまり、令和4年分の課税売上高が1,000万円を超えている事業者は、令和6年分の消費税等の申告と納税をしなければなりません。

なお、適格請求書（インボイス）発行事業者の登録を受けた場合

は、前記にかかわらず、消費税等の申告と納税が必要です。

消費税の帳簿処理については、

イ　消費税等の額を売上げおよび仕入れに含めて処理する方法

　⇨ **税込経理方式（いわゆる内税）**

ロ　消費税等の額を売上げおよび仕入れに含めないで区分して処理

　する方法 ⇨ **税抜経理方式（いわゆる外税）**

があります。

　2つの方法のうちいずれの方法を採用するかは事業者の任意とされ
ています。そして、事業者が選択した方法は、その事業者のすべての
取引について適用することになっています。

　この2つの方法の概要は、次のとおりです。

区　分	税込経理方式	税抜経理方式
経理方法	売上げ・仕入れにかかる消費税等の額を、取引の対価に含めて処理します。	売上げ・仕入れにかかる消費税等の額は、仮受消費税等、仮払消費税等に区分して処理します。
売上げにかかる消費税等の額	売上金額に含めて収益として計上します。	仮受消費税等として仮受け処理します。
仕入れにかかる消費税等の額	仕入金額、資産の取得価額や役務提供の対価の額に含めて計上します。	仮払消費税等として仮払い処理します。
納付税額	申告した年の必要経費に算入するのが原則ですが、未払金としてその年の必要経費とすることもできます。	仮受消費税等から仮払消費税等を控除して納付するため、原則として損益に関係しません。
還付税額	雑収入として総収入金額に算入します。	仮払消費税等の戻りであり、原則として損益には関係しません。

(コメント) 1　消費税等の申告と納税を要しない事業者（免税事業者）の経理方式は、税込経理方式となります。

2　消費税等の額の計算上の「仕入れ」とは、通常の商品仕入れのほか、建物や機械の購入、器具備品の購入、賃借料・運送費・外注工賃の支払いなども含みます。ただし、適格請求書（インボイス）発行事業者以外の者からの課税仕入れは、原則として、仕入税額控除の対象となりません。また、人件費（給料、賃金）には消費税等が課税されないので含まれません。

(3) 荷造運賃

商品販売のための荷造りにかかった

○包装材料費

○荷造人夫賃

○鉄道、船、自動車などによる運送費

が、これに当たります。

商品の引取運賃は、商品の取得価額に算入します。

(4) 水道光熱費

事業用として消費した

○水道料

○電気代

○ガス代

が、これに当たります。

店舗併用住宅など、事業用と生活用とを区分せずに一括して支払っている水道光熱費は、

・使用量の割合

・使用時間の割合

など合理的な方法で計算して店舗等事業用にかかる部分を必要経費に算入します。

(5)　旅費交通費

販売活動や出張など、事業活動を行っていくうえで必要な

○電車代

○バス代、タクシー代

○宿泊代

○高速道路通行料、駐車料金

などは、旅費交通費といいます。

外国へ行くための旅費などは

・商取引で行く場合は必要経費になりますが、

・同業者団体などが主催する観光旅行の費用は必要経費になりません。

従業員が出張するに当たって旅費を概算払いしたときは、

・仮払金として処理しておき、

・後日精算したとき、確定した金額を必要経費とします。

(6)　通　信　費

事業のために使用した

○電話代

○郵便切手代、ハガキ代

○インターネットプロバイダー料

などは、通信費といいます。

通信費は事業用に使った分だけが必要経費になります。

電話代などのように、事業用にも生活用にも使うもの（家事関連費）は、使用時間の割合など、合理的な方法で、必要経費になる金額を計算します。

(7) 広告宣伝費

事業の広告宣伝のために使った

○テレビ、ラジオ、新聞などに広告を載せるための費用

○自店名の入ったカレンダー、タオル、ポケットティッシュなどの作成費用

○福引券の費用

などは、広告宣伝費といいます。

抽せん券付の販売で、当せんした人にお金や景品を送ったり、旅行やコンサートに招待した場合の費用は、

・当せんした人から実際に景品の請求があったときに

・旅行やコンサートに招待したときに

・当せんした人から請求されなくても、景品を送ることにしているときは、その抽せん日に、

それぞれ必要経費になります。

(8) 接待交際費

○得意先や仕入先の接待費用、商品券などの購入費用

○中元、歳暮などの贈答品の購入費用

は、次の条件を満たせば、接待交際費として、必要経費になります。

・費用を支払っていることが明らかであること

・相手方、接待の理由が、専ら事業のために必要だと認められること

　なお、社交的な団体の入会金や会費は、必要経費になりません。

　法人の場合は、ある一定額以上は損金（必要経費）に算入できません
が、個人の場合は前記の条件を満たせば、金額の制限なく必要経費になります。

コメント　1　必要経費になる接待交際費は、相手方や支出、接待の理由か
　　　らみて、専ら事業を営むうえで通常必要と認められる金額です。
　　　2　団体会員または団体役員間の会食などの費用は、通常、必要経費に
　　　なりません。

⑼　リース料（リース取引）

　パソコン、コピー機などのリース契約に基づき支払う

　○リース料

は、一般のリース取引であればその年に支払うことが確定したリース料
が必要経費になります。

　しかし、リース契約のなかには実質上は売買であるものや、金銭の貸
借のようなものもあるため、税務上は、次のように区分されています。

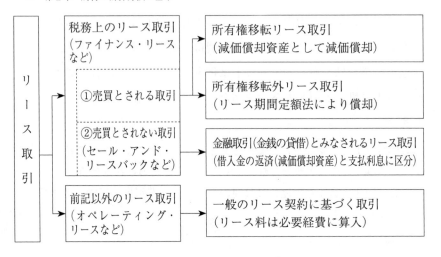

　「税務上のリース取引」とは、資産の賃貸借取引で次の要件を満たす
ものをいいます。

①　賃貸借契約が、賃貸借期間の中途で解除できないことまたはこれ
　に準ずること

②　賃借人が賃借資産から経済的利益を実質的に享受することがで
　き、かつ、その資産の使用に伴って生じる費用を実質的に負担すべ
　きこととされていること

　コメント　税務上のリース取引のうち、「所有権移転外リース」につ
　いては、貸借対照表に記載しないことができます。

⑽　賃　借　料

　工作機械や計算機などを賃貸借契約に基づき借り受けて使用する場合
に支払う

　○賃借料

は、必要経費になります。

　賃貸借契約は長期間にわたるケースが多く、数年分を前払いすること
がありますが、1年分を超えて支払いをするときは、年末に月割計算を
して、翌年分以後の部分は前払費用とします（支払った年分の必要経費
にはなりません。）。

（コメント）　契約期間が1年以内であるときは、継続経理を前提に、支払っ
　　　た金額を支払った年の必要経費にすることができます（(11)損害保険料、
　　　(18)地代家賃も同様です。）。

(11)　損害保険料

　商品などの棚卸資産や店舗、事業用車両などの減価償却資産に対する
　○火災保険料
　○火災共済掛金
　○地震保険料
　○自動車保険料
などは、損害保険料といいます。損害保険料は、事業用の部分に限って
必要経費になります。
　したがって、店舗併用住宅の火災保険料については、固定資産税と同
様に、建物の床面積の割合などで計算した店舗部分だけが、必要経費に
なります（39ページ参照）。
　ただし、火災保険などで満期返戻金が支払われるものは、
　・積立部分の保険料は、必要経費になりません。
　・必要経費となるのは、掛捨部分の保険料だけです。

（参考）　店舗併用住宅の火災保険料を支払った場合の取扱い

その年に支払った保険料の金額
- 事業用にかかる部分の保険料の金額
  - 積立保険料に相当する部分の金額……資産に計上
  - その他の部分の金額……必要経費に算入
- 住宅用など事業用以外にかかる部分の保険料の金額……必要経費になりません

（コメント）　住宅（事業用でない）の火災保険料や地震保険料は、必要経費になりませんが、地震保険契約等にかかる地震保険料、共済掛金は地震保険料控除（193ページ参照）として所得控除の対象となります。

⑿　修　繕　費

　事業用の建物、機械、器具、車両などの固定資産の

　○修繕費

は、必要経費になります。

　借りている建物などの修理費用は、通常家主が負担すべきものですが、家主に請求できない場合は必要経費になります。

（コメント）　**修繕費と資本的支出**

　　修繕が通常の修繕の程度を超えて、以前より資産の価値が高まったり、使用可能年数が延びれば、その修繕の効果が翌年以後にも及びます。これを**資本的支出**といいます。

　　たとえば、

　　・建物の避難階段の取付け

　　・用途変更の模様替え

　・機械部品の特に品質または性能の高いものへの取替え

などは、資本的支出となります。

　資本的支出は、支払った年分の必要経費としないで、**減価償却**という方法（52ページ⑲参照）で、一定の年数にわたり必要経費にします。

　修繕費となるか資本的支出になるかの区分は、その実質で判断することとなりますが、次表の形式的な基準により区分することもできます。

〔修繕費と資本的支出の区分等の形式的判断基準〕

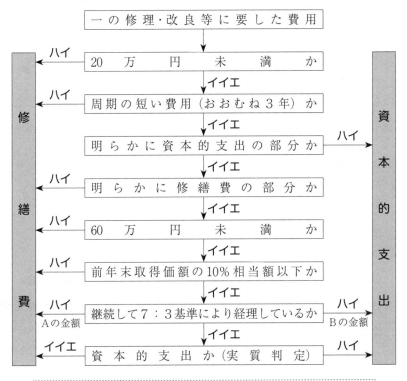

　A＝支出金額×30％または前期末取得価額×10％のいずれか少ない
　　金額
　B＝支出金額－A

⒀ 消 耗 品 費

○包装材料（包装紙、テープ、ひもなど）

○事務用品（文房具など）

○ガソリン

などの購入費用を消耗品費といいます。消耗品費は事業のために用いられる部分に限って、必要経費になります。

　また、工具や器具などで、

　　・使用可能期間が1年未満

　　・取得価額が10万円未満

のもの（**少額の減価償却資産**といいます。）（貸付用を除きます。）の購入費用も、消耗品費となります（くわしくは53ページ②　コメント　参照）。

⒁ 福利厚生費

　事業主が従業員のために支払う

○従業員の慰安などのための費用

○事業主負担の健康保険、労災保険などの保険料

○従業員のための退職金共済制度の掛金、確定拠出年金の掛金

などは、福利厚生費といいます。福利厚生費は、必要経費になります。

　また、従業員の慰安のための

○祝宴

○旅行

○運動会

○演芸会

の費用は、福利厚生費となりますが、事業主にかかる部分の費用は、従

業員の指揮監督などのために必要な場合に限り、福利厚生費に含めることができます。

(15)　給 料 賃 金

　店員、工員などの従業員に支払う給料、賃金は、給料賃金として、必要経費になります。

　給料賃金は、支払いの際に、所得税などを天引き（源泉徴収といいます。）しなければなりません（くわしくは301ページ参照）。

(16)　支 払 利 子

　事業用の借入金に対する支払利子は、必要経費になります。

　事業用資産を購入するための借入金利子は、支払った年の必要経費となりますが、使用開始日までの期間に対応する部分は、取得価額に含めることもできます（使用開始日以後は必要経費となります。）。

（コメント）　ローンを組んで資産を購入したときに、毎月の返済額の中の利息額がはっきりしていれば、その年に対応する利息の金額が必要経費となります。

(17)　手形売却損

　受取手形を金融機関で割り引いてもらったときに支払う割引料は、手形売却損として、必要経費になります。

(18)　地 代 家 賃

　店舗、車庫、資材置場などの事業用の土地や建物を借りるときに支払う地代や家賃を地代家賃といいます。地代家賃は、必要経費になりま

す。

　店舗併用住宅の家賃（家事関連費）には、家事用部分が含まれていますので、床面積割合など合理的な方法で、必要経費になる金額を計算します（38ページ(2)①参照）。

　建物の賃借の際に支払う権利金は、繰延資産として償却します（64ページ⑳参照）が、20万円未満であれば、支払った年の必要経費とします。

⒆　減価償却費

　事業用の建物、機械、車両などは**減価償却資産**といいます。

　減価償却資産の購入代金は、支払った年に一度に必要経費とすることはできません。これらの資産は、耐用年数（340ページ参照）に応じて一定の方法により計算した金額を必要経費にします。

　これを**減価償却費**といいます。

①　減価償却資産

　減価償却資産は、次の種類に区分されています。

　　イ　有形減価償却資産

　　　・建物　　　　　　　・航空機

　　　・建物附属設備　　　・車両および運搬具

　　　・構築物　　　　　　・工具・器具および備品

　　　・船舶　　　　　　　・機械および装置

　　ロ　無形減価償却資産（主なもの）

　　　・特許権　　・漁業権　　　・ダム使用権

　　　・商標権　　・水利権　　　・ソフトウエア

　　　・営業権　　・実用新案権

　・鉱業権　　・意匠権

ハ　生物（主なもの）

　・牛　　・馬　　・豚　　・綿羊　　・やぎ

　・果樹　　・茶樹

コメント　1　販売用として購入したものは、減価償却資産になりません（棚卸資産となります。）。

　　　　　2　土地は減価償却資産になりません（必要経費になりません。）。

　　　　　3　美術品等で歴史的価値または希少価値があり代替性のないものおよび取得価額が1点100万円以上のものなどは減価償却資産になりません（必要経費になりません。）。

②　減価償却資産の取得価額

減価償却資産の取得価額は、次によります。

イ　他から購入したとき

　　購入代価のほか、買入手数料、運送保険料、搬入費、据付費などの合計額

ロ　自分で製造したとき

　　材料費、労務費、その他の経費の合計額

ハ　相続などで取得したとき

　　相続や贈与により取得した場合は、被相続人や贈与者の取得価額を引き継ぎます。

コメント　1　取得価額が10万円未満の減価償却資産（貸付用を除きます。）については、消耗品費として使用開始した年分の必要経費に算入します（少額の減価償却資産）。

　　　　　2　1つの取得価額が10万円以上20万円未満の減価償却資産（貸付用を除きます。）については、その年に購入したものの全部または一部を一括して3年間にわたり3分の1ずつ必要経費に算入することができます（一括償却資産）。

3 常時使用する従業員が500人以下の青色申告者が令和8年3月31日までに業務の用に供する取得価額30万円未満の減価償却資産（貸付用を除きます。）を取得した場合には、取得価額の全額を必要経費に算入することができます（少額減価償却資産）。

ただし、その年分の少額減価償却資産の取得価額の総額が300万円を超えるときは、その超える部分は対象となりません。

③ 耐用年数と償却率

減価償却資産を普通に使用したときに、使用可能な期間（その資産の効果の及ぶ期間）を**耐用年数**といいます。

また、その年数を一定の率に換算したものを**償却率**といいます（348ページ参照）。

この場合、中古資産の耐用年数は、新品のものより使用可能期間が短いため、耐用年数を見積ることになりますが、一般的には次の方法で計算した年数を耐用年数とします（「**簡便法**」といいます。）。

・耐用年数の全部を経過したもの

⇨ **法定耐用年数×0.2**

・耐用年数の一部を経過したもの

⇨ **法定耐用年数−(経過年数×0.8)**

④ 減価償却費の計算方法

減価償却費の計算方法には、イ 定額法、ロ 旧定額法、ハ 定率法、ニ 旧定率法などいくつかの方法があります。

イ 定額法

定額法とは、資産は毎年同程度減価するものと考えて、毎年均

等額を減価償却費とする方法で、備忘価額の1円まで減価償却費として計上することができます。

「定額法」は、平成19年4月1日以後に取得した減価償却資産に適用されます。

なお、「定額法」は、次の「ロ　旧定額法」と異なり、**残存価額**（原則として取得価額の10％）および**償却可能限度額**（減価償却資産の取得価額の95％まで減価償却費とすることをいいます。）は適用されません。

【定額法の算式】

取得価額×定額法の償却率×$\dfrac{\text{事業の用に供した月数}}{12}$

＝減価償却費

(注)イ　未償却残高が備忘価額の1円になるまで減価償却します。

ロ　月数は、1月に満たない端数が生じたとき、これを1月とします。

〖定額法の計算例〗

(取得年月) 令和6年1月、(取得価額) 100万円、(耐用年数) 6年、(償却率) 0.167

年　分	減価償却費の計算	未償却残高
令和6年分	100万円×0.167×$\dfrac{12月}{12}$＝167,000円	833,000円
令和7年分	〃　＝167,000円	666,000円
令和8年分	〃　＝167,000円	499,000円
令和9年分	〃　＝167,000円	332,000円
令和10年分	〃　＝167,000円	165,000円
令和11年分	165,000円－1円＝164,999円	1円

※　令和11年分の減価償却費は、償却率の0.167を乗じた金額の167,000円よりも年初未償却残高が少ないため、年初未償却残高から備忘価額の1円を差し引いた164,999円となります。

□ 旧定額法

旧定額法とは、前記イの定額法と同様に、資産は毎年同程度減価するものと考えて、毎年均等額を減価償却費とする方法です。

この旧定額法は、平成19年3月31日までに取得した減価償却資産に適用されます。

なお、この旧定額法は、前記「イ 定額法」と異なり、**残存価額**および**償却可能限度額**が適用されます。

【旧定額法の算式】

$$(取得価額 - 残存価額) \times 旧定額法の償却率 \times \frac{事業の用に供した月数}{12}$$

＝減価償却費

(注)イ 未償却残高が償却可能限度額（取得価額の5％）に達するまで減価償却費の額を計算し、未償却残高が償却可能限度額に達した場合は、その翌年から5年間で均等額を償却費に計上して、最後に備忘価額の1円を残します。

　　ロ 残存価額は、原則として取得価額の10％、無形減価償却資産は0円です。

　　ハ 月数は、1月に満たない端数が生じたとき、これを1月とします。

───　『旧定額法の計算例』　───

（取得年月）平成19年2月、（取得価額）100万円、（耐用年数）15年、

（償却率）0.066

年　分	減価償却費の計算	未償却残高
平成19年分	残存価額率 $100万円 \times (1-0.1) \times 0.066 \times \dfrac{11月}{12} = 54,450円$	945,550円
平成20年分	〃 $\times \dfrac{12月}{12} = 59,400円$	886,150円
⋮	⋮	⋮
令和4年分	$100万円 \times (1-0.1) \times 0.066 \times \dfrac{12月}{12} = 59,400円$	54,550円
令和5年分	償却可能限度額 $54,550円 - (100万円 \times 5\%) = 4,550円$	50,000円
令和6年分	$50,000円 \times \dfrac{1}{5} = 10,000円$	40,000円
令和7年分	〃　$= 10,000円$	30,000円
令和8年分	〃　$= 10,000円$	20,000円
令和9年分	〃　$= 10,000円$	10,000円
令和10年分	$10,000円 - 1円 = 9,999円$	1円

八　定率法

　　定率法とは、資産は初期ほど多く減価するものと考えて初期の
減価償却費の額を多くし、年を経るごとに減価償却費の額を少な
くする方法です。

　　「定率法の償却率」は、減価償却資産の取得の時期に応じて、

　　○平成19年3月31日以前の取得………………………旧定率法

　　　○平成19年4月1日以後平成24年3月31日までの間に取得

　　　…………………………………………………250％定率法

　　　○平成24年1月1日以後に取得……………………200％定率法

の3つに区分されています。

　また、「**定率法**」については、償却可能限度額は適用されません。

【定率法の算式】

　①　調整前償却額≧償却保証額のとき

　　○調整前償却額は次の算式で計算します。

$$調整前償却額 = \left(\underbrace{取得価額 - \begin{array}{c}前年末までの減価\\償却費の累計額\end{array}}_{年初未償却残高} \right) \times \begin{array}{c}定率法の\\償却率\end{array}$$

　　○償却保証額は次の算式で計算します。

$$償却保証額 = 取得価額 \times 定率法の保証率$$

$$調整前償却額 \times \frac{事業の用に供した月数}{12} = 減価償却費$$

　②　調整前償却額＜償却保証額のとき

$$改定取得価額^{※} \times 改定償却率 \times \frac{事業の用に供した月数}{12} = 減価償却費$$

※　改定取得価額とは、最初に調整前償却額が償却保証額に満たないこととなる年の1月1日における未償却残高をいいます。

(注)イ　未償却残高が備忘価額の1円になるまで減価償却します。

　　ロ　月数に1月に満たない端数を生じたときは、これを1月とします。

―― 〖200%定率法の計算例（平成24年4月1日以後に取得）〗 ――

（取得年月）令和6年7月、（取得価額）100万円、（耐用年数）6年、

償却率　0.333　　改定償却率　0.334　　保証率　0.09911

（保証率）　（償却保証額）
償却保証額　100万円×0.09911＝99,110円

年　分	減価償却費の額	未償却残高
令和6年分	$100万円 \times 0.333 \times \dfrac{6月}{12} = 166,500円$	833,500円
令和7年分	$833,500円 \times 0.333 \times \dfrac{12月}{12} = 277,556円$	555,944円
令和8年分	$555,944円 \times 0.333 \times \dfrac{12月}{12} = 185,130円$	370,814円
令和9年分	$370,814円 \times 0.333 \times \dfrac{12月}{12} = 123,482円$	247,332円
令和10年分	（調整前償却額） $(247,332円 \times 0.333 \times \dfrac{12月}{12} = 82,362円)$ （調整前償却額）　（償却保証額） $82,362円　<　99,110円$ （改定取得価額）（改定償却率） $247,332円 \times 0.334 \times \dfrac{12月}{12} = 82,609円$	164,723円
令和11年分	82,609円	82,114円
令和12年分	$82,114円 - 1円 = 82,113円$	1円

（注）　減価償却費の額は、小数点以下の端数は切り上げています。

二　旧定率法

　　旧定率法とは、前記「ハ　定率法」と同様に、資産は初期ほど多く減価するものと考えて初期の減価償却費の額を多くし、年を経るごとに減価償却費の額を少なくする償却方法です。

　　この旧定率法は、平成19年3月31日までに取得した減価償却資産に適用されます。

【旧定率法の算式】

$$\left(取得価額 - \begin{array}{c}前年末までの償\\却費の累計額\end{array}\right) \times \begin{array}{c}旧定率法\\の償却率\end{array} \times \frac{事業の用に供した月数}{12}$$

　＝減価償却費

（注）イ　未償却残高が償却可能限度額（取得価額の5％）に達するまで減価償却費の額を計算し、未償却残高が償却可能限度額に達した場合は、その翌年以後5年間で均等額を償却費に計上して、最後に備忘価額の1円を残します。

　　　ロ　月数に1月に満たない端数を生じたときは、これを1月とします。

── **《旧定率法の計算例（平成19年3月31日以前に取得）》** ──

（取得年月）平成19年2月、（取得価額）100万円、（耐用年数）15年、（償却率）0.142

年　分	減価償却費の額	未償却残高
平成19年分	$100万円 \times 0.142 \times \frac{11月}{12} = 130,167円$	869,833円
平成20年分	$869,833円 \times 0.142 \times \frac{12月}{12} = 123,517円$	746,316円
⋮	⋮	⋮
令和7年分	$64,372円 \times 0.142 \times \frac{12月}{12} = 9,141円$	55,231円
令和8年分	（前年末未償却残額） $55,231円 \times 0.142 = 7,843円$ （償却限度額） $55,231円 - 7,843円 < 50,000円$ （前年末未償却残額）（償却限度額） $55,231円 - 50,000円 = 5,231円$	50,000円
令和9〜12年分	$50,000円 \times \frac{1}{5} = 10,000円$	40,000円
⋮	⋮	⋮
令和13年分	$10,000円 - 1円 = 9,999円$	1円

（注）　償却費の額は、小数点以下の端数は切り上げています。

⑤　資本的支出の減価償却

　減価償却資産について、資本的支出（48ページ⑿ コメント 参照）をした場合には、その資本的支出の金額を本体とは別に新たな減価償却資産を取得したものとして減価償却費の額を計算します。

（特例計算）

　平成24年4月1日以後に取得した減価償却資産に対し資本的支出を行った場合には、

　　・資本的支出を行った年の翌年1月1日において、その資本的支出を行った減価償却資産の期首未償却残高と

　　・その資本的支出により取得したものとされた本体の減価償却資産の期首未償却残高

との合計額を、一の減価償却資産を新たに取得したものとして減価償却費の計算をすることができます。

コメント　平成24年3月31日以前に取得した減価償却資産に対し平成24年4月1日以後に資本的支出をした場合には、償却率が異なるため特例計算を選択することはできません。

───〚**計算例①（本体の取得が平成24年4月1日以後の場合）**〛───

①　資本的支出を行った資産（本体）

（取得年月）令和5年7月、（取得価額）200万円、（耐用年数）10年

（定率法の償却率）0.200

②　資本的支出

（支出年月）令和6年10月、（支出額）100万円、

（耐用年数）10年

（定率法の償却率）0.200

〈原則による場合〉

年　分	償却費の計算	未償却残高
令和5年分	本　体　$2,000,000円 \times 0.200 \times \dfrac{6月}{12} = 200,000円$	$1,800,000円$
令和6年分	本　体　$1,800,000円 \times 0.200 \times \dfrac{12月}{12} = 360,000円$ 資本的 支　出　$1,000,000円 \times 0.200 \times \dfrac{3月}{12} = 50,000円$	$1,440,000円$ $950,000円$
令和7年分	本　体　$1,440,000円 \times 0.200 \times \dfrac{12月}{12} = 288,000円$ 資本的 支　出　$950,000円 \times 0.200 \times \dfrac{12月}{12} = 190,000円$	$1,152,000円$ $760,000円$

　令和8年分以後も、本体と資本的支出に区分してそれぞれ未償却残高を基に減価償却費を計算します。

〈特例計算による場合〉

年　分	償却費の計算	未償却残高
令和5年分	本　体　$2,000,000円 \times 0.200 \times \dfrac{6月}{12} = 200,000円$	$1,800,000円$
令和6年分	本　体　$1,800,000円 \times 0.200 \times \dfrac{12月}{12} = 360,000円$ 資本的 支　出　$1,000,000円 \times 0.200 \times \dfrac{3月}{12} = 50,000円$	$1,440,000円$ $950,000円$
令和7年分	（本体と資本的支出の年初未償却残高の合計額） $(1,440,000円 + 950,000円)$ $\times 0.200 \times \dfrac{12月}{12} = 478,000円$	$1,912,000円$

　令和8年分以後は、未償却残高を基に減価償却費を計算します。

⑥　償却方法の選定と手続き

　減価償却費の計算方法は、減価償却資産の種類ごとに選定し、事業を開始した年分の確定申告期限（翌年3月15日）までに税務署長に届け出ます。

　個人の場合、この選定の届出をしなければ**定額法**（平成19年3月31日までに取得した減価償却資産は、旧定額法）で減価償却費を計算することとされています。

　選定している減価償却費の計算方法を変更しようとする場合は、その変更しようとする年の3月15日までに、その旨および変更しようとする理由を記載した申請書を税務署長に提出して承認を受けることとされています。

⑦　減価償却の特例

　青色申告者にはいろいろな特典がありますが、減価償却については、特別償却または割増償却の制度があります。

　イ　特別償却

　　　事業用として使用した初年度に取得価額の一定割合を一時に普通償却費に加えて必要経費に算入する制度です。

　　・中小事業者の機械等の特別償却

　　・医療用機器等の特別償却

　　・特定船舶の特別償却

　　・特定中小事業者の特定経営力向上設備等の特別償却

　　・環境負荷低減事業活動用資産等の特別償却

　　などがあります。

□ 割増償却

事業用として使用した年から一定期間に限り、各年の償却費を一定割合で割増しして必要経費に算入する制度です。

・事業再編計画の認定を受けた場合の事業再編促進機械等の割増償却

・倉庫用建物等の割増償却

などがあります。

⒇ 繰延資産の償却費

事業のために支出した費用で、その支出の効果が支出の日以後1年以上に及ぶものを**繰延資産**といいます。

繰延資産は、その効果の及ぶ期間で均等に償却した金額が、必要経費になります。

【算　式】

　　　繰延資産の支出額　÷　償却期間　=　償却費

〔主な繰延資産と償却期間〕

種　　類	内　　容	償却期間
開業費	開業準備のために特別に支出した費用	5年 （任意の金額で償却することもできます。）
開発費	・新たな技術または新たな経営組織の採用 ・得意先の開拓などのための広告宣伝費など	
公共的施設の負担金	負担する人が専ら使用するもの	その施設の耐用年数の70％
	上記以外のもの	その施設の耐用年数の40％
共同的施設の負担金	負担した人が専ら利用する共同展示場や共同宿泊所	その施設の耐用年数の70％
	商店街のアーケード、日よけ、アーチなど	5年
事業用の建物を賃借するための権利金など	建物の新築に伴って支払う権利金で、その建物の建築費用の大部分を占めるもの	その建物の耐用年数の70％
	契約や慣習で借家権として転売できるもの	賃借後の見積耐用年数の70％
	その他のもの	5年
同業者団体等の加入金	・社交団体を除きます。 ・出資の性質をもっているものを除きます。	5年

コメント　前記の表の「開業費」および「開発費」以外の繰延資産については、支出した金額が20万円未満であるときは、その全額をその年の必要経費とします。

なお、20万円未満かどうかは、消費税等について税抜経理方式を選択

しているときは消費税等の額を含めずに、税込経理方式を選択しているときは消費税等の額を含めて判定します。

⑴ 事業用固定資産の損失

事業用の固定資産などを

○取壊し

○除去

○災害などにより損壊

した場合は、次の算式で計算した損失額が、必要経費になります。

【算　式】

(建物などの取得価額) － (損壊した日までの償却費累計額) －
　　　　　　　　　　　　　(損壊直前の簿価)

(損壊した建物の処分可能価額) － (廃材などの処分価額) － (保険金、賠償金)

(損壊直後の時価)

＝損失額

〔計算例〕

○火災で一部焼失した木造店舗の損失額

　（令和6年6月に火災があったとき）

　(a)　店舗の取得価額　10,000,000円

　(b)　火災の日までの償却費累計額　5,500,000円

　(c)　火災直後の店舗の処分可能価額　2,000,000円

　(d)　保険会社から受け取った火災保険金　1,500,000円

　　(10,000,000円－5,500,000円) －2,000,000円－1,500,000円
　　　　4,500,000円（簿価）　　　　（時価）　　　（保険金）

＝1,000,000円（令和6年分の必要経費になる金額）

（注1） 取壊しなどの費用も、事業目的で行われるのであれば、必要経費になります。

（注2） 焼失した建物を元に戻すため（原状回復）の費用は、次のように取り扱われます。

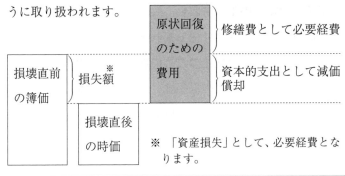

<コメント> 次に該当する場合は必要経費になりません。

1 土地を利用するために、建物付きの土地を購入し、その建物を取り壊した場合の建物自体の損失額や取壊し費用は、土地の取得価額に含められ、必要経費になりません。

2 土地を譲渡するために、その土地の上にある建物を取り壊した場合の損失額や取壊し費用は、譲渡所得の経費（譲渡費用）に含められ、事業所得の必要経費にはなりません。

⑫ 貸倒損失

事業を営む上で、売掛金、貸付金、前渡金などの貸金（手形債権を含みます。）が貸倒れとなったことにより生じた損失の金額は、貸倒損失として、必要経費になります。

〈貸金等の範囲〉

貸倒損失の対象となる債権を**貸金等**といいますが、具体的には次のよ

うなものが該当します。

・販売業者の売掛金

・金融業者の貸付金、未収利子

・製造業者の下請業者に対する前払金や前渡金

・工事請負業者の工事未収金

・自由業者の役務提供に係る未収金

・販売強化、企業合理化のための特約店、下請先に対する貸付金

・事業上の保証としての保証金、敷金、預け金

・従業員に対する前払給料、概算払費用

〈貸倒れの事実〉

　次のような事実が発生したときは、それぞれ、弁済不能の通知や決定などされた金額が、貸倒損失として必要経費になります。

・更生計画の認可の決定

・再生計画認可の決定

・債権者集会等の協議決定（合理的な基準による債務者の負債整理の定めがあるもの）

・特別清算にかかる協定の認可の決定

・債務者の債務超過の状態が、相当期間を通じ、弁済を受けることができないと認められ、債務者に書面でその旨を通知したとき

（コメント）　事業を営む上で、次の事由により生じた損失の金額についても、必要経費となります。

○販売した商品の返戻しまたは値引きなどにより収入金額が減少することとなったこと

○保証債務を履行して、主たる債務者に対する求償権の全部または一部

　が行使できなくなったこと

○事業所得の金額を計算する基となった事実のうちに含まれていた行為
　が無効または取り消され経済的利益が失われたこと

○事業用の資産について災害、盗難、横領により損失が生じたこと

⒆　貸倒引当金

　売掛金、貸付金、前払金などの商売上で生じた金銭債権について、その得意先などが倒産したときは貸倒損失として必要経費となりますが、倒産したわけではないけれども、債務者に債務超過の状態が長期にわたって継続しているなど貸金等の回収の見込みがないと認められる場合には、その年の12月31日においてその貸金等の貸倒れ見込額として貸倒引当金勘定に繰り入れた金額のうち、次に掲げる一定の金額（繰入れ限度額）に達するまでの金額は必要経費に算入することができます。

　なお、繰り入れた貸倒引当金の額は、その翌年には必ずこれを取り崩して総収入金額に算入することになっています。

①　個別評価貸金等の貸倒引当金

　次に掲げる場合において、その一部について貸倒損失が見込まれる金銭債権（債券を除きます。）（**個別評価貸金等**）のその見込額として掲げている金額に達するまでの金額は、必要経費となります。

　　イ　更生計画認可の決定などに基づいて、その弁済を猶予された
　　　り、賦払いにより弁済される場合
　　　……その年の翌年1月1日から5年を経過する日までに弁済され
　　　　　ることとなる金額以外の金額（担保のあるものや弁済見込み
　　　　　のある金額は除きます。）

　ロ　債務超過の状態が相当期間継続して事業の好転の見通しがない
　　　ことなどによりその一部の金額について回収等の見込みがないと
　　　認められる場合

　　　……その一部に相当する金額

　ハ　次のような事実が生じている場合

　　a　特別清算の開始申立てがあったこと

　　b　破産手続開始の申立てがあったこと

　　c　再生手続開始の申立てがあったこと

　　d　更生手続の開始の申立てがあったこと

　　e　手形交換所（電子債権記録機関等を含みます。）で取引停止
　　　の処分があったこと

　　　……その個別評価貸金等（実質的に債権と認められない金額や回
　　　　　収見込みのある金額などは除きます。）の50％相当額

②　一括評価貸金等の貸倒引当金

　青色申告者について認められる貸倒引当金です。

　商売上で生じた売掛金、貸付金などの貸金等のうち、前記①の個別評
価貸金等を除いた金銭債権（債券を除きます。）（**一括評価貸金等**）の
貸倒れ損失の見込額として貸倒引当金勘定に繰り入れた金額について
は、次の繰入限度額に達するまでの金額は必要経費となります。

　ただし、その人が死亡した年において、その事業を承継する人がい
ないときや廃業したときは認められません。

○繰入限度額の計算

　一括評価貸金等（その債務者から受け入れた金額があるため実質
的に債権とみられない額等は除きます。）に次の割合を乗じて計算

した金額です。

　　イ　金融業以外の事業者　　$\dfrac{55}{1,000}$

　　ロ　金融業者　　$\dfrac{33}{1,000}$

（コメント）　貸倒引当金の個別評価の計算の基礎となった貸金等やその
　　債権に係る債務者から受け入れた金額があるため実質的に債権と認
　　められないものや、次のような債権は、貸倒引当金の対象となる貸
　　金に該当しません。
　　　ⓐ　保証金、敷金、預け金などの貸金
　　　ⓑ　手付金、前渡金などで資産の取得の代価または費用の支出に
　　　　充てられるもの
　　　ⓒ　前払いの給料、概算払いの旅費、前渡しの交際費等、将来精
　　　　算される費用の前払いとして一時的に仮払金や立替金として支
　　　　出したものなど

⑵⁴　損害賠償金等

　たとえば、商品の配達の途中（事業の遂行上）に交通事故を起こし
て、被害者に損害賠償金を支払うこととなったり、罰金などを科された
ときは、次のように取り扱われます。
　①　損害賠償金（事業上のもの）
　　・事業者に故意、重過失あり ⇨ 必要経費になりません。
　　・事業者に故意、重過失なし ⇨ 必要経費になります。
　②　損害賠償金（事業上のものでないもの）
　　・基本的には、必要経費になりません。
　③　罰金、科料、過料（外国等で科された罰金および科料を含みます。）
　　・必要経費になりません。
前記の「故意、重過失」には、無免許運転、制限速度違反、飲酒運

転、信号無視などがこれに当たります。

　また、従業員が仕事中に事故を起こしたときに、事業主が支払う損害賠償金は、従業員に故意、重過失がなくても、事業主が不適法な指示をしていた場合は、必要経費になりません。

　必要経費となる損害賠償金の額が、年末までに決まらないときは、その時までに相手方へ申し出た金額を未払金として必要経費に算入します。

　事業上の紛争の解決のために支払う弁護士費用等は、その支払った年の必要経費になります。事業遂行に関連する行為に、刑法違反等の疑いを受けた場合の弁護士費用等は、無罪が確定したときに、はじめて必要経費になります。

⑤　家族事業従事者（青色事業専従者給与）等の取扱い

①　家族に支払う家賃等

　たとえば、妻名義の建物を夫が使用して事業を行う場合、夫が妻に家賃を支払っても、その家賃は夫の事業所得の必要経費になりません。また、妻が受け取った家賃は妻の不動産所得の総収入金額にもなりません。

　ただし、妻名義の建物にかかる

・固定資産税

・減価償却費

・修繕費

などは、夫の事業所得の必要経費となります。

②　家族に支払う給料

　事業主の仕事に生計を一にする親族（15歳未満の人は除きます。）

が従事し給料が支払われた場合（その親族が事業に専ら従事している場合に限ります。）、その給料については、次のように取り扱われます。

　イ　青色申告者の場合（青色事業専従者）

　　　青色申告者の場合、青色事業専従者に対して支払われる給与を**青色事業専従者給与**といいます。これは青色申告の特典の一つ（316ページ参照）で、実際に支払った給料はその額が適正である限り、全額が必要経費となります。

　　　なお、青色事業専従者とは、事業主の仕事にその年を通じて従事できる期間の2分の1を超える期間専ら従事する生計を一にする親族などをいいます。また、青色事業専従者給与については、給料の額をいくらとするかなどについて事前に税務署長へ届け出ることとされています。

　　コメント　青色事業専従者給与の適正額とは、届出書に記載された金額の範囲内で実際に支給している金額のうち、専従期間、仕事の内容、従事程度、他の使用人の給与の状況、その事業の規模、収益の状況などから見て相当と認められる金額です。

　ロ　白色申告者の場合（事業専従者控除）

　　　白色申告者の場合は、生計を一にする親族などの事業専従者に対して給料が支払われてもその給料は必要経費にはなりません。

　　　ただし、事業主の仕事にその年を通じて6か月を超える期間専ら従事している場合には、給料の支払いの有無に関係なく、次のうち、いずれか少ない金額を限度として必要経費になります。これを**事業専従者控除**といいます。

　イ　専従者が配偶者の場合　⇨　86万円

専従者が配偶者以外の親族の場合 ⇨ 1人につき50万円

ロ 次の算式で求められる金額

$$\frac{\text{事業所得} \atop \text{の金額} \,+\, \text{事業としての} \atop \text{不動産所得の金額} \,+\, \text{事業としての} \atop \text{山林所得の金額}}{\text{事業専従者の数}+1}$$

この控除を受けるためには、確定申告書の所定の欄に、必要事項を記入することとされています。

㉖ そ の 他

以上は、原則的な必要経費ですが、これ以外にも税法上の特例として次のような必要経費の定めがあります。

① 家内労働者等の所得計算の特例

・家内労働者（いわゆる内職者）

・外交員

・集金人

・電力量計の検針人

・特定の者に対し、継続的に人的役務を提供することを業務とする人で、事業所得の必要経費が55万円に満たない人の事業所得の計算に当たっては、必要経費として最低55万円（収入金額が55万円未満より少ないときは、その額）を控除できます。

（コメント） いわゆるシルバー人材センターで役務を提供する人なども対象となります。

なお、事業所得のほかに給与所得もある人は、55万円から給与所得控除額（106ページ(2)参照）を差し引いた残額が事業所得の必要経費となります。

　この場合、実際の必要経費の額が55万円（最低保障額）に満たなくても、その金額が必要経費になります。

─ 【計算例】　家内労働者の場合 ─

　事業所得の収入……50万円

　　〃　　　必要経費（実額）……15万円

　給与所得の収入……35万円

　　〃　　　給与所得控除額………35万円

　　　　　　　　　　（給与所得）
　　　　　　　　　　（控除額　）
○最低保障額　　55万円 − 35万円 = 20万円

○最低保障額の20万円が、事業所得の必要経費15万円を５万円上回るため、この５万円が特例として必要経費になります。

　　したがって、事業所得の金額は、

　50万円 −（15万円 + ５万円）= 30万円　　　　となります。

②　医師等の社会保険診療報酬にかかる必要経費の特例

　医業または歯科医業を営む人で、社会保険診療報酬の年額が5,000万円以下で、かつ、その年の医業または歯科医業にかかる総収入金額が7,000万円以下であるときは、その社会保険診療報酬の必要経費の額を実際の費用の額に代えて、次の表で求める金額とすることができます。

社会保険診療報酬の額	必 要 経 費
2,500万円以下の場合	報酬の額×72%
3,000万円　　〃	〃　　×70%＋50万円
4,000万円　　〃	〃　　×62%＋290万円
5,000万円　　〃	〃　　×57%＋490万円

　なお、社会保険診療報酬とは、健康保険法、国民健康保険法などに基づく療養の給付に係る報酬（いわゆる保険診療）です。

　コメント　「医業または歯科医業を営む人」には、助産師、はり師、きゅう師、あんま師、柔道整復師などは、含まれません。

③　青色申告特別控除

　青色申告者には、その特典として次の区分に応じた青色申告特別控除が認められています。

　イ　55万円の青色申告特別控除

　　対象者は、次の要件のすべてを満たす人です。

　①　青色申告者（現金主義を選択している人を除きます。）であること

　②　不動産所得または事業所得を生ずべき事業を営んでいること

　③　取引を正規の簿記（一般的には複式簿記）の原則に従って記帳していること

　④　前記の記録に基づいて作成した貸借対照表および損益計算書を確定申告書に添付して、期限内に提出していること

　ロ　65万円の青色申告特別控除

　　前記イの青色申告特別控除の対象者のうち、次の①または②の

要件のいずれかを満たす人です。

①　その年分の事業に係る仕訳帳および総勘定元帳について、優良な電子帳簿の保存等の要件を満たした電磁的記録の備付け・保存を行い、法定申告期限までに届出書を提出していること（315ページ参照）

②　その年分の確定申告書、貸借対照表および損益計算書等を、申告期限までに電子情報処理組織（e-Tax）により提出していること（277ページ参照）

ハ　10万円の青色申告特別控除

イまたはロの青色申告特別控除の適用のない青色申告者全員に認められます。

コメント　青色申告特別控除は、事業所得のほかに不動産所得がある人は、まず不動産所得の金額から控除し、控除しきれない金額があるときは事業所得の金額から控除します。

④　外貨建取引

外貨建取引を行った場合の外貨建取引金額の円換算額は、その取引を行ったときにおける外国為替の売買相場により換算することとされています。

例外として、事業所得、不動産所得、山林所得または雑所得の業務を行う者が、先物外国為替契約等により外貨建取引をして帳簿書類に記載し円換算をしているときはその計算によることができます。

③ 不動産所得とその計算について

1 不動産所得とは

不動産所得とは、

① 不動産の貸付け

② 不動産上の権利の貸付け

③ 船舶や航空機の貸付け

によって、生ずる所得をいいます。

(1) 不動産の貸付けとは

不動産の貸付けとは、

・貸家

・貸事務所

・貸間

・アパート

・マンション

・貸ガレージ

・貸宅地

などの貸付けのことをいいます。

　なお、不動産の貸付けであっても、次のように不動産所得になるもの
とならないものがあります。

　① 不動産の貸付けを大規模に行って、それを事業としているときで

も、事業所得ではなく、不動産所得となります。

② 貸間や下宿も不動産所得となりますが、食事付きの下宿は、その規模により事業所得または雑所得となります。

③ 不動産売買業者が、販売目的で購入した不動産を一時的に貸し付けて収入を得た場合は、不動産所得ではなく事業所得となります。

　また、金融業者が代物弁済により取得した不動産を一時的に貸し付けた場合も同様に事業所得となります。

④ 事業主が従業員に宿舎を提供して、従業員から受ける賃貸料は、福利厚生的な要素が強く、その賃貸料も実費程度が一般的ですので、事業所得（雑収入）となります。

⑤ 海水浴場などでのバンガローの貸付けによる所得は、簡易施設の貸付けとして、事業所得または雑所得となります。

⑥ 貸ガレージは、

・月極め駐車場のように明らかに不動産の貸付けと認められるものは不動産所得となります。

・時間貸しの有料駐車場のように、自動車預り業といえるようなものは、事業所得または雑所得となります。

⑦ 広告のために土地や、建物の屋上や側壁にネオンサインや広告看板を取り付けさせることにより受け取る使用料は、不動産所得となります。

(2) 不動産上の権利の貸付けとは

不動産上の権利の貸付けとは、

・地上権

・地役権

　　・永小作権

　　・借地権

などの設定または貸付けのことをいいます。

　なお、借地権や地役権の設定により、一時に受ける権利金も、原則として不動産所得となります。

　借地権の契約を延長する場合に受ける更新料や、借地人の名義が変わるときに、地主の承諾を受けるための名義書換料も原則として不動産所得となります。

　しかし、鉱業権や漁業権は、不動産上の権利ではないので、その貸付けによる所得は、事業所得または雑所得となります。

　(コメント)　借地権の設定により、土地の時価の2分の1を超えて権利金等（特別の経済的利益を含みます。）を受け取った場合は、譲渡所得となります。

(3)　船舶や航空機の貸付け

　船舶や航空機の貸付けによる所得は、不動産所得となります。

　ただし、この船舶には、総トン数20トン未満のものは含まれません。

　総トン数20トン未満の船舶の貸付けによる所得は、事業所得または雑所得となります。

2　不動産所得はどのように計算するのか

　不動産所得の金額は、事業所得と同様に次の算式で計算します。

【算　式】

　　　総収入金額　－　必要経費　＝　不動産所得の金額

3　総収入金額はどのように計算するのか

不動産所得の総収入金額も、事業所得と同様に1月1日から12月31日までに収入すべきことが確定した金額で計算します。

(1)　一般的原則

収入すべきことが確定したかどうかを判断する基準の一般的な原則は、次のとおりです。

・契約

・慣習

で、

① 賃貸料の支払期日が定められている場合 ⇨ その定められた日

② 支払期日の定められていない場合で、請求があったときに支払うべきもの ⇨ その請求の日、または実際に支払を受けた日

(2)　特殊な場合

供託家賃の計上時期は、係争の内容により次の日となります。

・争いの原因が契約の存否 ⇨ その係争が解決した日

・賃貸料の値上げが争いの原因 ⇨ 賃貸料相当額として供託された金額は前記の一般的原則の日、その金額を超える部分はその係争が解決した日

(3)　頭金、権利金など

不動産の貸付けにより一時に受ける

・頭金

・権利金

・名義書替料

・更新料

の計上時期は、次の日です。

① 建物の引渡しを要するもの ⇨ 引渡しのあった日

② 建物の引渡しを要しないもの ⇨ 契約の効力発生日

⑷ 敷金、保証金

　不動産賃貸借契約のときに収受する敷金、保証金は、原則として明け渡しのときに借主に返還するので、収受した年分の総収入金額に計上する必要はありません。

　しかし、敷金の一部について返還しないことを定めている場合は、次のように総収入金額に計上しなければなりません。

　◎賃貸期間の経過に関係なく返還しないとしている部分の金額

　　・物件の引渡しあり ⇨ 引渡しのあった年分

　　・物件の引渡しなし ⇨ 契約の効力発生日

【計算例】

〔設例〕令和6年6月の賃貸借契約時に敷金100万円を受け取る。

　敷金の返還条件……解約時に20％を差し引き残額を返還

〔計算〕

　100万円×20％＝200,000円

　解約時ではなく敷金を受け取った令和6年分の総収入金額に計上します。

(5)　特別な収入

①　アパートなどの共益費など

アパート、マンション、貸事務所の入居者から受ける

・水道光熱費

・共益費

・実費弁償金（建物破損によるものなど）

は、不動産所得の収入金額になります。

②　損害賠償金

不動産賃貸借契約解除に伴い、明渡しが遅れたことに対する損害賠償金は、不動産所得の収入金額になります。

賃貸物件の損壊により損害賠償金を受け取ったときは、必要経費に算入すべき資産損失額の計算上控除し、その損失額を超える部分は非課税となります。

③　預り保証金の経済的利益

借地権の設定に伴って、保証金の預託を受ける場合は、原則として適正な利率で見積もった金額（経済的利益といいます。）を、不動産所得の総収入金額に計上します。

（コメント）1　保証金を貸付不動産の取得資金に充てたり、預貯金などの金融資産に運用している場合は、経済的利益の計算をする必要はありません。

2　「適正な利率」は、各年度ごとの10年長期国債の平均利率によることとされています。

⑹ 臨時所得となるもの

権利金や頭金などで、

・3年以上の期間

・不動産を使用させることを約する

・一時に受ける

・年間の使用料の2年分以上

のものは、臨時所得として、特別な方法で税額を計算することができます（臨時所得は224ページ参照）。

4 必要経費はどのように計算するのか

不動産所得の必要経費も、事業所得の必要経費とおおむね同じです。ここでは、不動産所得特有の必要経費について触れてみます。

⑴ 立 退 料

① 原　　則

建物の賃借人を立ち退かせるために支払う立退料は、原則として不動産所得の必要経費になります。

② 特　　例

・建物の譲渡

・建物の敷地の譲渡

のために支払う立退料は、譲渡所得の計算のときに譲渡費用として差し引くこととされています。したがって、不動産所得の必要経費にはなりません。

(2)　固定資産の損失

　固定資産の除却、取壊しなどによる損失額も、事業所得の場合と同じように不動産所得の必要経費になりますが、不動産の貸付けが**事業的規模**で行われていない場合には、必要経費の算入について、限度が設けられています。

　つまり、固定資産の除却、取壊しなどによる損失額は、不動産所得の金額（その損失額控除前の金額）を限度として、必要経費になります。

（コメント）　事業的規模であるかどうかの判断は、次のいずれかに当てはまれば事業的規模とされます。

　　　①　貸間、アパートの場合 ⇨ 貸与できる独立室数が10以上
　　　②　独立家屋の場合 ⇨ ５棟以上
　　　③　貸ガレージなど土地の貸付けの場合 ⇨ 貸付件数50件以上

(3)　損益通算の制限

①　借入金利子

　賃貸用不動産の購入のための借入金利子は必要経費になります。

　しかし、不動産所得に損失が生じた場合は、土地の取得にかかる借入金利子の額に相当する部分の金額の損益通算は認められません（163ページ参照）。

②　国外で所有する中古建物の減価償却費

　国外で所有する中古建物の不動産所得がある場合、その建物の減価償却費も必要経費になりますが、不動産所得に損失が生じたときは、令和３年分以後、耐用年数をいわゆる「簡便法」（54ページ参照）により算定している場合は、その損失の金額のうち、国外中古建物の減価

償却費に相当する部分の金額の損益通算は認められません（163ページ参照）。

③ その他

　民法組合等の特定組合員や個人受益者等の信託にかかる不動産所得の損失はなかったものとされます。

(4) 家族事業従事者（青色事業専従者給与）の取扱い

　家族事業従事者にかかる事業専従者控除や青色事業専従者給与の必要経費算入については、事業所得の場合と同じですが、不動産所得の場合は、前提として、「不動産の貸付けが事業的規模で行われている」ことが必要となります（「事業的規模」については前記(2)の　コメント　参照）。

(5) 青色申告特別控除

　青色申告者には、事業所得の項で説明したとおり青色申告特別控除が認められています（76ページ参照）。

　この場合、事業所得がなく、不動産所得のみで、その不動産の貸付けが事業的規模で行われていない場合には、青色申告特別控除は最高10万円となります（「事業的規模」については前記(2)の　コメント　参照）。

④ 利子所得とその計算について

1 利子所得とは

利子所得とは、

○預貯金の利子

○公社債の利子

○合同運用信託（金銭信託、貸付信託）の収益の分配

○公社債投資信託の収益の分配

○公募公社債等運用投資信託の収益の分配

により生ずる所得をいいます。

コメント 1 「合同運用信託」とは、信託会社（信託業務を兼営する銀行を含みます。）が引き受けた金銭信託で、共同しない多数の委託者の信託財産を合同して運用するもの、たとえば、貸付信託や指定金銭信託をいいます。

2 「公社債投資信託」とは、証券投資信託のうち、その信託財産を公社債に投資して運用することを目的とするもので、株式や出資に投資して運用しないもの、たとえば、中期国債ファンド、長期国債ファンドなどをいいます。

3 「公募公社債等運用投資信託」とは、証券投資信託以外の投資信託のうち、信託財産として受け入れた金銭を一定の公社債、手形等に対して運用するもので、その設定にかかる受益権の募集が公募により行われたものをいいます。

課税の取扱いは、

① 　預貯金の利子は、原則として20.315％の源泉分離課税（利子等の支払い時に所得税と復興特別所得税15.315％、住民税５％が天引きされます。）となっているため、確定申告の必要はありません。

② 　特定公社債等※の利子等は、20.315％（所得税と復興特別所得税15.315％、住民税５％）の税率による申告分離課税の対象となっています（申告不要制度の選択可、総合課税は選択不可）。

　　なお、特定公社債等の利子等以外の「一般利子等」（支払調書が提出されないもの）は、源泉分離課税となります。

　　※ 　「特定公社債等」とは、公社債のうち国債、地方債、外国国債、公募公社債、上場公社債、国際機関が発行する公社債などをいいます。

③ 　同族会社が発行した社債の利子（償還金を含みます。）でその同族会社の役員等、同族会社と特殊関係にある個人およびその親族等が支払いを受けるものは総合課税の対象であり、確定申告が必要です。

　　（コメント）　令和３年４月１日以後、同族会社の判定の基礎となる事業主である法人が、その支払いを受ける個人と特殊関係にある法人である場合、その個人およびその親族等が支払いを受ける利子は総合課税の対象とされています。

④ 　東京市場で発行される

　　・国際復興開発銀行債

　　・アジア開発銀行債

などの公社債の利子で直接個人に支払われるものや国外の預貯金等に対する利子は、源泉徴収の対象とされていないので確定申告が必要です。

⑤　次の利子は、利子所得ではなく雑所得となります。

　　　・法人の役員等の勤務先預金の利子

　　　・学校債、組合債の利子

　　　・定期積金や相互掛金の給付補てん金

　　　・抵当証券の利息

　　　・金貯蓄口座の分配金

⑥　金銭の貸付けによる利子は、事業所得または雑所得となります。

2　利子の非課税制度とは

利子のうち、

○小・中・高校、義務教育学校等のいわゆる子供銀行預金の利子

○納税貯蓄組合預金の利子（納税以外に引き出した場合は除きます。）

○納税準備預金の利子（納税以外に引き出した場合は除きます。）

○当座預金の利子（年利率が１％を超えるものを除きます。）

には、所得税はかかりません。

これとは別に、次のような非課税制度もあります。

	障　害　者　等　の		勤労者財産形成住宅貯蓄 勤労者財産形成年金貯蓄 非課税制度
	少額預金等 非課税制度	少額公債 非課税制度	
対象者	国内に住所を有する個人で、障害者手帳や療育手帳の交付を受けている人、国民年金法に規定する遺族基礎年金または寡婦年金の受給者、児童扶養手当を受けている児童の母など		事業主に雇用されている人（55歳未満の人に限ります。）
対象貯蓄	①　預貯金 ②　合同運用信託 ③　特定の有価証券	①　特定の国債 ②　特定の地方債	財形住宅貯蓄・財形年金貯蓄契約に基づく預貯金、合同運用信託、特定

			の有価証券、生命保険、損害保険、生命共済
非課税手続	あらかじめ「非課税貯蓄申告書」と障害者等に該当する旨の一定の公的書類を提出または提示し、預入等の際には「非課税貯蓄申込書」を提出します。		「財産形成非課税住宅(年金)貯蓄申告書」を提出し、預入等の際には「財産形成非課税住宅(年金)貯蓄申込書」を提出します。
非課税限度額	それぞれ350万円		550万円、財形年金貯蓄のうち生命保険料等については385万円

（コメント）　令和3年4月1日以後、前記の申告書・申込書は、いずれも電磁的方法により提供することができます。

3　利子所得はどのように計算するのか

　利子所得は、事業所得や不動産所得のように必要経費は認められていません。

　利子所得の金額は、次の算式で計算します。

【算式】

収入金額※ = 利子所得の金額

※　収入金額とは、所得税などを源泉徴収される前の「税込み」の金額です。

利子所得の収入計上の時期は、次のとおりです。

種　　類	収　入　計　上　時　期
定期預金の利子	①　契約により定められた預入期間（契約期間）の満了後に支払いを受けた利子 　(a)　契約期間満了までの利子については、契約満了の日 　(b)　契約期間満了後の期間に係る利子については、支払いを受けた日 ②　契約期間満了前に既経過期間に対応して支払または元本に繰り入れられる旨の特約のある利子については、その特約によって支払いを受けることとなり、または元本に繰り入れられた日 ③　契約期間満了前に解約された預金の利子については、その解約の日
普通預金の利子	約定によって支払われることになった日または元本への繰入日。ただし、利子計算期間の中途で解約されたものの利子はその解約日
通知預金の利子	その払出しのあった日
公社債投資信託 公募公社債等運用投資信託 合同運用信託 の収益の分配	①　収益の分配が信託期間中のものであれば、収益計算期間の満了の日 ②　収益の分配が信託の終了または一部の解約のものであれば、終了の日または解約の日
公社債の利子	支払開始日と定められた日

5 配当所得とその計算について

1 配当所得とは

配当所得とは、

○法人から受ける剰余金・利益の配当……中間配当や決算配当など

○剰余金の分配……特殊法人や協同組合の出資に対する剰余金の分配など

○基金利息……相互保険会社の基金に対する利息など

○投資信託（公社債投資信託および公募公社債等運用投資信託を除きます。）の収益の分配……期中分配金や普通分配金など（ユニット型証券投資信託、オープン型証券投資信託、特定株式投資信託などがあります。）

○特定受益証券発行信託（受益証券発行信託のうち、イ 受託者が税務署長の承認を受けた法人であること、ロ 信託にかかる未分配利益の額が信託の元本総額の1,000分の25相当額以下であることなどの要件を満たすもの）……収益の分配金

などの所得をいいます。

(1) 配当所得の課税方法

配当所得は、通常、他の所得と総合して確定申告をすることとされています。

この場合、配当は、支払われるときに所得税および復興特別所得税

（以下「所得税等」といいます。）が源泉徴収されますので、税込額で確定申告をして所得税を精算することになります。

　なお、上場株式等の配当等については、申告分離課税により申告することを選択することもできます。

（コメント）　配当所得に対する所得税等の源泉徴収については302ページ参照。

(2)　確定申告をしなくてもよい配当所得

　内国法人から支払いを受ける次の①から④に掲げる配当については、

　イ　確定申告をしないで源泉徴収で済ませる

　ロ　確定申告をして、源泉徴収された所得税等の還付を受ける

のどちらかを選択することができます。

①　一般の内国法人から支払いを受ける配当（②から④までに該当するものを除きます。）で、１回に支払いを受ける金額が10万円（配当の計算期間が１年でない場合は月数按分で求めた額）以下のもの

②　上場株式等の配当等（大口株主等を除きます。）

③　公社債投資信託以外の公募証券投資信託・特定株式投資信託の収益の分配に係る配当等

④　特定投資法人から支払いを受ける投資口の配当等

（コメント）1　次に掲げる配当金等は確定申告不要の対象となりません。

　　イ　国外払いの国内発行株式の配当等

　　ロ　国外払いの国内発行の投資信託や特定目的信託の収益の分配金

　　ハ　国外株式の配当等、国外投資信託等の配当等、国外私募公社債等運用投資信託等の配当等で国内の支払いの取扱者を通じて交付を受けないもの

　　2　私募公社債等運用投資信託等の収益の分配に係る配当等は、源泉分離課税とされています。

　　3　配当所得について、確定申告をしないことを選択して確定申告書を

提出した場合や、確定申告をすることを選択して確定申告書を提出した場合、後に、更正の請求または修正申告により選択を替えることはできません。

4 「大口株主等」とは、発行済株式等の保有割合（令和5年10月1日以後は、同族会社の法人との合計）が3％以上の個人をいいます。

(3) 配当所得とみなされるもの

次のものは、本来の配当所得ではありませんが、税法上は、配当所得として取り扱うこととされています（みなし配当）。

株主が、

・法人の合併（適格合併を除きます。）

・法人の分割型分割（適格分割型分割を除きます。）

・法人の株式分配（適格株式分配を除きます。）

・資本の払戻し（分割型分割および株式分配以外のもの）または解散による残余財産の分配

・法人の自己株式または出資の取得（一定のものを除きます。）

・出資の払戻し、出資の消却

・退社による持分の払戻し

・法人の組織変更（その法人の株式または出資以外の資産を交付したものに限ります。）

などにより支払いを受ける額が法人の「資本等の金額」を超える場合の、その超える部分の金額

(4) 協同組合などの剰余金の分配の場合

協同組合等から受ける剰余金の分配は、次のように取り扱われます。

① 協同組合員が取り扱った物の数量、価額など、組合を利用した分

量に応じて分配を受ける事業分量配当 ⇨ 事業所得など

② 農事組合法人などの従事分量配当金は、

　　㋑ 組合員に給与を支給する場合 ⇨ 配当所得

　　㋺ 組合員に給与を支給しない場合 ⇨ 事業所得など

③ 企業組合員が受ける従事分量配当金 ⇨ 配当所得

④ 協業組合員が定款に基づき、出資口数に応じないで受ける分配金

　　⇨ 配当所得

⑤ 労働者協同組合員がその労働者協同組合の事業に従事した程度に

　　応じて受ける剰余金の分配 ⇨ 配当所得

(5) 株主優待券の取扱い

会社が利益の有無に関係なく株主に交付する

・株主優待乗車券

・株主優待入場券

・株主優待施設利用券

などの経済的な利益は、配当所得ではなく、原則として雑所得となります。

2 配当所得はどのように計算するのか

配当所得は、次の算式で計算します。

【算　式】

収入金額[※]－株式などを取得するための負債の利子＝配当所得の金額

※ 収入金額とは、所得税などを源泉徴収される前の「税込み」の金額です。

---

① 配当所得の収入計上時期は、次によります。

種　　　類	収　入　計　上　時　期
通　常　の　配　当 （剰余金の配当、利益の配当、剰余金の分配、基金利息）	利益処分等について、株主総会その他正当な権限を有する機関の決議のあった日
中　　間　　配　　当	取締役会において決議のあった日 　ただし、取締役会の決議において特に中間配当の請求権に関しその効力発生の日を定めた場合には、その効力発生の日
無記名株式などの配当	現実に配当金を受けた日
投資信託などの収益の分配	①　信託期間中のものは、収益計算期間満了の日 ②　信託の終了、一部の解約によるものは、その終了または解約の日
み　な　し　配　当	資本の払戻し、残余財産の分配、退社、脱退などのあった日、また、法人の新設合併または分割の場合は、それぞれの登記の日

②　株式などを取得するための負債の利子は、元本を取得するために要した負債の利子のうち、元本保有期間に対応する部分の金額です。

【算　式】

その年中に支払う負債の利子　×　$\dfrac{\text{負債で取得した株式などの保有月数}}{12}$

---

③　配当所得の収入金額よりも、支払った負債の利子の額が大きく、配当所得に損失が生じても他の所得と損益通算（163ページ参照）することはできません。

④　次に該当する株式等を取得するために要した負債の利子は、配当

所得の収入金額から控除することはできません。

　・確定申告をしないことを選択した配当にかかるもの

　・申告分離課税の株式等の譲渡所得等の基因となったもの

⑤　負債により取得していた株式等の一部を譲渡した場合は、次の算
　式により計算した金額を、その譲渡後の残りの株式等にかかる負債
　の額とします。

【算　式】

株式等を取得するために　　　　　　　譲渡直後のその株式等の数
要した負債の額　　　　　×　―――――――――――――――――
　　　　　　　　　　　　　　　　譲渡直前に有していたその株式等の数

---

⑥　負債を借り換えた場合は、借換え前の負債の額と借換え後の負債
　の額のうち、いずれか少ない額を借換え後のその株式等を取得する
　ために要した負債の額とします。

⑦　負債により取得した株式等を買い換えた場合は、負債により取得
　した株式等の全部または一部を譲渡して他の株式を取得した場合の
　他の株式等を取得するために要した負債の額は、次の算式で計算し
　た金額とされます。

【算　式】

（譲渡した株式等の負債の残存額）いずれか　　　他の株式等を取得す
（譲渡価額　　　　　　　　　　）少ない方　＋　るために新たに借り
　　　　　　　　　　　　　　　　　　　　　　　入れた負債の額

3　上場株式等にかかる配当所得の特例とは

　上場株式等にかかる配当所得については、次のような特例があります。

(1) 上場株式等にかかる配当所得の申告分離選択課税

　上場株式等の配当等にかかる配当所得については、申告分離課税も選択できます。この場合、申告する上場株式等の配当所得の金額の合計額のすべてについて、いずれかを選択することとされています。

　なお、申告分離課税を選択した上場株式等にかかる配当所得については、配当控除の適用はありません。

（コメント）　株式等保有割合が3％以上の居住者が支払いを受ける上場株式等の配当等については、総合課税となります（令和5年10月1日以後は、同族会社等による間接保有割合が3％以上の場合も総合課税の対象となります。）。

(2) 上場株式等の譲渡損失と上場株式等の配当所得との間の損益通算の特例

　その年分の上場株式等の譲渡所得等の金額の計算上生じた損失の金額があるとき、またはその年の前年以前3年内の各年に生じた上場株式等の譲渡損失の金額（前年以前に既に控除されたものを除きます。）があるときは、これらの損失の金額を上場株式等の配当所得の金額（申告分離課税を選択したものに限ります。）から控除することができます。

（コメント）　上場株式等の譲渡所得（損失）および配当所得等については、所得税について申告することを選択した場合に、住民税について申告不要制度を選択することができる制度は廃止されています（令和5年分以後）。

⑶ 少額上場株式等にかかる非課税の特例（いわゆる NISA）

18歳以上の人が、金融機関（金融商品取引業者等、1年ごとに変更可能）の営業所に「非課税口座」を開設し、そこで管理される少額の上場株式等（非課税投資総額：毎年新規投資上限額まで）にかかる配当所得および譲渡所得等については、所得税および住民税が非課税とされています。その概要は次のとおりです。

NISA の概要（令和6年1月1日以後適用）

項　目	つみたて投資枠	成長投資枠
口座開設対象者	18歳以上の居住者	
口座開設金融機関	証券会社、銀行、郵便局等	
年間投資上限額（毎年）	120万円	240万円
非課税限度額総枠	1,800万円（※1）	
		1,200万円
口座開設可能期間	恒久化	
非課税投資対象商品（※2）	長期の積立・分散投資に適した一定の公募株式投資信託・ETF	上場株式・公募株式投資信託・ETF・REIT
非課税対象収入	譲渡益・分配金	譲渡益・配当金・分配金
投資方法	積立て	スポット・積立て
投資口座勘定名	特定累積投資勘定	特定非課税管理勘定
非課税保有期間	無制限	
口座開設可能数	1人1口座	
口座開設金融機関の変更	毎年変更可能	
制度の適用	併用可	

※1　簿価残高で管理され、枠の再利用はできます。
　2　高レバレッジ投資信託などは対象となりません。

なお、令和5年12月31日までの買付けについては、以下のようになっていました。

旧 NISA 制度の概要（令和5年12月31日までの買付けについて適用）

項　目	つみたて NISA	一般 NISA
口座開設対象者	18歳以上（令和4年以前は20歳以上）の居住者	
口座開設金融機関	証券会社、銀行、郵便局等	
年間投資上限額（毎年）	40万円	120万円（令和4年〜 122万円）
非課税限度額総枠	800万円	600万円
口座開設可能期間	平成30年1月〜令和5年12月末	平成26年1月〜令和5年12月末
非課税投資対象商品	長期の積立・分散投資に適した一定の公募株式投資信託・ETF	上場株式・公募株式投資信託・ETF・REIT
非課税対象収入	譲渡益・分配金	譲渡益・配当金・分配金
投資方法	積立て	スポット・積立て
投資口座勘定名	累積投資勘定	非課税管理勘定
非課税保有期間	20年間	5年間
口座開設可能数	1人1口座	
口座開設金融機関の変更	毎年変更可能	
制度の適用	選択制（毎年変更可能）	

（注）　上場株式の配当金、ETF・REIT の分配金は、証券会社で受け取る方式（株式数比例配分方式）を選択しなければなりません。

⑷ 未成年者口座内の少額上場株式等にかかる非課税の特例（いわゆるジュニア NISA）（この特例は令和6年以後、前記⑶の NISA に一本化されています。）

0歳から17歳までの人は、未成年者名義の非課税口座（未成年者口座）を開設し、年間80万円を限度に前記に準じた非課税措置を受けることができました。令和6年からは新規購入はできませんが、18歳になるまでは、非課税で保有することができます。

資金は、原則として18歳以後でないと払い出すことはできません。18歳までに払出しをすると過去の利益に対して課税されます。

ジュニア NISA の概要（令和5年12月まで適用）

口座開設対象者	0歳〜17歳の居住者（口座を開設する年の1月1日現在）
非課税投資対象商品	上場株式・公募株式投資信託・ETF・REIT など
非課税対象収入	譲渡益・配当金・分配金
非課税期間	5年間
年間投資上限額（毎年）	80万円
投資可能期間	令和5年12月末まで
口座開設可能数	1人1口座（金融機関の変更不可）
運用管理者	口座開設者本人（未成年者）の2親等以内の親族（両親・祖父母等）
払出制限	18歳までは払出し制限あり

（注）1　平成28年1月1日から令和4年12月31日までの間に未成年者口座の開設ができる人は0歳から19歳までの人となっていました。
　　　2　非課税期間（5年）終了後も所定の手続きを経ると18歳まで非課税措置が適用されます。

6　給与所得とその計算について

1　給与所得とは

給与所得とは、勤務先などから受ける

○俸給

○給料

○賃金

○歳費

○賞与

や、これらの性質を有する給与をいいます。

　なお、青色申告者の事業専従者給与や白色申告者の事業専従者控除も給与所得となります。

(1)　給与所得と確定申告

　給与所得のある人は、通常、毎月の給与から所得税が**源泉徴収**され、年末に支給される給与または賞与等で所得税が精算（**年末調整**といいます。）されますので、原則として確定申告をする必要はありません。

　しかし、

①　その年中の給与の収入金額が2,000万円を超える場合

②　給与を2か所以上から受け取っている場合

③　1か所の給与以外に、20万円を超える他の所得がある場合

には、確定申告をしなければなりません。

また、

・医療費控除

・雑損控除

・寄附金控除

・住宅借入金等特別控除（1年目）

などを受ける人は、還付申告をすることができます（275ページ参照）。

(2)　給与所得と事業所得の区分

　給与か請負の報酬か、つまり給与所得か事業所得かの区分は、雇用関係があるかどうかで判断します（雇用関係があれば給与所得となります。）。

　その雇用関係があるかないかの判断は、次の事項などから総合的に行います。

　①　契約内容が他人の代替を可能とするか？

　②　個々の作業について、指揮監督を受けるか？

　③　材料が支給されるか？

　④　作業用具の提供があるか？

(3)　医師などが受ける報酬の取扱い

　①　医師、歯科医師が、救急センターや他の病院で診療を行い、地方公共団体等から受ける委嘱料は、給与所得となります。

　コメント　自分自身が経営する病院や医院で診療を行う場合に地方公共団体等から受ける委嘱料は、事業所得となります。

　②　大学病院の医局等のあっせんにより、派遣された医師、歯科医師が派遣先の医療機関から受ける報酬は、給与所得となります。

⑷　課税されない給与所得

　給与所得者が、使用者から支給を受ける次に掲げるものは、原則として課税されません（非課税所得7ページ参照）。

① 　通勤手当（最高150,000円まで）、出張旅費、転任に伴う転任旅費、宿日直料（最高4,000円まで）

② 　結婚、出産等の祝金や災害等の見舞金等で社会通念上相当と認められるもの

③ 　海外勤務に伴う物価水準等により支給される在外手当

④ 　労働基準法の規定による療養の給付、休業補償、障害補償など

⑤ 　永年勤続記念品等の支給でおおむね10年以上勤続した人を対象として支給するなど社会通念上相当と認められるもの

⑥ 　特定の取締役等が受ける特定新株予約権等[※]（税制適格ストック・オプション）の行使による株式の取得にかかる経済的利益（最高2,400万円。一定の要件を満たすものについては最高3,600万円）（110ページ参照）

※ 　特定新株予約権等とは、特定の取締役等が、株式会社の付与決議に基づいて付与された新株予約権もしくは新株引受権または株式譲渡請求権をいいます。

2　給与所得はどのように計算するのか

　給与所得の金額は、次の算式で計算します。

【算　式】

　　収入金額[※]　－　給与所得控除額　＝　給与所得の金額

※ 　収入金額とは、所得税などを源泉徴収される前の「税込み」の金額です。

---

(1)　収入金額の計算

　収入金額は、その年中に収入することが確定した金額です。

　給与の場合は、一般的には、契約や慣習により定められた支給日が、収入計上の日となります。

　源泉徴収票の「支払金額」欄に記入された金額が、その年中の給与の収入金額です。

　給与等の収入金額には、金銭だけでなく、使用者からの次の経済的利益も含まれます。

①　使用者から不動産を無償または低価で利用 ⇨ 通常の対価の額と実際支払額との差額が収入金額となります。

②　使用者から金銭を無利息または低利率で借入れ ⇨ 通常の利率で計算した利息と実際の支払利息との差額が収入金額となります。

③　使用者からの借入金などの債務の免除を受けた ⇨ 免除を受けた利益相当額が収入金額となります。

　(コメント)　従業員が会社等から食事の支給や低利の住宅ローン融資を受ける場合または会社の商品を安い価格で購入できる場合など、さまざまな形で受けている経済的な利益は、税法上、現物給与として所得税が課税されます。

　　しかし、社会通念上、給与として課税するのが不適当と考えられるものや換金性が乏しいあるいは選択性がないものは、例外的に給与として課税されません。

　　また、会社が役員や従業員に対して住宅を貸与し徴収する家賃が安すぎると、通常家賃から本人負担分を控除した額が経済的利益として給与課税の対象となります。

(2)　給与所得控除額の計算

　給与所得は、事業所得などと違って、収入金額から必要経費を差し引いて所得金額を計算することはできません。

　この必要経費に代わるものが、**給与所得控除額**です。

　この給与所得控除額は、給与等の収入に応じて、税法で定められています（「給与所得控除額の計算表」353ページ参照）。

(3)　給与所得金額の簡易計算

　給与所得金額は、前記【算式】により計算することとされていますが、給与等の収入金額の合計額が660万円未満の場合は、「簡易給与所得表」（350ページ参照）を使って給与所得金額を求めることができます。

　また、給与等の収入金額の合計額が660万円以上の場合は、「給与所得の速算表」（352ページ参照）の算式で求めます。

```
──〚計算例〛────────────────────────

　令和6年の給与等の収入金額の合計額が、4,713,000円の場合

　「簡易給与所得表」の「給与の収入金額の合計額」欄の「4,712,000円
から4,716,000円」欄に当てはまるため、その右欄の「給与所得控除後
の給与等の金額」「3,329,600円」が令和6年の給与所得の金額となりま
す。
```

(4)　所得金額調整控除

①　子ども・特別障害者である扶養親族等を有する場合

　　子育て・介護世帯の負担が生じないようにするため、給与所得の**所得金額調整控除**が適用されます。

　なお、この所得金額調整控除は、年末調整においても適用されます。

イ　適用対象者

　その年の給与等の収入金額が850万円を超える居住者で、次のいずれかに該当する人です。

①　年齢23歳未満の扶養親族がいる居住者

②　本人が特別障害者である居住者

③　特別障害者である同一生計配偶者または扶養親族がいる居住者

ロ　控除額

〔　給与の収入金額　－　850万円　〕×10%【最大15万円】
（1,000万円超の場合は1,000万円）

ハ　控除方法

　総所得金額の計算上、「給与所得の金額」から控除されます。

②　給与所得と公的年金等所得の双方を受給している場合

　給与所得と公的年金等所得の双方を受給している場合は、課税所得の調整のため**所得金額調整控除**が適用されます。

イ　適用対象者

　その年の給与所得の金額および公的年金等にかかる雑所得の金額がある居住者で、給与所得の金額および公的年金等にかかる雑所得の金額の合計額が10万円を超えるもの

ロ　控除額

$$\underset{\text{（10万円を限度）}}{\text{給与所得の金額}} + \underset{\text{（10万円を限度）}}{\text{公的年金等にかかる所得金額}} - 10万円$$

ハ　控除方法

　総所得金額の計算上、「給与所得の金額」から控除されます。

3　特定支出控除とは

　給与所得の金額は、収入金額から所定の給与所得控除額を差し引いて計算することとされていますので、事業所得などのように「必要経費」を差し引くことはできません。

　しかし、給与所得のある人も、次の(1)の**特定支出**をし、その合計額が、その人の給与所得控除額の2分の1を上回るときは、給与所得の金額を、次の算式で求めることができます。

【算　式】

$$収入金額 - \left\{ \begin{matrix} 給与所得 \\ 控　除　額 \end{matrix} + \overbrace{\underbrace{\left[\begin{matrix} 特定支出の \\ 額の合計額 \end{matrix} - 給与所得控除額の\frac{1}{2} \right]}_{(A)}}^{(B)} \right\}$$

$$= \begin{matrix} 給与所得 \\ の　金　額 \end{matrix}$$

〖**計算例**〗

　　　・給与等の年間収入　　　700万円

　　　・特定支出の金額　　　　150万円

　給与所得控除額に加算する特定支出の金額(B)

　　700万円×10％＋110万円＝　180万円　………353ページ「〈参考〉
　　　　　　　　　　　　　　　（給与所得控除額）　　　　　　　給与所得控除額の
　　　　　　　　　　　　　　　　　　　　　　　　　　　　　　　計算表」に基づい
　　　　　　　　　　　　　　　　　　　　　　　　　　　　　　　て計算します。

　　（給与所得
　　　　控除額）　　　（(A)の金額）
　　180万円×$\frac{1}{2}$＝90万円＜150万円

　　　　　　　　　　　（(B)の金額）
　　150万円－90万円＝60万円

　給与所得の金額

　　700万円－（180万円＋60万円）＝460万円

(1)　特定支出とは

特定支出とは、給与所得者が支出する次の支出（使用者が負担する金額を除きます。）で職務の遂行に直接必要なものであること等につき給与等の支払者により証明されたものをいいます。

① 　通勤費……通勤のために必要な電車代、バス代、通勤定期券代、駐輪場代、ガソリン代などで、その通勤の経路および方法がその者の通勤に係る運賃、時間、距離その他の事情に照らして最も経済的かつ合理的であることにつき給与等の支払者により証明されたもののうち、通常必要であると認められる部分の支出

　　特急券については、給与所得者の証明があり、通常利用されている場合は認められます。

② 　転居費……転任に伴う転居のため、転任の日から1年以内に支出される通常必要となる費用

③ 　研修費……職務の遂行に直接必要な技術または知識を習得することを目的として受講する研修（次の資格取得費を除きます。）のための支出

④ 　資格取得費……資格（弁護士、公認会計士、税理士などの資格を含みます。）を取得するための支出

⑤ 　帰宅旅費……単身赴任などの場合の赴任先の居所と自宅との間の旅費で、最も経済的かつ合理的と認められる通常の経路および方法によるもの

⑥ 　職務必要旅費……職務の遂行に必要な旅費等で通常必要と認められるもの

⑦ 　勤務必要経費……職務と関連のある図書費、職場で着用する衣服

費、職務に通常必要な交際費などの支出（控除の上限金額は65万円です。）

> （コメント）1　教育訓練給付金および自立支援教育訓練給付金が支給される部分の支出は対象となりません。
>
> 　　　　　2　教育訓練給付金の支給対象となる教育訓練にかかる研修費または資格取得費は、給与等の支払者でなくキャリアコンサルタントによる証明でも適用されます。
>
> 　　　　　3　職場における同僚との親睦会や同僚の慶弔のための支出、労働組合の組合費の支出は対象となりません。

(2)　適用を受けるための手続き

特定支出は、年末調整で控除を受けることはできません。確定申告が必要です。

また、確定申告書には、それぞれの特定支出についての領収証や給与等の支払者の証明書などが必要です。

なお、e-Tax を利用して確定申告書を提出する場合は、これらの書類を自宅等で5年間保存しなければなりません。

4　特定の取締役等が受けるストックオプションの課税とは

特定の取締役等が、法人から付与された新株予約権等（ストックオプション）を行使した場合の課税関係は、税制適格であるか、税制非適格かにより異なります。

課税関係の概要は次表のとおりです。

特定の取締役等または特定従事者が受ける新株予約権等（ストックオプション）にかかる課税関係

		特定新株予約権 （税制適格）	その他 （税制非適格）
権利付与時			課税関係なし
権利行使時	所得区分	課税関係なし	給与所得（退職所得）等※
	所得金額		権利行使時の 権利行使 株式の時価 － 価額
株式売却時	所得区分	株式譲渡所得	株式譲渡所得
	所得金額	売却価額－払込金額	売却価額－権利行使時の 株式の時価

(注)1　特定の取締役等とは、ストックオプション発行会社またはその会社の子会社等（議決権割合50%超）の取締役、執行役または使用人（大口株主とその親族を除きます。）をいいます。

　　2　特定従事者とは、認定社外高度人材活用新事業分野開拓計画に従って事業に従事する社外高度人材をいいます。

　　3　権利行使時の所得区分は以下のとおりとなります。

法人との関係	所得区分
雇用契約等に基因して交付	給与所得（退職に基因するものは退職所得）
個人の業務に関連して交付	事業所得または雑所得

コメント 1　役員等が役務の提供の対価として付与された特定譲渡制限付株式（リストリクティド・ストック）の課税関係は、前記の表「その他（税制非適格）」と同じです。

　　2　特定譲渡制限付株式（リストリクティド・ストック）の課税時期は、その譲渡制限が解除された日となります。

[7] 退職所得とその計算について

1 退職所得とは

退職所得とは、

○退職金

○退職手当

○退職一時金

○一時恩給

○退職により一時に受ける給与

のほか、これらの性質を有する給与や、賃金の支払の確保等に関する法律に基づき退職した勤労者が弁済を受けた未払賃金などの所得をいいます。

　また、次のような社会保険制度等に基づく一時金も退職所得に該当します。

○国民年金法、厚生年金保険法、国家公務員共済組合法などの規定に基づく一時金

○厚生年金保険法第9章の規定に基づいて加入者の退職に基因して支払われる一時金

○確定給付企業年金法の規定に基づいて加入者の退職により支給を受ける一時金（掛金の自己負担分を除きます。）

○法人税法の規定による適格退職年金契約に基づいて支給される一時金（掛金の自己負担分を除きます。）

○特定退職金共済団体が、退職金共済に関する制度に基づいて支給する一時金で一定のもの

○独立行政法人勤労者退職金共済機構が中小企業退職金共済法に基づいて支給する退職金

○独立行政法人中小企業基盤整備機構が、小規模企業共済法に基づいて支給する一時金で一定のもの

○確定拠出年金法の規定に基づいて老齢給付金として支給される一時金

2　退職所得はどのように計算するのか

退職所得の金額は、次の区分に応じて、それぞれの算式で求めます。

【区　分】

① **一般退職手当等**

　短期退職手当等、特定役員退職手当等に該当しない退職手当等をいいます。

② **短期退職手当等**

　退職手当等のうち、短期勤務年数（5年以下）に対応するもので「特定役員退職手当等」に該当しないものをいいます。

③ **特定役員退職手当等**

　①法人税法上の役員、②国会議員および地方議会議員、③国家公務員および地方公務員で役員等としての勤続年数が5年以下の者が受ける退職手当等をいいます。

【算　式】

① **一般退職手当等**

　$（収入金額 - 退職所得控除額）× \dfrac{1}{2}$

② **短期退職手当等**

イ　（短期退職手当等の収入金額－退職所得控除額）≦300万円

$$（短期退職手当等の収入金額－退職所得控除額）× \frac{1}{2}$$

ロ　（短期退職手当等の収入金額－退職所得控除額）＞300万円

$$150万円 + \left[\begin{matrix} 短期退職手当等の \\ 収入金額 \end{matrix} -（300万円＋退職所得控除額） \right]$$

③ **特定役員退職手当等**

収入金額－退職所得控除額

※　収入金額は、源泉徴収される前の「税込み」の金額です。

（コメント）　確定給付企業年金や適格退職年金契約に基づいて払い込まれた掛金に、勤務者が負担した部分があれば、その金額を差し引いた金額が退職所得の収入金額となります。

(1)　収入金額の計算

退職手当は、通常は金銭で支払われますが、生命保険などの権利や物品で支払われることもあります。

「退職所得の源泉徴収票」の「支払金額」欄に記入された金額が収入金額となります。

退職手当が2か所以上から支給される場合には、その合計額を収入金額として計算します。

退職所得の収入計上時期は、次によります。

① 　一般的な場合 ⇨ 退職したとき

② 　会社役員の場合 ⇨ 株主総会などの決議のあったとき

③ 　確定拠出年金の老齢給付金の一時金の場合 ⇨ 一時金の請求をしたとき

⑵ 退職所得控除額の計算

退職所得控除額は、次のように計算します。

勤続年数	退職所得控除額
20年以下	40万円×勤続年数 （80万円より少ないときは80万円）
20年超	70万円×（勤続年数－20年）＋800万円

なお、障害者になったことに直接基因して退職した場合には、前記の金額に100万円が加算されます。

――〖計算例〗――

〔設　例〕　就職の日　平成３年４月１日

　　　　　　退職の日　令和６年11月10日

　　　　　　勤続年数　33年７か月10日……34年（１年未満の端数は１

　　　　　　　　　　　年とします。）

〔計　算〕　（勤続年数20年を超える場合の算式によります。）

　　　　　　70万円×（34年－20年）＋800万円＝1,780万円

　　　　　　　　　　　　　　　　　　　　……退職所得控除額

　　　　　※　障害退職の場合の退職所得控除額は、

　　　　　　　1,780万円＋100万円＝1,880万円となります。

⑶ 税額の計算

退職所得金額に対する税額は、303ページと同じ要領で求めます。

（コメント）　退職所得にかかる税金（所得税・復興特別所得税および住民税）は、他の総合して課税する所得とは切り離して計算することになっており、「退職所得の受給に関する申告書」を提出する場合、退職手当の支払いの際の源泉徴収（特別徴収）により所得税等が精算されるので、確定申告をする必要はありません。

8 山林所得とその計算について

1 山林所得とは

山林所得とは、取得してから5年を超える山林を
○伐採して譲渡
○立木のまま譲渡
することにより生ずる所得です。

　なお、山林取得後、5年以内に譲渡するときは、事業所得または雑所得となります。

　また、**土地とともに山林を譲渡した場合**は、

① 　山林の譲渡から生じた所得 ⇨ 山林所得

② 　土地の譲渡から生じた所得 ⇨ 譲渡所得

というように、2つの所得が生ずることになります。

2 山林所得はどのように計算するのか

　山林所得の金額は、次の算式で計算します。

【算　式】
　　総収入金額−必要経費−山林所得の特別控除額＝山林所得の金額
　　　　　　　　　　　　　　　（最高50万円）

(1) 総収入金額の計算

総収入金額には、その年中に収入すべき山林の譲渡対価のほか、次のものも含まれます。

① 間伐などによる付随収入

② 山林所得者が山林の損害について取得した保険金、損害賠償金、見舞金

③ 山林を伐採して自宅の建築資材などに使用した場合のその時の山林の価額

(2) 必要経費の計算

必要経費とは、譲渡した山林にかかる

① 譲渡した山林の植林費

② 譲渡した山林の取得費用

③ 管理費

④ 育成費

⑤ 伐採費

⑥ 運搬費および譲渡に要した費用

です。

なお、15年以前（令和6年にあっては、平成21年12月31日以前）から引き続き所有していた山林を譲渡した場合には、特例として、次の算式により計算した金額を必要経費として申告する「**概算経費控除**」が認められています。

【算　式】

$$必要経費 = \left(収入金額 - \underbrace{\frac{伐採費、運搬費}{譲渡費用}}_{Ⓐ}\right) \times 50\% + Ⓐ$$

　この特例を適用するときは、確定申告書にその旨の記載をすることが必要です。

（コメント）　山林の災害損失は、概算経費の別枠で必要経費となります。

⑶　特別控除額

①　一般の特別控除

　総収入金額から必要経費を差し引いた残額が、

　　イ　50万円未満の場合 ⇨ その残額

　　ロ　50万円以上の場合 ⇨ 50万円

を特別控除額として控除します。

②　森林計画特別控除

　森林法の認定を受けた一定の森林経営計画に基づいて、山林を伐採または譲渡（交換および出資による譲渡などを除きます。）をした場合には、令和8年までの特例として、その山林の収入金額から、必要経費のほかに、次のイ、ロのいずれか低い方の金額を控除することができます。

　　イ $\left(\begin{matrix}この特別控除の対象と\\なる山林の収入金額(A)\end{matrix} - 譲渡経費\begin{pmatrix}伐採費、運搬費\\譲渡費用(B)\end{pmatrix}\right) \times 20\%^{※}$

　　　※　$((A)-(B))$ の金額が2,000万円を超える場合には、その超える部分の金額については10%となります。

ロ　$((A)-(B)) \times 50\% - \left\{ \begin{pmatrix} (A)に対応する \\ 部分の必要経 \\ 費 \end{pmatrix} - \begin{pmatrix} (B)+ \begin{pmatrix} (A)に対応する部分の \\ 山林災害損失および \\ 災害関連費用 \end{pmatrix} \end{pmatrix} \right\}$

　なお、必要経費を山林所得の概算経費により計算している場合には、ロの限度計算を適用せずにイの金額となります。

(4)　青色申告特別控除

　青色申告者には、事業所得の項で説明したとおり、青色申告特別控除が認められています（76ページ参照）。

　ただし、事業所得および不動産所得がなく、山林所得のみの場合は、青色申告特別控除は最高10万円となります。

(5)　税額の計算

　山林所得に対する税額は、山林所得の実質が、長い年月にわたる山林育成の結果の所得であることから、超過累進税率（223ページ参照）による税負担を軽くするために他の所得とは分離して、次の算式により税額を計算するいわゆる「5分5乗」という特別の方法で計算します。

【算　式】

$\left(課税山林所得金額 \times \dfrac{1}{5} \times 税率 \right) \times 5 = 山林所得の税額$

コメント　山林所得の税額計算については、山林所得用の速算表（356ページ参照）が用意されていますので、5分5乗の計算をする必要はありません。

9 譲渡所得とその計算について

1 譲渡所得とは

土地や建物などの資産を譲渡したり、交換したことなどによって生ずる所得を譲渡所得といいます。

(1) 資産とは

資産とは、
○土地、建物
○土地建物以外の有形固定資産 ⇨ 機械、船舶、車両、航空機、器具、備品 など
○無形固定資産 ⇨ 鉱業権、漁業権、水利権、特許権、実用新案権、意匠権、営業権、ソフトウエア など
○その他の資産 ⇨ ゴルフ会員権、株式や公社債などの有価証券、競走馬、書画、骨とう、貴石 など
売買の対象として経済的価値のあるすべてのものをいいます。

(2) 譲渡とは

譲渡とは、
○売買
○交換
○現物出資

○収用

○代物弁済

○競売・公売

○相続（限定承認したときに限ります。）

○贈与（法人に対するものに限ります。）

○借地権または地役権の設定　など

所有権その他の財産上の権利を移転させる一切の行為をいいます。

（コメント）　譲渡所得とみなされる借地権または地役権の設定

　　　借地権または地役権の設定によって受けた権利金等の額、敷金等から
　　生ずる特別な経済的利益の額が、土地の価額の2分の1（その設定が地
　　下または空間について上下の範囲を定めたものである場合および遊水地
　　等の建造物の設置の制限である場合は4分の1）を超える場合に限り、
　　その所得を分離課税の譲渡所得として計算します。

⑶　譲渡所得とならないもの

次の資産の譲渡による所得は、譲渡所得ではなくそれぞれ別の所得に
該当します。

①　商品、製品、半製品などの棚卸資産（またはこれに準ずる資産）
　　の譲渡 ⇨ 事業所得または雑所得

②　使用可能期間が1年未満または取得価額が10万円未満の少額の減
　　価償却資産および取得価額が20万円未満で一括償却資産とした減価
　　償却資産の譲渡 ⇨ 事業所得または雑所得

③　山林の譲渡

　　・保有期間5年超 ⇨ 山林所得

　　・保有期間5年以内 ⇨ 事業所得または雑所得

また、次の資産の譲渡などは、非課税とされています。

① 家具、じゅう器、備品などの生活に通常必要な動産の譲渡 ⇨ 非課税（ただし、宝石、貴金属、書画、骨とうなどで1個または1組の値段が30万円を超えるもののように、生活に通常必要でないとされる動産は課税されます。）

② 資力を喪失した場合の強制換価手続等による資産の譲渡 ⇨ 非課税

③ 国税を土地などで物納した場合の譲渡 ⇨ 非課税

④ 非課税口座（いわゆる NISA など）内の少額上場株式等の譲渡 ⇨ 非課税（99ページ(3)参照）

⑤ 国や地方公共団体に財産を寄附した場合の譲渡 ⇨ 非課税

⑥ 公益法人等に財産を寄附したり、その設立のために財産を提供し、国税庁長官の承認を受けた場合の譲渡 ⇨ 非課税

⑦ 保証債務の履行のために資産を譲渡したが求償権の行使ができない金額 ⇨ 非課税

⑧ 一定の条件を満たす譲渡担保や代物弁済 ⇨ 非課税

2　譲渡所得はどのように計算するのか

総合課税の譲渡所得の金額は、次の算式で計算します。

【算　式】

総収入金額 − 取得費および譲渡費用 − 特別控除額（50万円）＝ 譲渡所得の金額

コメント 1　総合課税にかかる譲渡所得の特別控除額は50万円ですが、譲渡益が50万円未満のときは、その金額が限度となります。

2　短期譲渡所得と長期譲渡所得があるときは、特別控除額はまず短期
譲渡所得から控除し、控除し切れない額は長期譲渡所得から控除しま
す。

⑴　総収入金額の計算

総収入金額は、資産の譲渡によって収入すべきことが確定した金額を
いいます。

収入計上時期は、資産の引渡しのあった日です。ただし、契約の効力
発生日を計上時期とすることもできます。

次の場合には、その時の**時価**で譲渡があったものとみなされ収入金額
を計算します。

①　法人に資産を贈与した場合

②　資産を遺贈した場合（法人に対するものおよび個人に対する包括
遺贈のうち限定承認に限ります。）

③　資産が相続により移転した場合（限定承認に限ります。）

④　法人に資産を時価の２分の１未満の価額で譲渡した場合（いわゆ
る低額譲渡といわれています。）

（コメント）　低額（時価の２分の１未満）譲渡の取扱い

⑴　法人に対する低額譲渡

個人が法人に対して時価の２分の１未満の価額で譲渡をした場合
は、実際の譲渡価額にかかわりなく、時価で譲渡したものとみなされ
て、譲渡所得の計算をします（みなし譲渡課税）。

一方、法人においては、時価と実際の譲渡価額との差額は受贈益と
して益金の額に計上することになります。

⑵　個人に対する低額譲渡

個人が個人に対して時価より低い価額（時価の２分の１未満の価額

に限りません。）で譲渡した場合は、前記(1)の法人に対する低額譲渡とは違って実際の譲渡価額が収入金額となります。

　ただし、低額で譲渡し譲渡損失が生じた場合には、その損失はなかったものとされ、低額で譲り受けた者が、譲渡者の取得費を引き継ぐこととされています。

　たとえば、Aさんが取得価額100万円、時価120万円の資産をBさんに50万円で売った場合は、譲渡損50万円はなかったものとされます。

　なお、Bさんが、その後その資産を譲渡したときは、その取得価額は譲受価額の50万円でなく、Aさんの取得価額である100万円として譲渡所得を計算します。

　また、個人と個人の間で時価よりも低い価額（前記(1)の「時価の2分の1未満の価額」に限りません。）で売買があったときは、売った方には時価で譲渡したものとみなす規定の適用はありませんが、安く買った方にその時価と取得価額との差額部分の金額の贈与があったとして贈与税が課税されます。

〖参　考①〗

法人が個人または法人に対して低額譲渡をした場合

　法人税法においては、時価に満たない価額で譲渡が行われたときは時価と譲渡価額との差額について譲り受けた者が個人であっても法人であっても、原則として、寄附金（相手方に寄附をしたもの）として処理することとされています。

　また、その寄附金相当額は、譲り受けた者が個人で、その法人の役員や従業員である場合には賞与または給与となります。なお、譲り受けた者が法人と関係のない個人である場合は法人からの贈与を受けたことになり、原則として一時所得として課税されます。さらに、譲り受けた者が法人の場合は、その法人の受贈益として課税されます。

―― 〖参　考②〗――――――――――――――――――――――――

低額譲渡が行われた場合の課税関係

譲渡をした者	譲り受けた者	譲渡価額	譲渡をした者の課税	譲渡損失が生じた場合の損益通算（原則）	譲り受けた者の課税	取得価額等
個人	個人	時価の$\frac{1}{2}$以上	通常の譲渡所得計算（みなし譲渡課税の適用なし）	できる	譲渡価額と相続税評価額または通常の取引価額の差額は譲り受けた個人へのみなし贈与	実際の譲受価額
		時価の$\frac{1}{2}$未満	同上	できない	同上	実際の譲受価額ただし、譲渡損が生じた場合には、譲渡をした者の取得価額および取得時期を引き継ぎます。
	法人	時価の$\frac{1}{2}$以上	通常の譲渡所得計算（同族会社の場合など例外あり）	できる	譲受価額と時価の差額は譲り受けた法人の受贈益（注）1	時価
		時価の$\frac{1}{2}$未満	譲渡をした個人にみなし譲渡課税	できる	同上（注）1	同上
法人	個人	時価未満	時価と譲渡価額の差額は譲渡をした法人の寄附金		一時所得（譲り受けた者が役員等である場合には給与所得）	同上

		（譲り受けた人が役員等である場合には賞与）			
法人	時価未満	時価と譲渡価額の差額は譲渡をした法人の寄附金		譲受価額と時価の差額は譲り受けた法人の受贈益	同上

(注)1 譲受価額が著しく低く譲渡者以外の株主等の同族会社の株式等の価額が増加した場合には、その増加した金額が譲渡者からの贈与とみなされます。

2 土地・建物および株式等に係る譲渡損失は分離課税とされ、譲渡損失が生じた場合でも他の所得と損益通算することはできません。

(2) 取得費の計算

資産の取得費とは、

○資産を取得するために要した費用（取得価額）

○改良費

○設備費

の合計額で、次の算式で計算します。

【算　式】

$$\begin{pmatrix} 取得価額 \\ 設　備　費 \\ 改　良　費 \end{pmatrix} - （償却費相当額） = 取得費$$

---

① 取得費（取得価額）とは、次のような費用です。

・購入代金

・購入手数料、土地や建物を購入する際の立退料

・自分で製造したものはその製造のための材料費、経費

・宅地造成費用

・借入金によって譲渡資産を取得した場合の使用開始の日（取得後、使用しないで譲渡する場合は譲渡の日）までの借入金利子

・非業務用資産の登録免許税、不動産取得税

・非業務用資産を贈与・相続により取得した場合の不動産登記費用、名義書換手数料

② いわゆる減価償却資産（建物、機械、車両など）を譲渡した場合は、その取得価額から「償却費相当額」を差し引いた金額です（52ページ⒆参照）。

コメント 1　償却費相当額は、その資産が事業用か非事業用かにより異なります。

　　ⓐ 事業用資産 ⇨ 減価償却費の累計額

　　ⓑ 非業務用資産 ⇨ 譲渡資産の耐用年数の1.5倍の年数で、定額法の償却率により事業用資産に準じた償却費相当額の計算をします。

2　国外に所有する中古建物の不動産所得にかかる損益通算の特例（85ページ参照）を受けた国外に所有する中古建物を譲渡した場合、「償却費相当額」から、その特例により損益通算が認められない金額を控除した金額となります。

③ 概算取得費

実際の金額によらず、収入金額の5％を取得費として申告することが認められています。

④ 相続財産を譲渡した場合

相続税の申告期限から3年以内に譲渡した資産が相続税の課税対象となっていた場合には、相続税額のうち次の計算式で計算した金額を取得費に加算できます。

【算 式】

$$\text{相続税額} \times \frac{\text{譲渡資産にかかる課税価格（相続税評価額）}^{※}}{\text{相続税の課税価格} + \text{債務控除額}} = \begin{array}{l}\text{取得費に加}\\\text{算する金額}\end{array}$$

※ 譲渡した資産が土地等の場合は、相続した土地等のうちその譲渡した土地等の評価額となります。

⑤ 昭和27年12月31日以前に取得した資産の取得費

　イ　土地建物等以外の資産の取得費

　　次のⒶからⒸのうち最も多い金額となります。

　Ⓐ　実額（取得に要した金額、設備費、改良費）により計算した金額

　Ⓑ　昭和28年1月1日における相続税評価額＋昭和28年1月1日
・　以後の実額（設備費、改良費）

　Ⓒ　収入金額×5％

　ロ　土地建物等の取得費

　　次のⒶとⒷのいずれか多い金額となります。

　Ⓐ　実額により計算した金額

　Ⓑ　収入金額×5％

※ 土地建物等については、相続税評価額は適用できません。

コメント 1　一括して取得した土地・建物を譲渡した場合、取得時の契約で、土地と建物との価額が区分されていないときには、購入価額の総額を購入時のそれぞれの時価で合理的に按分して計算します。

　　　この場合、建物は「建物の標準的な建築価額表」（「建築統計年報（国土交通省）」の「工事費予定価額表」）の1㎡当たりの工事予定額を用いて取得価額を算定することができます。

　2　配偶者居住権等の目的となっている建物等については、その建物等の取得費から、配偶者居住権等の取得費を控除して計算します。

(3)　譲渡費用

譲渡費用とは、

○譲渡にかかる仲介手数料

○運搬費

○調査測量費

○交渉費

○既に売買契約を締結した資産を他に有利な条件で譲渡するための契約解除の違約金

○土地等を譲渡するために資産を取り壊した場合の取壊し損失とその費用

などの費用です。

(4)　短期譲渡か長期譲渡か

総合課税の譲渡の場合、取得の日から５年目の応答日の前日において所有期間が５年以下の場合を**短期譲渡**といい、所有期間が５年超の場合を**長期譲渡**といいます。

ただし、特許権、実用新案権、工業所有権、著作権および鉱床にかかる採掘権の譲渡は、５年以下であっても長期譲渡とされます。

総合課税の譲渡所得金額を他の所得と合計して総所得金額を計算する場合、短期譲渡所得の金額はそのままの金額によりますが、長期譲渡所得の金額は、２分の１の金額として計算します。

3　土地建物等の譲渡所得の分離課税

土地建物等を譲渡したときの譲渡所得は、その所有期間によって

　　　　長期譲渡所得　　と　　　**短期譲渡所得**

に分けられ、他の所得と区分して税額計算をすることになっています。

　これを**分離課税の譲渡所得**といいます。

　分離課税とされる土地建物等を譲渡した場合、**譲渡した年の1月1日現在において、所有期間が5年を超える場合を長期譲渡、5年以下の場合を短期譲渡**といいます。

　長期譲渡所得は、15.315％の税率により課税されます（ほかに、住民税5％）。

　短期譲渡所得は、30.63％の税率で課税されます（ほかに、住民税9％）。

（コメント）　土地建物等の長期譲渡所得および短期譲渡所得の金額の計算上生じた損失は、土地建物等の譲渡による所得以外の所得との通算および翌年以後の繰越控除はできません。

　　　ただし、所有期間が5年を超え、住宅借入金等があるなど自己の居住用の特定の家屋（土地等を含みます。）の買換えまたは譲渡による損失については、他の所得との損益通算および翌年以後3年間の繰越控除が認められます（167ページ(3)参照）。

(1)　土地建物等の資産とは

① 　土地 ⇨ 宅地、田、畑、原野、借地権、地役権　など

② 　建物等 ⇨ 住宅、アパート、店舗、事務所、工場、庭園、へい
　　　など

が分離課税とされる土地建物等です。

（　コメント　）　建物や構築物の全部を所有するために借地権や地役権を設定する場合において、権利金などの金額が土地の時価の２分の１（その設定が地下または空間について上下の範囲を定めたものなどの場合は４分の１）を超える場合には分離課税の譲渡所得として課税されます。

(2)　譲渡所得の計算方法

この土地建物等の譲渡所得の計算方法は122ページと同じです。

また、譲渡資産の取得費については、実際の取得費と土地や建物等の譲渡による収入金額の５％相当額とのいずれか高い方の金額を取得費とすることができます。

(3)　分離課税（土地建物等の譲渡所得）の場合の特別控除額

分離課税の場合の特別控除額は、総合課税の場合の特別控除（50万円）と異なり、次のとおりです。

なお、次の②〜⑥の特例に該当する場合の特別控除は、短期譲渡所得からも控除ができます。

また、これらの特例の適用がいくつか受けられる場合、特別控除額は一定の順序で控除し、その最高限度額は5,000万円で打ち切られます。

① 　一般の場合 ⇨ なし

分離課税の長期譲渡所得および短期譲渡所得については、総合課税の譲渡所得のような50万円の特別控除はありません。

② 　収用交換等のために土地等を譲渡した場合 ⇨ 5,000万円

土地収用法などの法律によって収用または買い取られた場合、対

価補償金など一定の補償金または譲渡価額がこの対象となります。

③ 特定土地区画整理事業等のために土地等を譲渡した場合

⇨ 2,000万円

国や地方公共団体等が行う土地区画整理事業のために買い取られる場合、古都における歴史的風土の保存に関する特別措置法等によって買い取られる場合などがこの対象となります。

④ 特定住宅地造成事業等のために土地等を譲渡した場合 ⇨ 1,500万円

地方公共団体等の行う住宅建設または宅地造成のために買い取られる場合、マンションの建替えの円滑化等に関する法律の買取請求に基づきマンション建替事業者に買い取られる場合などがこの対象となります。

⑤ 農地保有の合理化等のために農地等を譲渡した場合 ⇨ 800万円

農業振興地域の整備に関する法律に基づく勧告に係る協議、調停またはあっせんによって譲渡した場合などがこの対象となります。

⑥ 居住用財産を譲渡した場合 ⇨ 3,000万円

この特別控除の対象となるのは、次の場合です。

  ㋑ 現に自分が居住している家屋またはその家屋とともに敷地を譲渡した場合

  ㋺ 自分の居住の用に供さなくなった家屋またはその家屋とともに敷地を居住の用に供さなくなった日以後3年を経過する年の12月31日までの間に譲渡した場合

㈠　自分の居住の用に供していた家屋が災害によって減失した場合、その家屋の敷地を災害のあった日以後3年を経過する年の12月31日までの間に譲渡した場合

（コメント）1　譲渡するまでの間、この家屋が空家であるか貸家として使用していたかなどに関係なく、この特別控除が受けられます。

　　2　その譲渡先が譲渡者の配偶者や直系血族、同族法人など特別の関係者である場合には、控除の対象となりません。

　　3　居住用家屋の所有者とその敷地の所有者とが異なる家屋と敷地を同時に譲渡した場合、両者が生計を一にする親族関係者で、敷地の所有者もその家屋に居住しているときは、家屋の譲渡所得が3,000万円未満のときは3,000万円のうちその家屋の譲渡所得から引ききれない金額を敷地の所有者の譲渡所得から差し引くことができます。

　　4　店舗併用住宅のような場合は、居住用部分と店舗用部分の面積比であん分して居住用部分についてのみ3,000万円の特別控除が適用されます。

　　5　この特別控除は他の特別控除や買換え（交換）などの特例と重複して適用を受けることはできません。また、前年または前々年において、特定の居住用財産の買換え（交換）の特例などの適用を受けている場合には適用されません。

──〖計算例〗─────────────────────
　Cさんは、令和6年2月に25年間居住していた家屋を敷地とともに85,000,000円で譲渡しました。取得費（家屋は減価償却費相当額を控除した後の金額）は30,000,000円、譲渡費用は2,550,000円です。

　㋑　譲渡所得の金額（分離長期）

$$
\overset{\text{(総収入金額)}}{} \quad \overset{\text{(取得費)}}{} \quad \overset{\text{(譲渡費用)}}{}
$$

85,000,000円 − (30,000,000円 + 2,550,000円)

$\begin{pmatrix}\text{分離課税の土地}\\\text{建物等の長期譲}\\\text{渡所得の金額}\end{pmatrix}$

= 52,450,000円

㋺ 特別控除額控除後の分離課税の土地建物等の長期譲渡所得の金額

$\begin{pmatrix}\text{長期譲渡所得}\\\text{の金額}\end{pmatrix}$ (特別控除額) $\begin{pmatrix}\text{特別控除額控除後の分}\\\text{離課税の土地建物等の}\\\text{長期譲渡所得の金額}\end{pmatrix}$

52,450,000円 − 30,000,000円 = 22,450,000円

（コメント） 所有期間が5年を超える一定の居住用資産の譲渡損失については、他の所得との損益通算・損失の繰越控除ができます（167ページ(3)参照）。

⑦ **空き家に係る譲渡所得の特別控除の特例 ⇨ 3,000万円**

被相続人が相続開始の直前まで、自己の居住の用に供していた家屋およびその敷地を取得した相続人が、平成28年4月1日から令和9年12月31日までの間に、相続開始日から3年以内に次の㋑または㋺に該当する譲渡をした場合、居住用財産の譲渡所得の3,000万円特別控除の対象となります。

㋑ 昭和56年5月31日以前に建築された家屋（区分所有建物を除きます。）で耐震改修がされたものおよびその敷地の譲渡

㋺ 居住用家屋を取壊し等をした後、その敷地の用に供されていた土地等の譲渡

（注） 令和6年1月1日以後の譲渡

1 被相続人居住用家屋が、譲渡の時から譲渡の日の属する年の翌年2月15日までの間に耐震基準に適合することとなった場合または取壊し等が行われた場合も、この特例の対象となります。

　2　被相続人居住用家屋およびその敷地等を取得した相続人の数が3人以上である場合における特別控除は、1人当たり2,000万円とされます。

（コメント）1　相続等の開始の直前において、被相続人が養護老人ホーム等に入居するなど、被相続人の居住の用に供されていなかった家屋で、被相続人以外に居住をしていた者がいなかった場合も、この控除の対象となります。

　2　相続開始日以後3年以内に譲渡した土地・建物等の譲渡価額の合計額が1億円以下であることが要件となります。

　3　空き屋およびその敷地が、相続開始時から売却時まで居住の用、事業の用および貸付の用に供されていた場合には適用されません。

⑧　特定期間に取得した土地等を譲渡した場合 ⇨ 1,000万円

　平成21年1月1日から平成22年12月31日までの間に取得をした国内にある土地等を譲渡した場合に控除できます。

　ただし、配偶者その他一定の特別な関係のある者からの取得ならびに相続、遺贈、贈与および交換などにより取得をした土地等については適用されません。

⑨　低未利用土地等を譲渡した場合 ⇨ 100万円

　令和2年7月1日から令和7年12月31日までの間に、都市計画区域内にある低未利用土地等で、その年1月1日において所有期間が5年を超えるものを譲渡した場合に適用されます。

　ただし、配偶者その他一定の特別な関係にある者に対する譲渡および建物等を含めた譲渡価額が800万円（令和4年分までは500万円）を超えるものについては、適用されません。

　また、低未利用土地等の譲渡後の利用用途がコインパーキングで
あるものは対象となりません（令和5年以後）。

4　その他の土地等の譲渡所得の課税の特例

　土地等の譲渡所得については、前記以外にもいろいろな課税の特例が
設けられています。主なものを挙げると次のとおりです。

⑴　買換え（交換）の特例

①　特定の居住用財産の買換え（交換）

　平成5年4月1日から令和7年12月31日までの間に、長期所有の居
住用財産（居住用家屋やその敷地で、その年の1月1日現在で所有期
間が10年を超えているもの）で10年以上にわたって居住用として使用
していたもの（譲渡価額が1億円を超えるものを除きます。）を譲渡
して、①25年以内に建築されたものであること、または、②耐震安全
基準に適合するものであることなど、一定の要件に該当する居住用財
産に買い換えた場合は、

　　㋑　譲渡した居住用財産の譲渡代金が買い換えた居住用財産の取得
　　　価額を上回るときは、その上回る金額についてだけ課税され、

　　㋺　譲渡した居住用財産の譲渡代金が買い換えた居住用財産の取得
　　　価額以下のときは課税されません。

　この特例は、その年、前年または前々年において、居住用財産の譲
渡の場合の3,000万円特別控除との選択適用となります。

　（コメント）　次の損失については、一定の要件のもとで、損益通算およ
　　び損失の繰越控除が認められています（167ページ⑶参照）。
　　　1　特定居住用財産の買換え等の場合の譲渡損失

2　特定居住用財産の譲渡損失

②　特定の事業用資産の買換え（交換）

　事業の用に供している一定の土地や建物等を譲渡し、その年中に一定の土地や建物などを取得して、その取得の日から1年以内に事業の用に供する場合やこれらの資産を交換した場合には、

　　㋑　譲渡による収入金額が買換資産の取得価額以下であるときは、原則として譲渡による収入金額の20％に相当する金額部分につき譲渡があったものとして譲渡所得の金額を計算します。

　　㋺　譲渡による収入金額が買換資産の取得価額より多いときは、買換資産の取得価額の80％に相当する金額を超える部分につき譲渡があったものとして譲渡所得の金額を計算します。

　なお、譲渡をした年の1月1日における所有期間が5年以下の土地譲渡の場合には適用されませんが、令和8年3月31日までは、5年以下であっても、適用されます。

（注）　収用等による譲渡ならびに贈与、後記④の交換、出資、代物弁済による譲渡または取得による場合には、この特例の適用は受けられません。

③　土地や家屋が収用された場合の買換え

　土地や家屋などが収用を受け、その補償金で代替資産を取得した場合には、事業用資産の買換えの特例に準じた買換えの特例か、収用の場合の5,000万円の特別控除の特例かのいずれかを選択することができます。

④ 土地や建物などの交換の場合

土地や建物などを交換した場合には、譲渡があったものとして課税されます。

しかし、1年以上所有していた土地、建物、船舶、機械などを他の人が1年以上所有していた同じ種類の資産と交換して、それを交換前と同じ用途に使用した場合は、原則として譲渡はなかったものとして課税されません。

このほか、

イ 既成市街地等内にある土地等の中高層耐火建築物等の敷地のための買換え（交換）の特例

ロ 特定の交換分合により土地等を譲渡した場合の特例

などがあります。

(2) その他の特例等

① 債務処理計画に基づき資産を贈与した場合

中小企業会社の取締役等が、その会社の事業の用に供されている資産（有価証券を除きます。）でその個人が所有しているものを、債務処理計画に基づき、平成25年4月1日から令和7年3月31日までの間にその会社に贈与した場合には、一定の要件を満たしているときに限り、一定の手続きの下でその贈与によるみなし譲渡課税は適用されません。

② 配偶者居住権等の取得費の計算の特例

配偶者居住権および配偶者敷地利用権の消滅により対価を受ける場合の取得費の計算方法について、特例が設けられています。

⑶　所得税の税率の軽減の特例

所得税の税率の軽減の特例として次のようなものがあります。

① 　所有期間が10年を超える居住用の土地家屋等を譲渡したときの軽減税率の特例 ⇨ 10%〜15%の税率

② 　長期所有の土地を優良住宅地の造成等のために譲渡したときの軽減税率の特例 ⇨ 10%〜15%の税率

③ 　国等に短期所有の土地を譲渡したときの軽減税率の特例 ⇨ 15%の税率

5　株式等の譲渡にかかる譲渡所得等の課税

株式等の譲渡所得等に対する課税は、他の所得と区別して課税される申告分離課税とされています。

平成28年1月1日以後に発行された公社債の償還差益は、譲渡所得の金額とみなして課税されます。

なお、上場株式等の譲渡損失および特定中小会社が発行した株式にかかる譲渡損失については、3年間にわたり繰り越して株式等の譲渡所得等の金額から控除することが認められています。

また、証券会社等に源泉徴収選択口座を設けて上場株式等を譲渡した場合には、所得税などの源泉徴収のみで、確定申告を不要とする制度を選択することができます。

⑴　申告分離課税

公社債および株式等の譲渡にかかる事業所得、譲渡所得および雑所得（以下「譲渡所得等」といいます。）については、他の所得と区分して

申告分離課税により課税されます。

　なお、この申告分離課税制度は、上場株式等（特定公社債等および上場株式等）にかかる譲渡所得等の分離課税と一般株式等（一般公社債等および非上場株式等）にかかる譲渡所得等の分離課税に区分されています。

　また、申告分離課税を選択した特定公社債および上場株式等の譲渡損失で、その年に損益通算しても控除できない金額は、翌年以後3年間、特定公社債等の利子所得、譲渡所得等ならびに上場株式等の配当所得、譲渡所得等から繰越控除をすることができます。

（コメント）　個人株主の持株割合（同族法人の持株との合計）が3％以上である場合は、総合課税の対象となります。

①　対象となる株式等の範囲

　次に掲げるものは、申告分離課税の対象となります。

　イ　株式（株主となる権利、株式の割当てを受ける権利、新株予約権等および新株予約権の割当てを受ける権利を含みます。）

　ロ　特別の法律により設立された法人の出資者の持分、合名会社、合資会社または合同会社の社員の持分、協同組合等の組合員の持分等

　ハ　協同組織金融機関の優先出資に関する法律に規定する優先出資および資産の流動化に関する法律に規定する優先出資

　ニ　投資信託の受益権

　ホ　特定受益証券発行信託の受益権

　ヘ　社債的受益権

　ト　公社債（長期銀行債等一定のものを除きます。）

（コメント）　ゴルフ会員権を得るために取得をした株式（いわゆる株式

形態のゴルフ会員権）の譲渡益は総合課税の譲渡所得となりますが、損益通算（163ページ参照）はできません。

② 上場株式等の範囲

上場株式等には、次のようなものがあります。

イ　金融商品取引所に上場されている株式等（上場株式、上場新株予約（引受）権、店頭売買登録銘柄、店頭管理銘柄など）

ロ　公募投資信託の受益権

ハ　特定投資法人の投資信託および投資法人の投資口

ニ　公募特定受益証券発行信託の受益権

ホ　公募特定目的信託的受益権の社債的受益権

ヘ　国債および地方債

ト　外国またはその地方公共団体が発行し、または保証する債券

チ　会社以外の法人が特別の法律により発行する一定の債券

リ　取得勧誘が一定の公募により募集された一定の公社債

ヌ　発行日の前9月以内（外国法人にあっては、12月以内）に有価証券報告書等を内閣総理大臣に提出している法人が発行する社債

ル　金融商品取引所等において公表された公社債情報に基づき発行される一定の公社債

ヲ　国外において発行された一定の公社債

ワ　外国法人が発行しまたは保証する一定の債券

カ　銀行業等が発行した一定の社債

ヨ　平成27年12月31日以前に発行された公社債（同族会社が発行したものを除きます。）

(2) 譲渡所得等の金額の計算

株式等の譲渡による譲渡所得等の金額は、次の算式で計算します。

【算 式】

$$\begin{pmatrix} その年中の株 \\ 式等の譲渡に \\ よる収入金額 \end{pmatrix} - \begin{pmatrix} 株式等の & その年の支払利子のうち \\ 取得費と & +譲渡した株式等の取得の \\ 譲渡費用 & ために要した部分の金額 \end{pmatrix} = \begin{matrix} 譲渡所 \\ 得等の \\ 金額 \end{matrix}$$

---

① 一般株式等の譲渡損失

計算の結果、所得が赤字（損失）になるときは、その損失はないものとされ上場株式等の譲渡所得等および他の所得との通算や翌年への繰越控除は認められません。

また、上場株式等の譲渡所得等および他の所得の赤字（損失）を申告分離課税の株式等の譲渡所得等の金額から差し引くことはできません。

ただし、一般株式等の譲渡にかかる事業所得の金額および雑所得の金額があれば、この所得金額から控除できます。

コメント　一般株式等とは、前記(1)の②の上場株式等以外の株式等をいいます。

② 上場株式等の譲渡損失

上場株式等の譲渡所得の金額の計算の結果、所得が赤字（損失）になるときは、上場株式等の利子・配当所得と通算することができます。

また、上場株式等の譲渡所得等の金額の損失は、翌年以後に繰り越すことが認められています（後記(5)参照）。

　ただし、一般株式等の譲渡所得等および他の所得との通算は、認められません。

（コメント）　雑損失の金額または繰越雑損失の金額は、一般株式等および上場株式等の譲渡所得等の金額から差し引くことができます。

　　また、所得控除額の控除不足額は、一般株式等および上場株式等の譲渡所得等から差し引くことができます。

⑶　譲渡所得等の金額に対する所得税額の計算

　所得税および復興特別所得税の額は、株式等の譲渡所得等の金額に15.315％（ほかに、住民税５％）の税率を乗じて求めます。

⑷　特定口座内保管上場株式等の譲渡所得等の申告不要の特例等

①　特定口座の設定と譲渡所得の金額の計算の特例

　特定口座（一の金融商品取引業者等につき一口座に限ります。）を設定して、その特定口座を通じて取得をし管理されている上場株式等（特定口座内保管上場株式等）を譲渡した場合、特定口座以外にその特定口座内保管上場株式等と同一銘柄の上場株式等を有しているときは、これらの同一銘柄の上場株式等はそれぞれその銘柄の異なるものとして、上場株式等の譲渡にかかる譲渡所得等の金額の計算をします。

（コメント）　この特定口座を設定するときは、金融商品取引業者等に特定口座開設届出書を提出します。

②　特定口座内保管上場株式等の譲渡所得等の確定申告不要の特例

　特定口座において、源泉徴収制度の適用を受けることを選択した場

合には、源泉徴収選択口座のある金融商品取引業者等がそれぞれの投資家の株式取引の損益を計算し一定の税率による源泉徴収を行い、その税額を納付または還付することになっています。

　この場合、特定口座内保管上場株式等を譲渡した人が、株式等の譲渡所得等について確定申告をするときは、その特定口座のうち源泉徴収選択口座にかかる譲渡所得等の金額を除外したところで確定申告をすることができます。

（コメント）　確定申告書の作成に当たっては、金融商品取引業者等が発行する「特定口座年間取引報告書（投資家交付用）」を用いて計算しますが、平成31年4月1日以後に提出する確定申告書および修正申告書には添付する必要はありません。

(5)　上場株式等にかかる譲渡損失の繰越控除

　上場株式等の譲渡により損失の金額が生じた場合には、その損失が生じた年の翌年以後3年内の各年に繰り越して、各年分の株式等の譲渡所得等の金額を限度として繰越控除が認められます。

　この場合、損失の金額の生じた年分の確定申告書にその上場株式等にかかる譲渡損失の金額および控除を受ける金額等の計算の明細書その他一定の書類を添付して提出し、かつ、その後において連続してそれらの明細書を添付した確定申告書を提出することが必要です。

（コメント）　上場株式等にかかる配当等については、源泉徴収選択口座に受け入れることができます。

　　なお、この源泉徴収選択口座に受け入れられた上場株式等にかかる利子・配当所得の金額から、その源泉徴収口座内で生じた上場株式等の譲渡損失の金額を控除することができます。

　また、この制度の適用を受けた上場株式等の譲渡損失を申告する場合には、この口座内の上場株式等にかかる配当等についてもあわせて申告することとなります。

(参考)　上場株式等を金融商品取引業者等で譲渡等した場合の制度の概要

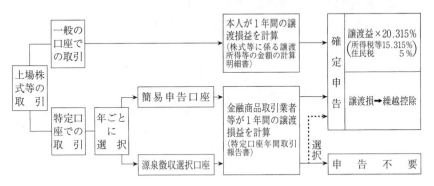

コメント　小口の投資家を対象とした非課税措置（NISA、つみたてNISA 等）については、99ページを参照。

(6)　特定中小会社の株式の譲渡等の特例

①　特定株式の価値喪失の場合の特例

　払込みにより取得した特定中小会社の発行する株式（一定の新株予約権を含みます。）について、その特定株式の上場等の日の前日までの期間（適用期間）内に、次の損失が生じたときは、その損失の金額をその特定株式の譲渡損失の金額とみなして株式等の譲渡所得等の金額の計算上控除することができます。

　　イ　特定中小会社が、解散してその清算が結了し、その株式が価値を失ったことにより生じた損失

　　ロ　特定中小会社が、破産手続開始の決定を受け、その株式が価値を失ったことにより生じた損失

コメント　1　特定中小会社とは、中小企業の新たな事業活動の促進に関する法律第6条に規定する一定の新規中小企業者や設立の日以後10年を経過していない株式会社のうち一定の中小企業者などの株式会社をいいます。

　　　　　2　特定株式とは、次のものをいいます。

　　　　　㋑　特定中小会社の設立の際に発行された株式

　　　　　㋺　特定中小会社の設立の日後に発行された株式

　　　　　3　この特例は、その特定中小会社が同族会社となる場合の判定の基礎となる株主に該当する人やその特定中小会社に自らが営んでいた事業の全部を承継させた特定事業主やその親族である人などの特定の人は適用を受けることはできません。

②　特定株式の譲渡損失の繰越控除

　特定株式の譲渡損失が生じた年において、株式等にかかる譲渡所得等の金額の計算上控除してもなお控除しきれない損失の金額があるときは、一定の要件のもとで、その特定株式にかかる譲渡損失の金額について、その年の翌年以後3年内の各年分の株式等にかかる譲渡所得等の金額からの繰越控除が認められます。

③　特定株式の取得に要した金額の控除等

　特定株式を払込みにより取得した場合に、その特定株式をその年の12月31日において保有している等一定の要件の下で、その取得をした年分の株式等に係る譲渡所得等の金額からその特定株式の取得に要した金額を控除することが認められます（次の④との選択適用となります。）。

　控除金額は、株式等の譲渡所得等の金額が限度です。

　なお、その取得をした特定株式の取得価額は控除金額を差し引いた金額となります（課税の繰延べ）。

　コメント　特定中小会社が発行した株式を取得した場合の寄附金控除については、第3章②を参照してください。

④　特定新規中小企業者が設立の際に発行した株式の取得に要した金額の控除等

　一定の要件を満たす株式会社（以下「特定新規中小企業者」といいます。）が設立の際に発行する株式を払込みにより取得した場合（一定の新株予約権の行使により取得した場合を含みます。）には、一定の要件の下でその特定株式を取得をした年分の一般株式等にかかる譲渡所得等の金額または上場株式等にかかる譲渡所得等の金額からその特定株式の取得に要した金額を控除することが認められます。

　控除金額は、株式等の譲渡所得等の金額が限度となります。

　なお、その取得をした特定株式の取得価額は、その控除をした金額のうち20億円を超える部分の金額を差し引いた金額となります。

(7)　株式交換または株式移転にかかる課税の特例

　特定子会社の株主である個人が、特定子会社の株式を株式交換または株式移転し、株式交換完全親会社または株式移転完全親会社から新株の割当てを受けたときは、その株式交換等により移転した特定子会社株式の旧株の譲渡がなかったものとされます。

　ただし、新株の割当てにより交付金銭等の交付を受けた場合には、剰余金の配当としての交付などの一定の場合を除き譲渡所得等の課税の対象となります。

コメント ここで使われている用語の意義は次のとおりです。

特定子会社……株式交換等により完全子会社（100％子会社）となる会社をいいます。

株式交換……株式交換により他の会社の株式を取得したことによって、その会社の発行済株式の全部を直接もしくは間接的完全親会社　に保有することとなった会社をいいます。

株式移転……株式移転により他の会社の発行済株式の全部を取得して完全親会社　設立された株式会社をいいます。

(8)　国外転出をする場合の譲渡所得等の特例

国外に転出する居住者[※]が、所得税法に規定する有価証券もしくは匿名組合契約の出資の持分（有価証券等）または決済をしていないデリバティブ取引、信用取引もしくは発行日取引（未決済デリバティブ取引等）を1億円以上有する場合には、国外転出の時に、次の区分に応じて、その有価証券等の譲渡またはその未決済デリバティブ取引等の決済をしたものとみなして、それぞれ次の金額により事業所得の金額、譲渡所得の金額または雑所得の金額を計算し、出国時に課税することとされています。

①　国外転出の日の属する年分の確定申告書の提出時までに納税管理人の届出をした場合　国外転出の時における有価証券等の価額に相当する金額または未決済デリバティブ取引等の決済に係る利益の額もしくは損失の額

②　前記①に掲げる場合以外の場合　国外転出の予定日の3月前の日における有価証券等の価額に相当する金額または未決済デリバティブ取引等の決済に係る利益の額もしくは損失の額

※　原則として、国外転出の日前10年以内に、国内に住所または居所を有

していた期間の合計が5年超である居住者が対象となります。

　ただし、在住期間の判定にあたっては、「出入国管理及び難民認定法別表第一の在留資格（外交、公用等）」で居住していた期間は除かれます。

10 一時所得、雑所得とその計算について

1 一時所得、雑所得とは

　利子、配当、不動産、事業、給与、退職、山林および譲渡の各所得の
いずれにも当てはまらない所得は、税法上、一時所得か雑所得のどちら
かに当てはまります。

　この2つの所得は、次のように区分します。

	一 時 所 得	雑 所 得
共通点	利子所得、配当所得、不動産所得、事業所得、給与所得、退職所得、山林所得および譲渡所得のいずれにも当てはまらない所得であること	
相違点	所得の性質が次のいずれの性質をも有しない一時的な所得であること ① 営利を目的とする継続的行為 ② 労務その他役務の対価性 ③ 資産の譲渡の対価性	左記の一時所得に当てはまらないものであること
例 示	たとえば、次のような所得です（業務に関して受けるものは除かれます。）。 ① 懸賞の賞金品、福引の当せん金品など ② 競馬の馬券の払戻金、競輪の車券の払戻金など ③ 法人からの贈与により取得	たとえば、次のような所得です。 ① 法人の役員などの勤務先預け金の利子で利子所得とならないもの ② いわゆる学校債、組合債などの利子 ③ 定期積金等の給付補てん金

する金品（継続的に受けるものは除かれます。）

④　人格のない社団などの解散によりその構成員が受けるいわゆる清算分配金など

⑤　遺失物拾得者または埋蔵物の発見者が受ける報労金

⑥　遺失物の拾得または埋蔵物の発見により新たに所有権を取得する資産

⑦　株主等としての地位に基づかないで発行法人から有利な発行価額で新株等を取得する権利を与えられた場合の所得

⑧　労働基準法の規定による解雇の予告手当、休業手当、時間外・休日・深夜労働の割増賃金の規定に違反した者および年次有給休暇に対し平均賃金の支払いをしなかった者から支払いを受ける付加金

⑨　生命保険契約などに基づく一時金または損害保険契約等に基づく満期返戻金など

⑩　借家人が家屋の立退きに際して受ける立退料（借家権の譲渡による部分および収益補償の部分を除きます。）

⑪　売買契約等が解除された場合に取得する手付金、償還金

⑫　事務もしくは作業の合理化、製品の品質の改善、経費の節約等に寄与する工夫または考案等をした者が勤務先から支払いを受ける報償金のう

④　国税および地方税の還付加算金

⑤　土地の収用の際の補償金の支払が遅滞した場合などに支払われる加算金および過怠金

⑥　人格のない社団などの構成員が、その人格のない社団などから受ける収益の分配金（清算分配金を除きます。）

⑦　株主が受ける株主優待乗車券、株主優待入場券など

⑧　生命保険契約などに基づく年金

⑨　役務の提供の対価が給与等とされる者が支払いを受ける契約金

⑩　就職に伴う転居のための旅行の費用で通常必要と認められる範囲を超えるもの

⑪　従業員（役員を含みます。）が取引先などから受けるリベートなど

⑫　次のような所得のうち、事業所得または山林所得から生じたと認められるもの以外のもの（業務にかかる雑所得）

イ　動産の貸付け（不動産所得の基因となる船舶、航空機の貸付けを除きます。）による所得

ロ　工業所有権の使用料（専用実施権の設定により一時に受ける対価を含みます。）にかかる所得

ハ　温泉を利用する権利の設

ち、その工夫または考案等が その者の職務の範囲外の行為 である場合の一時に受ける報 償金 ⑬　地方税法の規定に基づいて 受ける住民税および固定資産 税の前納報奨金 ⑭　事業所得等の総収入金額に 算入しないこととされる国庫 補助金等（32ページ参照）で、 その交付の目的とされた支出 に充てられなかったもの	定による所得 ニ　原稿、挿絵、作曲、レコ ードの吹き込みもしくはデ ザインの報酬、放送謝金、 著作権の使用料または講演 料などにかかる所得 ホ　採石権、鉱業権の貸付け による所得 ヘ　金銭の貸付けによる所得 ト　保有期間5年以内の山林 の伐採または譲渡による所 得 チ　営利を目的として継続的 に行う資産の譲渡による所 得 リ　商品先物取引および金融 商品先物取引等による所得

コメント 1　事業所得と認められるかどうかは、その所得を得るための 活動が、社会通念上事業と称するに至る程度で行っているかどうか で判定します。

　　なお、その所得にかかる取引を記録した帳簿書類の保存がない場 合（その所得にかかる収入金額が300万円を超え、かつ、事業所得と 認められる事実がある場合を除きます。）には、業務にかかる雑所得 （資産（山林を除きます。）の譲渡から生ずる所得については、譲渡 所得またはその他雑所得）に該当します。

2　企業や商店街などから受け取る広告宣伝のための賞金やテレビな どのクイズ賞金は、支払いの際に賞金などの金額から50万円を控除 した残額に10.21％の税率で源泉徴収されます。

3　公的年金等や原稿料・講演料などは支払いの際に所定の税率で源 泉徴収されます。

4　次の金融類似商品等から生じる収益は、所得の性質上は、一時所

得または雑所得に分類されますが、収益の性質上、預金利息に類似
していることから、預金利息と同様、一律20.315％（所得税および
復興特別所得税15.315％、地方税５％）の税率による源泉分離課税
が適用され、源泉徴収だけで課税関係が終了します。

・定期積金および定期積金等の給付補てん金

・抵当証券の利息

・外貨建預貯金の為替差益

・懸賞金付預貯金等の懸賞金等

・一時払養老保険や一時払損害保険などの差益（保険や共済の期
間が５年以下のもの、または保険や共済の期間が５年を超えて
いてもその期間の初日から５年以内に解約したものの差益に限
ります。）

5　平成27年12月31日以前に発行された割引債でその償還差益が発行
時に源泉徴収の対象とされたものについては、償還差益に18.378％
の税率による源泉分離課税とされ、譲渡による所得は非課税とされ
ています。

2　一時所得はどのように計算するのか

一時所得の金額は、次の算式で計算します。

【算　式】

総収入金額－その収入を得るために支出した金額－特別控除額※＝一時所得の金額

※　特別控除額は、総収入金額からその収入を得るために支出した金額を
差し引いた残額が、

50万円未満のときは ⇨ その残額

50万円以上のときは ⇨ 50万円

です。

一時所得の金額は、他の所得と合計して総所得金額を計算する場合には2分の1とします。

(1)　総収入金額の計上時期

一時所得の総収入金額の計上時期は、次によります。

① 　一般的な場合……支払いを受けた日または、支払いの通知を受けた日

② 　生命保険契約に基づく一時金など……支払いを受けるべき事実が生じた日

③ 　新株引受権の取得……新株について申込みをした日

(2)　賞品などで支払われる収入金額

広告宣伝などの賞品を金銭以外のもので支払いを受けた場合には、そのものの処分見込価額で収入として計上しますが、通常は、その賞品の価額の60%相当額を収入金額とすることが認められています。

(3)　生命保険契約または損害保険契約に基づく一時所得の計算

生命保険契約等または損害保険契約等の保険料の支払者が満期により受け取る一時金や満期返戻金は、一時所得となります。

① 　総収入金額

生命保険契約等または損害保険契約等に基づいて支払われる一時金または満期返戻金　＋　支払開始日以後に支払われる剰余金、割戻金

② 収入を得るために支出した金額

イ　一時金のみ支払われる場合

$$\text{保険料または掛金の総額} - \text{支払開始日前に支払われる剰余金、割戻金、および保険料または掛金に充当された剰余金、割戻金} = (A)$$

ロ　一時金のほかに年金が支払われる場合

$$(A) - (A) \times \frac{\text{年金の支払総額または支払総額の見込額(B)}}{(B) + \text{一時金の額}} \quad \left(\begin{array}{l}\text{小数点2位未満を}\\\text{切り上げます}\end{array}\right)$$

コメント 1　損害保険料の場合は、各種所得金額の計算上必要経費に算入された金額を除いた金額となります。

2　相続により取得した生命保険契約等に基づく年金については、特例計算により計算します。

(参考)　生命保険金の課税関係

被保険者	負担者	受取人	原　因	課税関係
夫	夫	夫	満期	夫の一時所得
			夫の死亡	夫の相続人に相続税
妻	夫	夫	満期	夫の一時所得
			妻の死亡	
夫	夫	妻	満期	妻に贈与税
			夫の死亡	妻に相続税
妻	夫	妻	夫の死亡	妻に相続税
子	父	父	満期	父の一時所得
			子の死亡	
子	父	子	満期	子に贈与税
			子の死亡	子の相続人に相続税
父	父	子	満期	子に贈与税
			父の死亡	子に相続税

(4) 立退料の課税関係

受け取った立退料の性質		課税関係
立退きのための費用の弁償		一時所得
借家権の消滅の対価	借家権の取引慣行のない地域	
	借家権の取引慣行のある地域	譲渡所得（総合課税）
事業者の休業期間の営業補償		事業所得等

3 雑所得はどのように計算するのか

雑所得の金額は、

① 国民年金や厚生年金、恩給などの公的年金等

と

② 非営業用貸金の利子、著述家や作家以外の人が受け取る原稿料や印税、講演料や放送謝金などのように他の9種類の所得のいずれにも該当しない所得

に分けて、それぞれで計算のうえ、合計するという方法で求めます。

【算　式】

①＋②＝雑所得の金額

① 公的年金等の収入金額 − 公的年金等控除額

② 公的年金等以外の総収入金額 − 必要経費

コメント　前記②の金額の計算上生じた損失の金額は、①の金額から差し引くことができます。

---

(1)　公的年金等にかかる所得の計算

①　公的年金等とは

　　○国民年金法

　　○厚生年金保険法

　　○国家公務員等共済組合法

　　○恩給法および過去の勤務に基づき使用者であった者から支給され

　　　る年金

　　○確定給付企業年金法

　　○中小企業退職金共済法

　　○小規模企業共済法

　　○確定拠出年金法

などの法律の規定により支払われる老齢給付年金などをいいます。

　公的年金等にかかる所得金額は、「公的年金等にかかる雑所得の速
算表」（354ページ参照）により計算します。

②　公的年金等の収入金額の計上時期

　公的年金等については、次の公的年金等の区分に応じてそれぞれに
掲げる日とされています。

　　イ　一般の公的年金等……　支給の基礎となる法令等により定めら
　　　　　　　　　　　　　　　　れた支給日

　　ロ　法令等の改正、改訂により……　その支給日が定められている
　　　既往にさかのぼって支払われ　　　ものについてはその支給日
　　　る新旧公的年金等の差額　　　　　その支給日が定められていな
　　　　　　　　　　　　　　　　　　　いものについては改正または改
　　　　　　　　　　　　　　　　　　　訂の効力が生じた日

③ 公的年金等所得者の確定申告不要制度

公的年金等の収入金額が400万円以下で、かつ、他の所得金額が20万円以下の場合、所得税の確定申告の必要はありません（274ページ(4)参照）。

> コメント 1 この制度に該当する場合でも、確定申告をすれば税金が戻る場合には、還付を受けるための申告をすることができます（275ページ2参照）。
>
> 2 源泉徴収制度の対象とならない外国政府等から受ける公的年金などは収入金額が400万円以下であっても確定申告の不要制度は適用されません。

(2) 公的年金等以外の雑所得の金額の計算

その雑所得に最も類似している他の所得の計算方法に準じて行います。必要経費は、収入を得るために支出した費用です。

> コメント 令和4年以後、前々年分の雑所得を生ずべき業務に係る総収入金額が300万円以下である場合は、総収入金額および必要経費の計算を、いわゆる現金主義により行うことができます。
>
> また、総収入金額が1,000万円を超える場合は、確定申告書に総収入金額および必要経費の内容を記載した書類を添付しなければなりません。

(3) 生命保険契約等に基づく年金にかかる雑所得の計算

生命保険契約等に基づく年金は雑所得となり、次の収入金額から、必要経費を差し引いて計算します。

なお、相続等により取得した生命保険契約等に基づく年金にかかる雑所得については、相続税との二重課税を廃除するため特例により計算し

ます。

①　収入金額

$$
\begin{array}{c}
\text{生命保険契約等に基づいて} \\
\text{支払いを受ける年金}
\end{array}
\quad + \quad
\begin{array}{c}
\text{支払開始日以後に} \\
\text{支払われる剰余金、割戻金}
\end{array}
$$

②　必要経費

　イ　年金のみの場合

$$
\begin{array}{c}
\text{その年に支払い} \\
\text{を受ける年金の} \\
\text{額}
\end{array}
\times
\dfrac{\text{保険料等の総額} - \begin{array}{c}\text{支払開始日前}\\\text{の支払剰余金、}\\\text{割戻金}\end{array}}{\begin{array}{c}\text{年金の支払総額または}\\\text{支払総額の見込額}\end{array}}
\left(\begin{array}{c}\text{小数点2位}\\\text{未満は切り}\\\text{上げます。}\end{array}\right)
$$

　ロ　年金のほかに一時金が支払われる場合

　　イの算式の保険料等の総額を次の算式で計算した金額とします。

$$
\text{保険料等の総額} \times
\dfrac{\begin{array}{c}\text{年金の支払総額または}\\\text{支払総額の見込額(A)}\end{array}}{\text{(A)} + \text{一時金の額}}
\left(\begin{array}{c}\text{小数点2位}\\\text{未満は切り}\\\text{上げます。}\end{array}\right)
$$

〚計算例〛

生命保険契約に基づく年金(終身年金)　保証期間10年	
1年間の年金の額	80万円
支払保険料の総額	800万円
支給開始年齢	男性　65歳(平均余命年数15年)

　支給開始日において支給総額は不明

(計算)

1　支給総額の見込額

　　「余命年数表※」により、65歳男性の余命年数は15年となります。

　　1年間の年金の額×余命年数＝80万円×15年

　　　　　　　　　　　　　　　＝1,200万円(支給総額の見込額)

　　※　「余命年数表」は、所得税法施行令に定められています。

2　必要経費

$$\frac{(1年間の年金の額)}{80万円} \times \frac{(支払保険料の総額)800万円}{(支給総額の見込額)1,200万円} \left(\begin{array}{l}小数点2位\\未満は切り\\上げます。\end{array}\right)$$

$$=536,000円（必要経費）$$

3　年金にかかる雑所得の金額は

800,000円－536,000円＝264,000円となります。

⑷　先物取引にかかる雑所得等の金額の計算

①　申告分離課税

　次の先物取引にかかる差金等については、他の所得と区分して15.315％の税率により所得税および復興特別所得税（ほかに住民税5％）が課税される申告分離課税とされています。

　　イ　商品取引法に規定する商品先物取引を行い、その差金等決済をした場合

　　ロ　金融商品取引法等に規定する金融商品先物取引等を行い、その差金等決済をした場合

　　　　㋑　旧証券取引法に規定する有価証券先物取引、有価証券指数等先物取引および有価証券オプション取引

　　　　㋺　旧金融先物取引法に規定する通貨等先物取引などの取引所金融先物取引

　　　　㋩　金融商品取引法に規定する㋑および㋺に準じた金融商品取引

　　ハ　金融商品取引法に掲げる有価証券（カバードワラント）を差金等決済した場合

　　　※　「差金等決済」とは、商品、有価証券等の受け渡しを伴わず、「買い」、「転売」または、「売り」、「買戻し」を行い取引を終了するも

のをいいます。

　この場合の雑所得等の金額の計算は、差金等決済にかかる金額から、差金等決済にかかる委託手数料およびその他の経費の額の合計額を控除して行います。

コメント 1　国内の金融商品取引業者等を通じて行うFX取引は、前記ロの先物取引等に該当し、申告分離課税の対象となります。

　2　商品先物取引業者または金融商品取引業者等以外の者を相手方として行う店頭デリバティブ取引については、申告分離課税の対象になりません。

　3　資金決済法等改正法の施行日以後に開始する暗号資産デリバティブ取引については、申告分離課税の対象になりません。

②　先物取引に係る損失の繰越控除

　先物取引にかかる雑所得等の金額の計算上生じた損失の金額があるときは、それぞれ他の商品取引等にかかる雑所得等の金額から控除することができますが、それでも控除しきれない損失があるときは、一定の要件のもとで、その控除しきれない金額を繰り越してその翌年以後3年内の先物取引にかかる雑所得等の金額から控除できます。

11 所得の総合はどのようにして行うのか

1 所得の総合の基本

所得税は、総合課税を原則としていますので、今まで個別に計算してき
た各種の所得を総合して、税額計算の基となる所得金額を算出します。

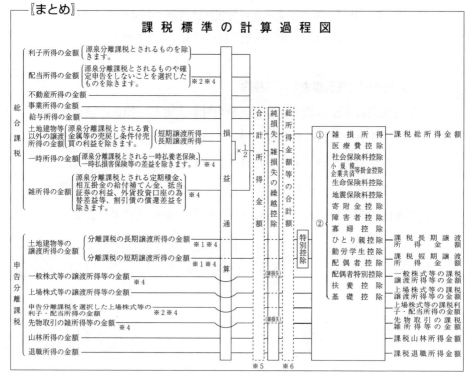

※1　譲渡損失の金額は、特定の居住用財産の譲渡または買換え等の場合を除
　　き、譲渡所得以外の他の所得からの控除および損失の繰越控除はできませ
　　ん。なお、分離課税の短期譲渡所得と長期譲渡所得の間では通算はできます。

※2　「上場株式等の譲渡所得等」および「利子・配当所得」については、一定の要件の下、源泉徴収のみで納税を完了することができる「確定申告不要」の制度があります。

※3　申告分離課税を選択した上場株式等にかかる利子・配当と上場株式等にかかる譲渡損失は損益通算できます。

※4　損失の金額は他の所得金額と通算できません（165ページ参照）。

※5、※6の意義については、175ページの（コメント）を参照してください。

2　損益通算

　所得を総合するときに、各種の所得のうちに損失（いわゆる赤字）が生じているものがあれば、これを他の黒字の所得から一定の順序で差し引きます。

　これを**損益通算**といいます。

損益通算のできる損失	不動産所得、事業所得、山林所得および譲渡所得の金額の計算上生じた損失（次欄に該当するものを除きます。）
損益通算のできない損失	①　配当所得、一時所得および雑所得の金額の計算上生じた損失 ②　分離課税の土地建物等の譲渡損失（特定の居住用財産の譲渡損失で一定の要件に該当するものは通算できます。） ③　分離課税の一般株式等の譲渡損失（上場株式等の譲渡損失は、申告分離課税を選択した上場株式等の利子・配当所得から控除することができます。） ④　分離課税の先物取引による雑所得等の金額の計算上生じた損失 ⑤　特殊な損失 　㋑　競走馬（事業用の競走馬は通算できます。）、別荘、貴石・貴金属・書画・骨とうなどで1組または1個の価額が30万円を超えるものや、

主として趣味、娯楽、保養または鑑賞の目的
で保有する不動産以外の資産（ゴルフ会員権、
リゾート会員権等）など、生活に通常必要で
ない資産についての所得の計算上生じた損失
㋺　非課税所得の金額の計算上生じた損失
⑥　不動産所得の金額の計算上生じた損失のう
ち、土地等を取得するために要した借入金の利
子の額に相当する部分の金額
⑦　不動産所得の金額の計算上生じた国外不動産
所得の損失のうち、減価償却費の金額に相当す
る一定の金額（令和3年以後）
⑧　組合契約を締結している特定組合員または個
人受益者等信託の受益者のその組合事業または
信託による不動産所得の損失額

〔損 益 通 算 の 順 序〕

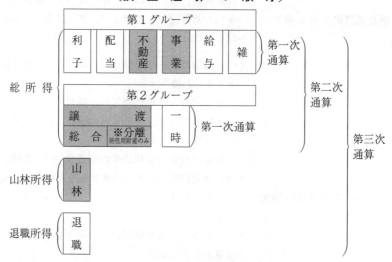

・■■■■は損失額が生じたときに他の所得金額と通算できる所得です。

※申告分離課税の土地、建物等の譲渡所得

　……特定の居住用財産にかかる譲渡損失のみ、他の所得から控除できます。

・申告分離課税の株式等の譲渡所得および先物取引にかかる雑所得等

……赤字（損失）が出ても損益通算できません。黒字であっても他の赤字
は通算できません。ただし、上場株式等の譲渡損失は、申告分離課税を選
択した上場株式等の利子・配当所得から控除することができます。

(1)　総所得、山林所得および退職所得の損益通算

損益通算をする前に、総所得に属する各種所得を次のグループに分類
しておきます。

第1グループ	利子所得、配当所得、不動産所得、事業所得、給与所得、雑所得
第2グループ	総合課税の譲渡所得、一時所得

①　第1次通算

まず、第1グループ、第2グループのそれぞれのグループの中で損
益通算します。

　㋑　第1グループの損益通算

　　不動産所得の損失の金額または事業所得の損失の金額の中に

　　ⓐ　**変動所得の損失**の金額

　　ⓑ　**被災事業資産の損失**の金額

　　ⓒ　その他の損失の金額

　　が2以上あるときは、その損失の金額をⓒ→ⓑ→ⓐの順序で差し
引きます。

　　つまり、第1グループが赤字となった場合の損失の金額はⓐ→
ⓑ→ⓒの順序で残ることになります。

　㋺　第2グループの損益通算

　　総合課税の譲渡所得にかかる損失は、短期譲渡所得と長期譲渡

所得に区分し、

　　　⇨「総合課税の短期譲渡所得（損失)」、「総合課税の長期譲渡
　所得（損失)」、「一時所得」の順に差し引きます。

② **第2次通算**

　次に、各グループのいずれかに、なお損失が残っているときは、次
の場合に応じ、2つのグループ間で損益通算をします。

　　⑦　第2グループの損失を第1グループの所得から差し引く場合
　　　⇨　第2グループの損失をそのまま差し引きます。

　　㋺　第1グループの損失を第2グループの所得から差し引く場合
　　　　⇨「総合課税の短期譲渡損失」⇨「総合課税の長期譲渡損失」
　の順に差し引きます。

　　（コメント）　総合課税の譲渡所得および一時所得はそれぞれ**特別控除
　　（最高50万円)** 後の金額から差し引きます。
　　　　また、総合課税の長期譲渡所得と一時所得は**2分の1する前**の
　　金額から差し引きます。

③ **第3次通算**

　　⑦　山林所得が黒字で、総所得金額が赤字のときは、
　　次の順序で総所得金額の赤字を差し引きます。
　　「山林所得」⇨「退職所得」

　　（コメント）　退職所得は、2分の1した後の金額から差し引きます。

　　㋺　山林所得が赤字で、総所得金額が黒字のときは、
　　次の順序で山林所得の赤字を差し引きます。
　　「総所得の第1グループ」⇨「総所得の第2グループ」⇨「退
　職所得」

コメント 「総所得の第２グループ」の中に「譲渡所得」と「一時所得」とがあるときは、「譲渡所得」→「一時所得」の順に差し引きます。

また、「譲渡所得」の中に短期のものと長期のものがあるときは、「総合短期」→「総合長期」の順に差し引きます。

㈧ 総所得金額、山林所得金額の損失を退職所得から差し引く場合
⇨「総所得金額の損失」⇨「山林所得の損失」の順に差し引きます。

(2) 分離課税の損益通算

分離課税の対象となる所得の損失は原則として損益通算の対象となりません。

ただし、次の損失は一定の要件のもと損益通算が認められています。

① 特定居住用財産の買換え等の場合の譲渡損失

② 特定居住用財産の譲渡損失

③ 上場株式等の譲渡損失（分離課税を選択した上場株式等の利子・配当との損益通算に限ります。）

なお、分離課税の土地建物等の譲渡損失は、分離課税の短期または長期に分けて計算したうえで、短期と長期との間で通算します。

また、分離課税の土地建物等の譲渡損失は、特定の居住用財産の譲渡損失を除き、総合課税の譲渡所得および一時所得から差し引くことはできません。

(3) 特定の居住用財産の譲渡損失

分離課税の土地建物等の譲渡損失は、所有期間が５年を超える居住用

財産の譲渡（親族等への譲渡は除きます。）で、次のいずれかに該当する場合に限り分離課税の土地建物等の譲渡所得以外の所得との損益通算および損失の繰越控除が認められています。

① 特定居住用財産の買換え等の場合の譲渡損失

 ㋑ 居住用財産の譲渡について、前年以前3年内に、軽減税率の特例、居住用財産の3,000万円の特別控除の特例、居住用財産の買換え等の特例などの適用を受けていないこと

 ㋺ 譲渡の日の前年1月1日から譲渡の日の翌年12月31日までに、居住用買換資産を取得（贈与等を除きます。）して、取得をした年の12月31日に買換資産にかかる住宅借入金等の残高を有しており、かつ、取得をした年の翌年12月31日までに居住の用に供したとき、または、居住の用に供する見込みであること

 ㋩ 合計所得金額が3,000万円を超える年でないこと

 ㊁ 繰越控除の対象となる通算後譲渡損失の金額は、譲渡した居住用財産のうち、家屋の敷地が500㎡以下の部分に相当する損失であること

② 特定居住用財産の譲渡損失

 ㋑ 前記の㋑、㋩の要件は同じです。

 ㋺ 居住用財産を譲渡した日の前日において、一定の要件に該当する住宅借入金等を有すること

 ㋩ 損益通算および損失の繰越控除の対象となる金額は、その譲渡の契約の日の前日における住宅借入金等の金額の合計額から、その譲渡資産の譲渡の対価の額を控除した残額（限度）であること

なお、前記の要件のほか、確定申告書に適用を受けようとする旨の記載と、計算に関する明細書等関係書類の添付が必要であり、繰越控除は

期限内申告が要件とされています。

(コメント)　分離課税の土地建物等の譲渡にかかる損失の金額は、原則として損益通算および繰越控除が認められないため、繰越控除のできる特定の居住用財産の譲渡にかかる損失を含め、純損失の金額には含まれず、後記4の純損失の繰戻し還付の対象にはなりません。

3　損失の繰越し

損益通算をしても、なお控除することができない**純損失の金額**については、一定の要件のもとで翌年以後3年（特定非常災害により生じた損失は5年）にわたって、繰り越して控除することができます。

また、所得控除の1つに「雑損控除」(175ページ参照) があります。

この控除額が所得金額から引ききれないときは**雑損失の金額**として翌年以後3年（特定非常災害により生じた損失は5年）にわたって、繰り越して控除することができます。

損失の繰越しは、青色申告者と白色申告者とでは次の表のように違いがあります。

区　分	差し引くことのできる損失の金額
青色申告者	①　雑損失の金額の全部 ②　純損失の金額の全部
白色申告者	①　雑損失の金額の全部 ②　純損失の金額のうち、変動所得の損失と被災事業用資産[※]の損失

※　被災事業用資産の損失とは……商品などの棚卸資産や店舗、機械などの事業用固定資産（事業用の競走馬を含みます。）または山林の災害による損失額をいいます。

(1) 繰越控除の順序

その年分に繰り越された「純損失の金額」や「雑損失の金額」の控除は、次の順序で行います。

① 前年以前3年内の2以上の年に
生じた損失の金額があるとき
⇨ 最も古い年に生じた損失の金額
から先に差し引きます。

② 同じ年に「純損失の金額」と
「雑損失の金額があるとき
⇨ 「純損失の金額」→「雑損失の
金額」の順に差し引きます。

コメント 1 純損失の繰越控除および雑損失の繰越控除は、損失の金額
を記載した損失申告書を提出し、かつ、その後において連続して確
定(損失)申告書を提出している場合に限り適用されます。

2 特定非常災害により生じた損失の額と他の損失の額がある場合に
は、他の損失の金額から先に差し引きます。

なお、特定非常災害により生じた損失の繰越期間は、5年となり
ます。

4 純損失の繰戻し還付

青色申告者については、純損失の金額を翌年以後3年間(または5年
間)に繰り越して控除することができますが、そのほかに、前年分につ
いても青色申告書を提出している場合には、その「純損失の金額」の全
部または一部を前年分の所得金額から控除することにより、税額を計算
し直して、その差額の税額の還付を請求することができます。

第 3 章

所得から差し引かれる金額（所得控除）の基本

1 所得控除にはどのような 種類があるのか

　所得税は、扶養している親族が何人いるか、また、病気などにより多額の医療費を支払っているなど、個人の特殊な事情なども加味して、所得金額から一定の金額を控除することにより負担の調整をしています。

　これを**所得控除**といいます。

　所得控除には、次の種類があります。

① 　雑損控除 ⇨ 災害などで生活用資産に被害を受けたとき

② 　医療費控除 ⇨ 多額の医療費を支払ったとき

③ 　社会保険料控除 ⇨ 健康保険料など社会保険料を支払ったとき

④ 　小規模企業共済等掛金控除 ⇨ 掛金を支払ったとき

⑤ 　生命保険料控除 ⇨ 生命保険料を支払ったとき

⑥ 　地震保険料控除 ⇨ 地震保険料（一定の長期損害保険契約を含みます。）を支払ったとき

⑦ 　寄附金控除 ⇨ 国や市などに寄附をしたとき

⑧ 　障害者控除 ⇨ 本人や家族が障害者であるとき

⑨ 　寡婦控除 ⇨ 配偶者と死別しているときなど

⑩ 　ひとり親控除 ⇨ ひとり親が子を扶養しているとき

⑪ 　勤労学生控除 ⇨ 本人が学生のとき

⑫ 　配偶者控除 ⇨ 合計所得金額が1,000万円以下で配偶者がいるとき

⑬ 　配偶者特別控除 ⇨ 合計所得金額が1,000万円以下で配偶者の合計所得金額が48万円を超え133万円以下のとき

⑭ 扶養控除 ⇨ 扶養している年齢16歳以上の一定の親族がいるとき

⑮ 基礎控除 ⇨ 本人に対するもの（合計所得金額が2,500万円以下のとき）

　これらの所得控除のうち、①と②は生計費の異常な支出等による担税力を考慮したものです。

　また、③から⑥までは個人の社会政策上の要請によるもの、⑦は公共、公益事業を助長させるためのもの、⑧から⑪までは特殊な個人的事情による担税力を考慮したもの、⑫から⑮までは最低生活費には課税しないという趣旨によるもの、といえます。

② 各種所得控除の計算は どのようにするのか

1 雑 損 控 除

納税者本人や生計を一にしている配偶者などの親族（以下、単に**親族**といいます。）で、**総所得金額等の合計額**が48万円以下の人が所有する住宅や家具、現金などの生活に通常必要な資産が、災害、盗難、横領によって損害を受けその損失額が一定額を超えたときは、その超える金額を所得金額から控除することができます。

これを**雑損控除**といいます。

> コメント 1 「**総所得金額等の合計額**」とは、**合計所得金額**に、各種繰越損失控除を適用して計算した金額をいいます。
>
> 2 「**合計所得金額**」とは、総所得金額、分離課税の土地建物等の譲渡所得の金額（**特別控除額を差し引く前の金額**）、申告分離課税を選択した上場株式等の利子・配当所得の金額、申告分離課税の株式等の譲渡所得等の金額、先物取引にかかる雑所得等の金額、山林所得金額および退職所得金額の合計額（**各種繰越損失控除前**）をいいます。
>
> 3 「**各種繰越損失控除**」とは、①純損失・雑損失の繰越控除、②居住用財産の買換え等の場合の譲渡損失の繰越控除、③特定居住用財産の譲渡損失の繰越控除、④特定中小会社が発行した株式にかかる譲渡損失の繰越控除、⑤上場株式等にかかる譲渡損失の繰越控除、⑥先物取引の差金等決済にかかる損失の繰越控除をいいます。

(1) 雑損控除の発生原因は

雑損控除の対象となる発生原因は、

災害、盗難、横領によって生じた損失に限られています。

したがって、詐欺や脅迫による損失は含まれません。

ここでいう災害とは、

震災、風水害、火災、冷害、雪害、干害、落雷、噴火その他の自然現象の異変による災害および鉱害、火薬類の爆発その他の人為による異常な災害ならびに害虫、害獣その他の生物による異常な災害をいいます。

(2) 雑損控除の対象となる資産の範囲は

雑損控除は、日常生活に必要な住宅、家具、衣類、現金などの生活用資産について受けた損失についてだけ認められます。

したがって、生活に通常必要でない別荘、競走馬、1個または1組の価額が30万円を超える書画、骨とう、指輪、貴金属や、主として趣味、娯楽、保養または鑑賞の目的で保有する不動産以外の資産（ゴルフ会員権、リゾート会員権など）の損失は、控除の対象となりません。

(3) 災害等に関連して支払った費用とは

災害等に関連して原状回復等のためにやむを得ず支払った金額で、その災害のやんだ日の翌日から1年（大規模災害の場合は3年）を経過する日までに支払ったものは**災害関連支出**といい、雑損控除の対象となります。

コメント 次のものも「災害関連支出」となります。

　① 雪おろし費用、降灰の除去費用

　② シロアリにより被害を受けた居住用家屋の修繕費およびシロアリ
　　駆除費用

(4)　控除額の計算はどのようにするのか

　損失の金額は、その損失が生じた時の直前においてのその資産の時価
または取得価額から減価償却費相当額を控除した金額を基礎として計算
します。

　また、保険金、損害賠償金などで損失が補てんされる部分の金額は差
し引いて計算します。

　控除額は、次の算式で求めます。

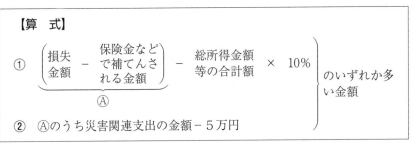

【算　式】
① （損失金額 － 保険金などで補てんされる金額）－ 総所得金額等の合計額 × 10%　（Ⓐ）
② Ⓐのうち災害関連支出の金額 － ５万円
　　のいずれか多い金額

コメント　雑損控除の金額が大きくてその年の所得から引ききれないとき
　　　　　は、一定の要件を満たせば、翌年以後３年間（特定非常災害の指定を受
　　　　　けた災害による場合は５年間）にわたり繰り越して控除することができ
　　　　　ます。これを**雑損失の繰越控除**といいます（169ページ「３　損失の繰
　　　　　越し」参照）。

(5)　雑損控除を受けるには

　確定申告書に雑損控除に関する事項を記載するとともに、災害にかか
る・り災証明、盗難・横領の被害届の証明などのほか災害関連支出の領収

証を添付するか提示しなければなりません。

　なお、e-Tax（277ページ参照）を利用して確定申告書を提出する場合には、領収証などの書類の提出は省略できますが、これらの書類は5年間自宅等で保存しなければなりません。

2　医療費控除

　納税者が本人やその家族の病気やけがなどにより多額の医療費を支払った場合には、所得金額から控除することができます。

　これを**医療費控除**といいます。

⑴　医療費とは

　医療費控除の対象となる医療費とは、次の費用（保険金などで補てんされる部分の金額は除きます。）で、医療費を支出すべき事由が生じたときまたは現実に医療費を支払ったときに納税者本人や本人と生計を一にする親族にかかるものをいいます。

① 　次に掲げる費用のうち、その病状に応じて一般的に支払われる水準を著しく超えない部分の費用

　イ　医師、歯科医師による診療代、治療代

　ロ　治療、療養に必要な医薬品の購入費

　ハ　病院や診療所、老人保健施設、助産所に収容されるための費用

　ニ　あん摩、マッサージ、指圧師、はり師、きゅう師、柔道整復師などによる施術費

　ホ　保健師や看護師、准看護師、特に依頼した付添人に支払った療養上の世話の費用

　ヘ　助産師による分べんの介助の費用

ト　介護サービス費用のうち次のもの

・　指定介護老人福祉施設（特別養護老人ホーム）のサービスの対価（介護費、食費、居住費）として支払った自己負担額の2分の1相当額（特別な居室等の費用および日常生活費は医療費控除の対象となりません。）

・　訪問看護、訪問リハビリテーション、居宅療養管理指導、通所リハビリテーション、短期入所・療養介護などの医療系介護サービス

・　訪問看護などの医療系介護サービスと併せて利用する居宅サービスの自己負担額

チ　高齢者の医療の確保に関する法律に基づく特定保健指導のうち一定の積極的支援にかかる自己負担額

リ　オンライン診療費用およびオンライン診療を受けるために支払ったオンラインシステム利用料

ヌ　リにより処方された医薬品の購入費用およびその医薬品の送料

②　次のような費用で、診療や治療などを受けるために直接必要な費用

イ　通院費用、入院のための部屋代や食事代の費用、医療用器具の購入代や賃借料の費用で通常必要な費用

ロ　義手、義足、松葉づえ、義歯などの購入の費用

ハ　6か月以上寝たきり状態でおむつの使用が必要であると医師が認めた人のおむつ代（この場合、医師の「おむつ使用証明書」が必要です。）

③　次のような費用は、医療費になりません。

イ　医師等に対する謝礼金品

ロ　人間ドックの費用（診断の結果、重大な疾病が発見され、引き

　続き治療を受けた場合には、この健康診断の費用も医療費に含まれます。)、美容整形の費用

ハ　疾病予防や健康増進などのための医薬品や健康食品の購入費用

ニ　親族に支払う療養上の世話の費用

ホ　治療を受けるために直接必要としない近視、遠視のための眼鏡や補聴器等の購入費用

ヘ　通院のための自家用車のガソリン代、駐車料金、分べんのため実家へ帰るための交通費

ト　介護予防福祉用具の賃借料、リース料、購入費用

⑵　控除額の計算はどのようにするのか

　医療費の金額は、その年中に実際に支払った金額であり、未払いの部分は控除の対象となりません。

　また、保険金、損害賠償金その他これらに類するもの（**保険金などで補てんされる金額**といいます。）により補てんされる部分の金額は差し引いて計算します。

　控除額は、次の算式で求めます。

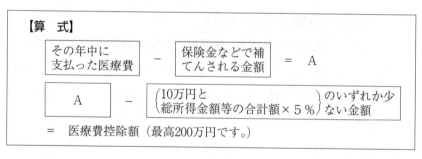

【算　式】

| その年中に支払った医療費 | － | 保険金などで補てんされる金額 | ＝ | A |

| A | － | (10万円と／総所得金額等の合計額×5％)のいずれか少ない金額 |

＝　医療費控除額（最高200万円です。）

コメント 1　保険金などで補てんされる金額とは、

　①　社会保険などの法令の定めにより支払いを受ける療養費、出産育

　児一時金など

　②　医療費の補てんを目的として支払いを受ける損害賠償金や生命保
　　険契約・損害保険契約による医療保険金、入院給付金など

　をいいます。

　2　総所得金額等の合計額は175ページ（コメント）を参照。

【計算例】

　Ｂさんが令和６年中に支払った医療費は、次のとおりです。

　本人　歯の治療費　　　50万円

　本人　人間ドックの費用　　　４万円

　妻　　ケガによる入院　　　８万円（保険による補てん額６万円）

　本人の所得金額（給与所得）　　　500万円

〔医療費控除額の計算〕

　医療費の額　50万円＋（８万円－６万円）＝52万円
　　　　　　　　　　　　　　補てん額

（コメント）1　人間ドックの費用は、対象となりません。ただし、人間
　　　ドックの診断により病気が発見されて直ちに治療に入る場合は、
　　　治療のための診断として対象となります。

　　2　医療費を補てんする保険金などの金額は、差し引いて計算しま
　　　す（支払った医療費を超えて受け取った金額は、他の疾病の医療
　　　費から差し引く必要はありません。）。

〔控除額の計算〕

　足切り限度額　500万円×５％＝25万円

　　　　　　　　25万円と10万円との低い方……10万円

　医療費控除額　52万円－10万円＝42万円

　　　　　　　　200万円＞42万円

　よって、医療費控除額は42万円となります。

---

(3)　医療費控除を受けるには

医療費控除を受けるには、確定申告書に医療費控除の明細書または医

療保険者等の医療費通知書を添付しなければなりません。

　なお、確定申告期限から5年間、税務署からその明細書にかかる医療費の領収証の提示または提出を求められたときは、その領収証を提示または提出しなければなりません。したがって、これらの書類は、5年間自宅等で保存する必要があります。

（コメント）　令和元年分までは、医療費控除の適用を受けるためには、確定申告書に医療費の領収証の添付または提示が必要でした。

⑷　特定一般用医薬品等購入費を支払った場合の医療費控除の特例（セルフメディケーション税制）

　平成29年1月1日から令和8年12月31日までの各年において、次の①の検診等を受けた人が、自己または生計を一にする配偶者その他の親族にかかる②の特定一般医薬品等（スイッチOTC医薬品等）を購入した場合には、従来からある**医療費控除との選択**により、次の算式により求める金額を所得金額から控除できます。

【算　式】

その年中に支払った特定一般医薬品等の購入代金 － 保険金などで補てんされる金額 － 12,000円 ＝ セルフメディケーションにかかる医療費控除額
（最高限度額 88,000円）

　①　健康の保持増進、疾病の予防のための検診等

　　イ　特定健康診査

　　ロ　予防接種

　　ハ　定期健康診断

　　ニ　健康診査

　ホ　がん検診

②　特定一般医薬品等（スイッチ OTC 医薬品等）

　療養の給付として支給される薬剤との代替性が特に高い要指導医薬品および一般用医薬品のうち類似の医療用医薬品が医療保険給付の対象外となるものを除きます。

（コメント）1　対象となるスイッチ OTC 医薬品等については、そのパッケージに「セルフメディケーション税制の対象である」旨の共通識別マーク「**セルフメディケーション** **税** **控除** **対象**」がついています。また、レシート等には「★セルフメディケーション税制★控除対象品購入累計金額」などの表示がされています。

　　　　　2　特定一般医薬品等の領収書および医師が関与する健診等または予防接種を受けていることを証明する書類は、確定申告期限等から5年間自宅等で保存しなければなりません。

3　社会保険料控除

　納税者本人や本人と生計を一にする親族の健康保険料や公務員共済組合の掛金などの社会保険料を支払った場合には、その**支払った保険料**の金額全額が所得金額から控除できます。

　これを**社会保険料控除**といいます。

　未払いとなっている保険料は控除することができません。

　前納保険料については、

・前納期間が1年以内のものや2年前納制度によるものであればその前納した年に控除できます（各年分で控除することもできます。）。

・前納期間が1年を超えるものまたは2年前納制度によるもの以外のものについては、次の算式によって、計算した金額をその年に支払った保険料として控除します。

> **【算　式】**
>
> $$\text{前納保険料の総額} \times \frac{\text{その年中に到来する納付期日の回数}}{\text{前納保険料にかかる納付期日の総数}} = \text{その年に支払った保険料の金額}$$

　社会保険料とは、次のような保険料または共済組合の掛金をいいます。

① 　健康保険や介護保険[※]の保険料

　　※ 　介護保険法に基づくものです。生命保険会社等の介護保険（介護医療保険契約等）はここには含まれず、生命保険料控除（186ページ参照）の対象となります。

② 　国民健康保険の保険料または国民健康保険税、後期高齢者医療保険料

③ 　雇用保険の被保険者として負担する労働保険料

④ 　国民年金の保険料および国民年金基金の掛金

⑤ 　農業者年金の保険料

⑥ 　厚生年金保険の保険料および厚生年金基金の掛金

⑦ 　船員保険の保険料

⑧ 　国家公務員共済の掛金

⑨ 　地方公務員共済の掛金

⑩ 　私立学校教職員共済の掛金

⑪ 　恩給法の規定による納金

⑫ 　労働者災害補償保険の特別加入者が自己のために支払った保険料

⑬ 　税務署長の承認を受けている地方公共団体の職員が組織した互助会の掛金

⑭ 　公庫等の復帰希望職員の掛金

⑮　租税条約の締結国の社会保障制度による保険料

　　コメント　国民年金保険料について社会保険料控除の適用を受ける場合には、国民年金保険料の支払いをした旨を証する書類または電磁的記録書面を、確定申告書に添付するか提示しなければなりません。

　　　ただし、年末調整において控除を受けた場合はその必要がありません。

　　　なお、e-Tax を利用して確定申告をする場合は、国民年金保険料等を支払った証明書類の提出は省略できますが、証明書類は5年間自宅等で保存しなければなりません。

4　小規模企業共済等掛金控除

　その年中に小規模企業共済掛金、心身障害者扶養共済掛金や確定拠出年金法の個人型年金加入者掛金（いわゆる iDeCo（イデコ））を支払った場合には、その支払った掛金の全額が所得金額から控除できます。

　これを**小規模企業共済等掛金控除**といいます。

　掛金の未払いや前納した場合の取扱いは、前記3の社会保険料控除の場合と同じです。

　コメント　この控除の適用を受ける場合は、小規模企業共済等掛金の額を証する書類または電磁的記録書面を、確定申告書に添付するか提示しなければなりません。

　　　ただし、年末調整において控除を受けた場合はその必要がありません。

　　　なお、e-Tax を利用して確定申告をする場合は、この小規模企業共済等掛金の額を証する書類の提出は省略できますが、証明書類は5年間自宅等で保存しなければなりません。

5 生命保険料控除

　納税者本人や本人の親族を受取人とする生命保険契約等の保険料を支払った場合には、その保険料のうち一定の金額が所得金額から控除できます。

　これを**生命保険料控除**といいます。

　この生命保険料控除の対象となる保険料には、

① 　一般の生命保険契約等にかかる保険料

② 　介護医療保険契約等にかかる保険料

③ 　個人年金保険契約等にかかる保険料

との３種類があります。

　生命保険料控除は、その生命保険料を実際に支払った人の所得金額から控除されるのですが、特に反証がない限り、生命保険の契約者が生命保険料を支払ったものとして取り扱われます。

⑴ 一般の生命保険契約等とは

① 平成24年１月１日以後に締結した保険契約等（新生命保険契約等）

　対象となる保険契約等の主なものは、平成24年１月１日以後に締結した次の契約や他の契約等に附帯して契約したもののうち、保険金等の受取人のすべてが、その保険料等の払込みをする人かその配偶者その他の親族であるものをいいます。

　　イ　生命保険会社や外国生命保険会社等と締結した生存または死亡により一定額の保険金が支払われる保険契約

　　ロ　旧簡易生命保険契約のうち生存または死亡に基因して一定額の保険金等が支払われる保険契約

　ハ　農業協同組合、漁業協同組合、消費生活協同組合などと締結し
　　た生命共済契約その他これに類する共済にかかる契約のうち生存
　　または死亡に基因して一定額の保険金等が支払われる保険契約
　ニ　確定給付企業年金にかかる規約または適格退職年金契約

② **平成23年12月31日以前に締結した保険契約等（旧生命保険契約等）**

　対象となる保険契約等の主なものは、平成23年12月31日以前に締結
した次の契約のうち、保険金等の受取人のすべてが、その保険料等の
払込みをする人かその配偶者その他の親族であるものをいいます。

　イ　生命保険会社、外国生命保険会社等と締結した生存または死亡
　　に基因して一定額の保険金等が支払われる保険契約
　ロ　旧簡易生命保険契約
　ハ　農業協同組合等と締結した生命共済にかかる契約その他これに
　　類する共済にかかる契約
　ニ　生命保険会社、外国生命保険会社等、損害保険会社または外国
　　損害保険会社等と締結した身体の疾病または身体の傷害その他こ
　　れらに類する事由に基因して保険金等が支払われる保険契約のう
　　ち、医療費を支払事由として保険金が支払われるもの
　ホ　確定給付企業年金にかかる規約または適格退職年金契約

　（コメント）　保険期間が5年未満の、いわゆる貯蓄保険や貯蓄共済は対
　　象になりません。
　　　また、外国生命保険会社等や外国損害保険会社等と国外において
　　締結したもの、さらに信用保険契約、傷害保険契約、財形貯蓄契
　　約、財形住宅貯蓄契約、財形年金貯蓄契約なども対象となりません。

⑵　介護医療保険契約等とは

　介護医療保険契約等とは、平成24年1月1日以後に生命保険会社や損害保険会社等と締結した保険契約等や他の保険契約に附帯して同日以後に締結した契約で、**医療費等を支払事由として保険金等が支払われる保険契約**のうち、保険金等の受取人のすべてが、その保険料等の払込みをする人かその配偶者その他の親族であるものをいいます。

　（コメント）　前記⑴のコメントのような契約は対象となりません。

⑶　個人年金保険契約等とは

①　平成24年1月1日以後に締結した保険契約等（新個人年金保険契約）

　対象となる保険契約等の主なものは、平成24年1月1日以後に締結した前記⑴①のイからハまでの契約のうち、

　年金（退職年金を除きます。）を給付する定めのある保険契約等または他の保険契約等に附帯して締結した契約で、次の要件の定めがあるものをいいます。

　　イ　年金の受取人が、保険料、掛金の払込みをする人かその配偶者であること

　　ロ　保険料の払込みが年金支払開始日前10年以上定期払いであること

　　ハ　年金の受取期間が満60歳以上の日以後10年以上の期間定期で受取りとするか終身年金であること

　（コメント）　被保険者等の重度の障害を原因として年金の支払いを開始する10年以上の定期年金または終身年金であるものも対象となります。

② 平成23年12月31日以前に締結した保険契約等（旧個人年金保険契約）

　対象となる保険契約等の主なものは、平成23年12月31日以前に締結した前記(1)②のイからハまでの契約のうち、

　年金（退職年金を除きます。）を給付する定めのある前記①のイからハまでの要件の定めがあるものをいいます。

　コメント　支払った生命保険料が生命保険料控除の対象となるかどうかは、保険会社などから受け取る証明書により確認します。

(4)　その年中に支払った保険料とは

　保険会社などから剰余金の分配や割戻金の支払いを受けている場合には、支払った保険料の金額からそれら剰余金の額を差し引いた金額です。

　また、前納した生命保険料の金額は、その年中に到来した払込期日に対応する金額だけがその年の控除の対象となります。

【算　式】

$$\text{前納保険料の総額} \times \dfrac{\text{その年中に到来する払込期日の回数}}{\text{前納保険料にかかる払込期日の総数}} = \text{その年に支払った保険料の金額}$$

---

(5)　控除額の計算はどのようにするのか

①　新生命保険契約等の保険料控除額

　控除される金額は、平成24年1月1日以後に締結した一般の生命保険契約等にかかる支払保険料、介護医療保険契約等にかかる支払保険料および個人年金保険契約等にかかる支払保険料について、それぞれ次の計算式にあてはめて計算した金額（それぞれ最高限度額4万円）

の合計額（最高限度額12万円）です。

支払保険料の年間合計	生命保険料控除額
20,000円以下の場合	支払保険料の全額
20,000円を超え40,000円以下の場合	支払保険料×1/2＋10,000円
40,000円を超え80,000円以下の場合	支払保険料×1/4＋20,000円
80,000円を超える場合	40,000円

② 旧生命保険契約等の保険料控除額

　控除される金額は、平成23年12月31日までに締結した旧生命保険契約等の支払保険料と旧個人年金保険契約等の支払保険料をそれぞれ次の算式にあてはめて計算した金額（それぞれ最高限度額5万円）の合計額（最高限度額10万円）です。

支払保険料の年間合計	生命保険料控除額
25,000円以下の場合	支払保険料全額
25,000円を超え50,000円以下の場合	支払保険料×1/2＋12,500円
50,000円を超え100,000円以下の場合	支払保険料×1/4＋25,000円
100,000円を超える場合	50,000円

③ 新・旧双方の保険契約等について適用を受ける場合の控除額

　新・旧双方の保険契約について一般生命保険料控除または個人年金保険料控除の適用を受ける場合には、前記①および②にかかわらず、一般生命保険料控除または個人年金保険料控除の控除額は、それぞれ次に掲げる金額の合計額（最高限度額4万円）となります。

　　イ　新契約の支払保険料等につき、前記①の計算式により計算した
　　　　金額

　　ロ　旧契約の支払保険料等につき、前記②の計算式により計算した
　　　　金額

　例えば、新生命保険料8万円、旧生命保険料10万円を支払った場合のように、旧生命保険料のみについて生命保険料控除の適用を受ける場合の控除額（5万円）が、新旧両方の生命保険料について生命保険料控除の適用を受ける場合の控除額（4万円）よりも有利になる場合には、旧生命保険料のみについて生命保険料控除の適用を受けることにより、5万円を限度に生命保険料控除を受けることができます。新個人年金保険料と旧個人年金保険料の場合も同様です。

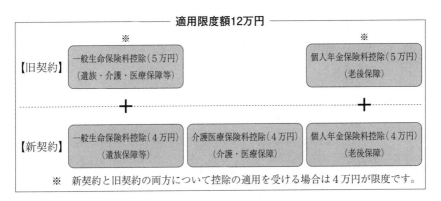

〖**計算例**〗

イ	一般の旧生命保険料	100,000円
ロ	一般の新生命保険料	40,000円
ハ	旧個人年金保険料	80,000円
ニ	介護医療保険料	80,000円

〔各控除額の計算〕

（一般生命保険料控除）

イ　$100,000円 \times \dfrac{1}{4} + 25,000円 = 50,000円$

ロ　$40,000円 \times \dfrac{1}{2} + 10,000円 = 30,000円$

イ＋ロ　50,000円＋30,000円＝80,000円＞<u>40,000円</u>

ですが、旧契約と新契約のいずれも適用を受けようとすると限度額

が40,000円となります。しかし、旧生命保険料のみについて適用を
受けると**イ**の50,000円となります。

∴ 50,000円

（個人年金保険料）

ハ $80,000円 \times \dfrac{1}{4} + 25,000円 = 45,000円$

（介護医療保険料）

ニ $80,000円 \times \dfrac{1}{4} + 20,000円 = 40,000円$

※ 各控除額の計算上生じた1円未満の端数は、切り上げて差し支えあ
りません。

〔各控除額の合計の計算〕

（一般生命保険料） （個人年金保険料） （介護医療保険料）

50,000円 ＋ 45,000円 ＋ 40,000円 ＝ 135,000円
＞120,000円

〔生命保険料控除額の計算〕

120,000円

※ 各控除額の合計は135,000円ですが、生命保険料控除の限度額は
120,000円となります。なお、この計算例で介護保険料がない場合、生
命保険料控除額は95,000円（50,000円＋45,000円）となります。

⑹ 生命保険料控除を受けるには

払込保険料証明書は、確定申告書に添付するか提示しなければなりま
せん。ただし、年末調整において控除を受けた場合はその必要がありま
せん。

なお、e-Tax を利用して確定申告をする場合は、「払込保険料証明書」
や「支払保険料証明書」を5年間自宅等で保存しなければなりません。

コメント 前記の証明書は、電磁的記録印刷書面（電子証明書等に記録さ
れた情報の内容とその内容が記録された二次元コードが付された出力書
面）によることもできます。

6　地震保険料控除

　納税者本人や本人と生計を一にする親族が所有する居住用家屋や生活用の動産（家具、じゅう器など）を保険または共済の目的とし、かつ、地震等を原因とする火災等による損害に基因して保険金または共済金が支払われる地震保険契約等にかかる地震等相当部分の保険料または共済掛金（保険料等）を支払った場合には、その保険料等の全額（最高限度額は5万円です。）が所得金額から控除できます。

　これを**地震保険料控除**といいます。

　地震保険料控除は、その保険料等を実際に支払った人について控除されますが、通常、契約者が地震保険料を支払ったものとして取り扱われます。

(1)　控除の対象となる損害保険契約等とは

　地震保険料控除の対象となる損害保険契約等は、次に掲げる契約に附帯して締結される地震保険またはその契約と一体となって効力を有する保険契約や共済契約をいいます。ただし、身体の傷害または疾病により保険金が支払われるものや外国損害保険会社等と国外において締結したものは除かれます。

①　損害保険会社や外国保険事業者と契約した損害保険契約

②　農業協同組合、漁業組合、消費生活協同組合などと契約した火災共済または自然災害共済にかかる契約

③　財務大臣の指定した次の協同組合と契約した火災共済契約

　　イ　教職員共済生活協同組合

　　ロ　全国交通運輸産業労働者共済生活協同組合

ハ　電気通信産業労働者共済生活協同組合

ニ　全日本自治体労働者共済生活協同組合

ホ　日本郵政グループ労働者共済生活協同組合

また、平成18年12月31日までに締結した長期損害保険契約等（旧長期損害保険契約）については、経過措置として損害保険料控除（最高限度額15,000円）が従前どおり適用されます。

コメント　保険の目的は常時居住する家屋や生活用資産ですので、

①　事業用の建物や機械、器具にかかる地震保険は対象となりません。これらの地震保険料は事業所得などの必要経費となります。

②　居住の用と事業用とに併用している家屋にかかる地震保険は、居住の用に使っている部分だけが控除の対象となります。

【算　式】

$$\text{支払った地震保険料の金額} \times \frac{\text{居住用部分の床面積}}{\text{その家屋の総床面積}} = \text{控除の対象となる地震保険料}$$

〖計算例〗

○　地震保険料　　60,000円

○　家屋の総床面積　　200㎡

○　居住用部分の床面積　　120㎡

$$60,000円 \times \frac{120㎡}{200㎡} = 36,000円$$

地震保険料控除額は、36,000円となります。

なお、店舗併用住宅であっても、その家屋の全体のおおむね90％以上を居住の用に使っているときは、保険料の全額を地震保険料控除の対象とすることもできます。

(2) 支払った地震保険料とは

　損害保険会社などから**剰余金の分配や割戻し金の支払い**を受けている場合には、支払った地震保険料の金額から、それらの剰余金の額を差し引いた金額です。

　なお、前納した地震保険料の金額は、その地震保険の責任開始日が1年ごとに更新されるものであれば、その地震保険料の年割額（1年分）を各年の責任開始日に支払ったものとされます。

(3) 地震保険料控除額の計算

　控除される金額は、保険契約のすべてが地震保険契約である場合には、支払った金額（最高限度額5万円）を控除することになっていますが、旧長期損害保険契約がある場合には、次の算式にあてはめて計算した金額（最高限度額5万円）です。

【算　式】

支払った保険料の区分	支払保険料等	控除額
① 契約のすべてが、地震保険契約のみの場合	50,000円以下	支払った保険料の全額
	50,000円超	50,000円（最高限度額）
② 契約のすべてが、旧長期損害保険契約のみの保険料の場合	10,000円以下	支払った保険料の全額
	10,000円超20,000円以下	$\left(\begin{array}{c}\text{支払った保険料}\\\text{の金額の合計額}\end{array}\right)\times\dfrac{1}{2}$ +5,000円
	20,000円超	15,000円（最高限度額）
③ 地震保険料の契約と旧長期損害保険料の契約とがある場合	地震保険料が5万円未満の場合	地震保険料の額全額とその5万円に満たない部分を最高限度として、かつ、旧長期損害保険料を1.5万円を限度として計算した金額との合計額

		（最高限度額5万円）
	地震保険料が5万円以上の場合	（最高限度額）5万円

コメント　1　旧長期損害保険契約とは、平成18年12月31日までに契約した保険期間や共済期間が10年以上で、かつ、満期返戻金などがある火災等の損害保険契約等をいいます。

　　　　2　③の金額を計算する場合において、一の損害保険契約等または一の旧長期損害保険契約等が、地震保険契約および旧長期損害保険契約のいずれにも該当するときには、いずれか一の契約のみに該当するものとして計算し有利な方で控除することができます。

〈設例〉　一の損害保険契約に基づく地震保険料（10,000円）と旧長期損害保険料（40,000円）を支払っている場合の地震保険料控除額

〈回答〉

　次の控除額のうち、有利な方の15,000円が控除額となります。

①　地震保険料による控除額　10,000円

②　旧長期損害保険料による控除額　15,000円（＝20,000円超は15,000円）

---

(4)　地震保険料控除を受けるには

　確定申告書に地震保険料に該当する旨および支払った金額の証明書を添付するか提示しなければなりません。

　ただし、年末調整において控除を受けた場合はその必要がありません。

　なお、e-Tax を利用して確定申告をする場合は、この地震保険料の支払証明書を5年間自宅等で保存しなければなりません。

コメント　前記の証明書は、電磁的記録的印刷書面（電子証明書等に記録された情報の内容とその内容が記録された二次元コードが付された出力書面）によることもできます。

7　寄附金控除

　納税者本人が**特定寄附金**を支出したときは一定の金額が、所得金額から控除できます。

　これを**寄附金控除**といいます。

(1)　特定寄附金とは

　特定寄附金とは、次に掲げるものです。

　ただし、学校の入学に関してする寄附金や、その寄附をした人がその寄附によって設けられた設備を専属的に利用するなど特別の利益を受ける場合は、特定寄附金に該当しません。

① 　国や地方公共団体に対する寄附金

　(コメント)　都道府県や市町村に寄附をすると、返礼品（特産品）が送られてくることで人気のある、いわゆる「ふるさと納税」は、この①の特定寄附金に該当しますが、適用対象となる寄附金額に上限があります。

　　　確定申告が不要な給与所得者や公的年金等受給者などが行う寄附については、寄附金の控除申請を寄附先の都道府県または市町村が寄附者に代わって手続きを行う「ふるさと納税ワンストップ特例制度」が設けられ、所得税の確定申告は不要になっています。

② 　公益を目的とする事業を行う法人や団体に対する寄附金で、広く一般に募集され、かつ、公益性および緊急性が高いものとして財務大臣が指定したもの

③ 　独立行政法人や公益社団法人等その他教育や科学の振興、文化の向上、社会福祉への貢献その他公益の増進に著しく寄与するものと認められた法人（特定公益増進法人）に対する寄附金で、その法人

の主たる目的である業務に関連するもの

④ 公益信託の信託財産とするために支出したその公益信託にかかる信託事務に関連する寄附金（出資に関する信託事務に充てられることが明らかなものを除きます。）

> （コメント） 令和6年改正前の特定公益信託に対する一定の寄附金についても、引き続き寄附金控除が適用されます。

⑤ 政治活動に関する寄附金、いわゆる政治献金で、政党や政治資金団体等に対する寄附金のうち一定の要件に該当するもの

> （コメント） 総務大臣、選挙管理委員会や中央選挙管理会の確認印のある「寄附金控除（税額）のための書類」の交付を政治団体等から受けて、確定申告書に添付または提示しなければなりません。

⑥ 特定非営利活動促進法（NPO法）の特定非営利活動法人のうち、非営利・公益性の視点から一定の要件・基準を満たすものとして所轄庁等の認定を受けた認定NPO法人および特例認定NPO法人（認定NPO法人等）に対するもの

⑦ 特定新規中小会社が発行した株式の取得に要した金額

> （コメント） 一定の要件に該当する政治活動に関する寄附金および公益社団法人等や認定NPO法人等に対する寄附金は、この寄附金控除の適用を受けるか税額控除の「政党等寄附金特別控除」、「認定NPO法人等寄附金特別控除」、「公益社団法人等寄附金特別控除」の適用を受けて所得税額から控除するかどちらか有利な方を選ぶことができます（257ページ、258ページ参照）。

(2) 控除額の計算はどのようにするのか

控除額は、次の算式により計算した金額です。

> 【算　式】
>
> 支払った特定寄附金の額と総所得
> 金額等の合計額の40％とのいずれ － 2,000円 ＝ 寄附金控除額
> か少ない金額

（コメント）　総所得金額等の合計額は175ページ参照。

(3) 特定新規中小会社が発行した株式を取得した場合の寄附金控除の特例（いわゆるエンジェル税制）

　納税者が、特定新規株式[※]を払込みにより取得（いわゆるストックオプションによる経済的利益の非課税制度（8ページ参照）の適用を受けるものは除きます。）した場合、その取得に要した金額（上限800万円）は、特定寄附金とされます。

　※　特定新規株式とは、次のものをいいます。
　　①　中小企業等経営強化法に規定する特定新規中小企業者により発行される株式
　　②　設立後5年未満の中小企業者で、一定の要件を満たす特定新規中小企業者に該当する株式会社により発行される株式
　　③　沖縄振興特別措置法に規定する指定会社により発行される株式
　　④　国家戦略特別区域法に規定する株式会社により発行される株式
　　⑤　地域再生法に規定する事業を行う株式会社により発行される株式

　なお、特定新規中小会社に出資した金額のうち、この特例の適用を受けて総所得金額等から控除した金額は、取得した特定新規中小会社の株式の取得価額から控除します。

(4) 寄附金控除を受けるには

　寄附した相手先から**特定寄附金の受領証**の交付を受けて、確定申告書に添付するか提示しなければなりません。

　なお、特定公益増進法人に対する寄附や特定公益信託の信託財産とするための支出については、その法人や信託が適格であることなどの証明書の写しまたは認定書の写し、前記(3)のいわゆるエンジェル税制については、所定の事実の確認をした旨を証する書類などの写しを申告書に添付するか提示しなければなりません。

　なお、e-Tax を利用して確定申告をする場合は、特定寄附金の受領証、証明書の写しまたは認定書の写しを自宅等で5年間保存しなければなりません。

　（コメント）1　前記の証明書は、電磁的記録的印刷書面（電子証明書等に記録された情報の内容とその内容が記録された二次元コードが付された出力書面）によることもできます。

　　　　2　特定寄附金の受領証に代えて、特定寄附仲介業者の発行する特定寄附の額等を証する書類によることもできます。

8　障害者控除

　納税者本人や本人の配偶者控除および扶養控除の対象となる人が、

　　障害者である

ときは、一定の金額を、所得金額から控除できます。

　これを**障害者控除**といいます。

　控除できる金額は、

　障害者1人当たり　　　27万円

です。

　ただし、その人が、**特別障害者**の場合は1人当たり　　　40万円

　同居特別障害者に対する障害者控除の額は、1人当たり75万円

となります。

コメント　障害者控除は、所得制限により配偶者控除の対象とならない控除対象配偶者や扶養控除の対象とならない年齢が16歳未満の扶養親族についても適用されます。

(1)　障害者とはどのような人か

障害者とは、次の人をいいます。

① 精神上の障害により事理を弁識する能力を欠く常況にあると医師が認めた人

② 児童相談所、知的障害者更生相談所、精神保健福祉センター、精神保健指定医の判定により知的障害者と判定された人

③ 精神障害者保健福祉手帳の交付を受けている人

④ 身体障害者手帳に身体上の傷害がある旨の記載がされている人

⑤ 戦傷病者手帳の交付を受けている人

⑥ 原子爆弾被爆者のうち、その負傷や疾病が原子爆弾の傷害作用に起因する旨の厚生労働大臣の認定を受けている人

⑦ 常に就床を要し、複雑な介護を要する人

⑧ 精神または身体に障害のある年齢65歳以上の人で前記①または③の障害者に準ずるものとして市町村長等の認定を受けている人

(2)　特別障害者とはどのような人か

特別障害者とは、障害者のうち次の人をいいます。

① 前記(1)の①に当たる人のうち、精神保健指定医等により重度の知的障害者と判定された人

② 前記(1)の②に当たる人のうち、精神保健指定医等により重度の知的障害者と判定された人

③ 前記(1)の③に当たる人のうち、障害等級が1級であると記載されている人

④ 身体障害者手帳に記載されている身体上の障害の程度が1級または2級である人

⑤ 戦傷病者手帳に記載されている障害の程度が恩給法に定める特別項症から第3項症までの人

⑥ 前記(1)の⑥、⑦に当たる人

⑦ 前記(1)の⑧に当たる人で前記①または③の特別障害者に準ずるものとして市町村長等の認定を受けている人

(3) 同居特別障害者とはどのような人か

同居特別障害者とは、扶養親族が特別障害者に該当しており、納税者本人、またはその配偶者、もしくは生計を一にする親族と同居を常況としている人をいいます。

同居を常況としているかどうかは、その年の12月31日現在で判定します。

なお、死亡したり、出国したりするときは、その死亡したり出国した日の現況により判断します。

9 寡婦控除

納税者本人が、

寡婦である

ときは、**27万円**を、所得金額から控除することができます。

これを、**寡婦控除**といいます。

寡婦とは、次のいずれかに該当する人で、**ひとり親でない人**をいいま

す。

① 夫と離婚した後婚姻していない人のうち、次のいずれにも該当する人

　イ 扶養親族を有する人

　ロ その年の合計所得金額が500万円（給与収入678万円）以下の人

　ハ 住民票に未届の夫その他これらと同一の内容の記載がない人

② 夫と死別した後婚姻していない人 ⎫ のうち、次のいずれにも
　 夫の生死の明らかでない人 ⎭ 該当する人

　イ 合計所得金額が500万円（給与収入678万円）以下の人

　ロ 住民票に未届の夫その他これらと同一の内容の記載がない人

　つまり、②に該当する人は、扶養親族がいなくても寡婦控除が受けられます。

（コメント）　合計所得金額は175ページ（コメント）を参照。

10　ひとり親控除

　納税者本人が、

　　ひとり親である

ときは、**35万円**を、所得金額から控除することができます。

　これを、**ひとり親控除**といいます。

　ひとり親とは、現に婚姻をしていない人または配偶者の生死の明らかでない人で、**次のいずれにも該当する寡婦でない人**をいいます。

① 生計を一にする子を有する人

　で、その子のその年の総所得金額等の合計額が48万円（給与収入103万円）以下であること

② 婚姻していない人

で、住民票に未届の夫（妻）その他これらと同一の内容の記載がない人

③ その年の合計所得金額が500万円（給与収入678万円）以下の人

（コメント） 総所得金額等の合計額、合計所得金額は175ページ（コメント）参照。

11 勤労学生控除

納税者本人が、

勤労学生である

ときは、**27万円**を、所得金額から控除することができます。

これを、**勤労学生控除**といいます。

勤労学生とは、次の①、②または③に該当する人で、自分の勤労により得た給与所得、事業所得がある人で、合計所得金額が75万円以下であり、かつ、その合計所得金額のうち給与所得等以外の利子所得、配当所得などの勤労によらない所得の金額が10万円以下である人をいいます。

① 大学、短期大学、高等専門学校、特別支援学校、中等教育学校、高等学校、義務教育学校、中学校、小学校、幼稚園などの学生、生徒、児童（夜間学生や正規の通信教育生を含みます。）

（コメント） 大学院生についても、控除の対象となります。

② 国、地方公共団体、学校法人、準学校法人、一定の公共法人等、厚生農協、医療法人の設置する専修学校または各種学校の生徒で一定の課程を履修するもの

③ 職業訓練法人の認定職業訓練を受ける人で一定の課程を履修するもの

勤労学生に該当するかどうかを判定する時期は、その年の12月31日の

現況によります。

　なお、死亡したり、出国したりするときは、その死亡したり出国した日の現況により判断します。

コメント　1　前記②の専修学校、各種学校または前記③の職業訓練学校の生徒等が、勤労学生控除の適用を受ける場合は、専修学校の長等から交付を受けた一定の証明書等を添付または提示しなければなりません。なお、e-Tax を利用して確定申告書を提出する場合は、これらの証明書等を 5 年間自宅等で保存しなければなりません。

　　　　2　合計所得金額は175ページ コメント 参照。

12　配偶者控除

　納税者本人に、

　　控除対象配偶者がいる

ときは、一定の金額を、所得金額から控除することができます。

　これを配偶者控除といいます。

　控除できる金額は、次表のとおりです。

納税者の合計所得金額	控　　除　　額	
	控除対象配偶者 （70歳未満）	老人控除対象配偶者 （70歳以上）
900万円以下	38万円	48万円
900万円を超え　950万円以下	26万円	32万円
950万円を超え1,000万円以下	13万円	16万円
1,000万円超	0	0

コメント　合計所得金額は175ページ参照。

⑴ 控除対象配偶者とは

控除対象配偶者とは、納税者本人と生計を一にする配偶者で、合計所得金額が48万円以下の人をいいます。

ただし、次に掲げる人は除かれます。

① 他の納税者の扶養親族とされる配偶者

② 青色事業専従者に該当する配偶者で専従者給与の支払いを受ける人

③ 白色事業専従者

④ その配偶者自身がこの控除を受ける場合におけるその配偶者

（コメント） 配偶者とは、民法に定める配偶者をいいます。

したがって、いわゆる事実婚、内縁関係の人は該当しません。

⑵ 老人控除対象配偶者とは

老人控除対象配偶者とは、控除対象配偶者のうち、その年12月31日（死亡した人はその死亡の日）現在で年齢が70歳以上の人をいいます。令和6年分の申告においては、昭和30年1月1日以前に生まれた人が対象となります。

13 配偶者特別控除

納税者本人と生計を一にする配偶者の合計所得金額が48万円を超えるときは、一定の金額を所得金額から控除できます。

これを**配偶者特別控除**といいます。

配偶者控除および配偶者特別控除は、次のとおりです。

配偶者控除・配偶者特別控除額の早見表

	配偶者の合計所得金額（円）		納税者の合計所得金額（円）		
			900万円以下	900万円超 950万円以下	950万円超 1,000万円以下
配偶者控除	70歳未満	48万円以下	380,000円	260,000円	130,000円
	70歳以上		480,000円	320,000円	160,000円
配偶者特別控除	48万円超 95万円以下		380,000円	260,000円	130,000円
	95万円超100万円以下		360,000円	240,000円	120,000円
	100万円超105万円以下		310,000円	210,000円	110,000円
	105万円超110万円以下		260,000円	180,000円	90,000円
	110万円超115万円以下		210,000円	140,000円	70,000円
	115万円超120万円以下		160,000円	110,000円	60,000円
	120万円超125万円以下		110,000円	80,000円	40,000円
	125万円超130万円以下		60,000円	40,000円	20,000円
	130万円超133万円以下		30,000円	20,000円	10,000円

(注)　太枠は「源泉控除対象配偶者控除額」です。

コメント 1　配偶者控除および配偶者特別控除の適用が受けられるのは、納税者本人の合計所得金額が1,000万円以下の人に限られています。

　2　合計所得金額は175ページ コメント 参照。

14　扶養控除

　納税者本人に、控除対象扶養親族がいる場合には、それぞれの区分により、一定の金額を、所得金額から控除できます。

　これを**扶養控除**といいます。

　控除できる金額は、

　①　一般の控除対象扶養親族　　　　　　　　　　　　　　　　　38万円

　　　（16歳以上の人。②・③に該当する人を除きます。）

　②　特定扶養親族（19〜22歳の人）　　　　　　　　　　　　　63万円

③ 老人扶養親族 { 同居老親等 　　　　　　　　　58万円
（70歳以上の人） { その他 　　　　　　　　　　　　48万円

です。

⑴ 扶養親族とはどのような人か

扶養親族とは、次に掲げる人で合計所得金額が48万円以下の人をいいます。

① 納税者本人の親族（6親等以内の血族および3親等以内の姻族）
② 都道府県知事により養育を委託された児童（年齢が18歳未満のいわゆる里子）
③ 市町村長より養護を委託された老人（年齢が65歳以上の養護老人）
ただし、次に掲げる人は除かれます。
① 他の納税者の扶養親族とされる人
② 青色事業専従者に該当する人で専従者給与の支払いを受ける人
③ 白色事業専従者

⑵ 控除対象扶養親族とはどのような人か

控除対象扶養親族とは、扶養親族のうち、年齢が16歳以上の人をいいます。年齢が15歳以下の人は対象外です。

コメント　令和5年分以後、日本国外に居住する非居住者である親族については、年齢16歳以上30歳未満の人、年齢70歳以上の人並びに年齢30歳以上70歳未満の人で次のいずれかの要件に該当する人が、扶養控除の対象となります。
　　イ　留学により非居住者となった者
　　ロ　障害者
　　ハ　納税者から生活費または教育費に充てるため年間38万円以上の支払

いを受けている者

(3)　特定扶養親族とはどのような人か

特定扶養親族とは、控除対象扶養親族のうち、その年12月31日現在で年齢が19歳以上23歳未満の人をいいます。

したがって、令和６年分の申告においては、平成14年１月２日から平成17年１月１日までの間に生まれた人が対象となります。

(4)　老人扶養親族とはどのような人か

老人扶養親族とは、控除対象扶養親族のうち、その年12月31日現在で年齢が70歳以上の人をいいます。

したがって、令和６年分の申告においては、昭和30年１月１日以前に生まれた人が対象となります。

(5)　同居老親等とはどのような人か

同居老親等とは、老人扶養親族のうち、納税者本人またはその配偶者の直系尊属で納税者本人またはその配偶者と同居の常況にある人をいいます。なお、同居を常況としているかどうかは、その年12月31日現在で判定します。

扶養親族を図示すると211ページのとおりです。

（コメント）　確定申告や年末調整などで、非居住者である親族について扶養控除、配偶者控除、配偶者特別控除または障害者控除の適用を受ける人は、「親族関係書類」および「送金関係書類」を確定申告書または扶養控除申告書に添付し、または申告書の提出の際提示しなければなりません。

また、30歳以上70歳未満の扶養親族については、このほか「留学ビザ等書類」や「38万円送金書類」などが必要となります。

15 基 礎 控 除

納税者本人については、所得金額から次表の基礎控除額を控除します。

これを**基礎控除**といいます。

合 計 所 得 金 額 （給与収入額）	基礎控除額
2,400万円以下 （2,595万円以下）	48万円
2,400万円超　2,450万円以下 （2,595万円超　2,645万円以下）	32万円
2,450万円超　2,500万円以下 （2,645万円超　2,695万円以下）	16万円
2,500万円超　　　　　　　　　（2,695万円超）	―

（コメント） 子ども、特別障害者である扶養親族等を有する場合や、給与と公的年金の双方を受給している場合に適用される「所得金額調整控除」については、106ページ参照。

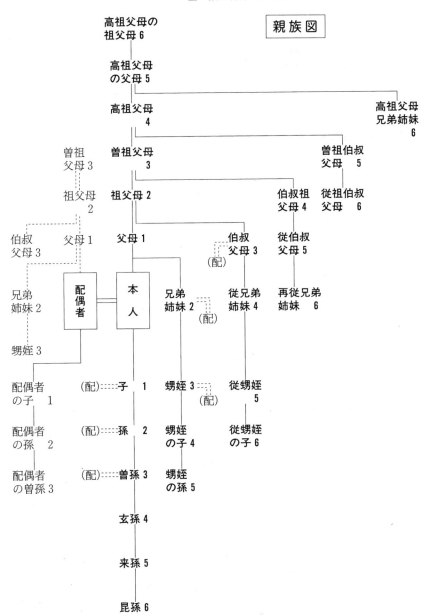

親族図

（注）　肩書数字は親等を、太字は血族、細字は姻族を、(配)は配偶者を示しています。

③ 所得控除に順序はあるのか

1 所得控除には順序がある

　所得控除は、前述したとおり、雑損控除から基礎控除まで15種類があります。

　適用される所得控除がいくつもある場合には、まず最初に雑損控除を差し引きます。

　これは、15種類の所得控除のうち雑損控除だけは、その年の所得金額から控除しきれない場合、その金額は**雑損失の金額**として翌年以後3年間（特定非常災害により生じた損失については5年間）にわたり繰越控除することができるからです。

2 2以上の所得金額がある場合にも控除の順序がある

　所得控除は、所得金額が2種類以上ある場合には、次の順序で差し引きます。

　この場合、損益通算および繰越損失の控除をした場合には、損益通算等をした後の金額です。

　①　総所得金額

　②　分離課税の土地建物等の短期譲渡所得の金額（特別控除後）
　　　（所得税率30％に係る部分 ⇨ 所得税率15％に係る部分の順に）

　③　分離課税の土地建物等の長期譲渡所得の金額（特別控除後）
　　　（その他の土地建物等 ⇨ 優良住宅地の造成等のために譲渡した土

地等 ⇨ 居住用財産の譲渡の順に）

④　申告分離課税を選択した上場株式等の利子・配当所得の金額

⑤　申告分離課税の一般株式等の譲渡所得等の金額

⑥　申告分離課税の上場株式等の譲渡所得等の金額

⑦　申告分離課税の先物取引の雑所得等の金額

⑧　山林所得の金額

⑨　退職所得の金額

第 **4** 章

税金の計算は どのように するのか

1 所得税の計算のしくみは どのようになっているのか

　所得税は、1月1日から12月31日までの1年間に得た所得に対してかかります。

　いろいろな種類の所得がある人は、すべての**所得金額を合計（総合課税）**して税金を計算します。

　しかし、各種所得のうち次の所得は、総合しないで分離して別に定められている税率をかけて税金を計算します。これを**申告分離課税**といいます。

- ㋑　土地や建物などを売ったときの短期譲渡所得
- ㋺　土地や建物などを売ったときの長期譲渡所得
- ㋩　一般株式等を譲渡したときの事業所得・譲渡所得・雑所得
- ㋥　上場株式等を譲渡したときの事業所得・譲渡所得・雑所得
- ㋭　申告分離課税を選択した上場株式等にかかる利子・配当所得
- ㋬　先物取引をしたときの事業所得・雑所得
- ㋣　山林所得
- ㋠　退職所得

　次に、その合計した所得金額から所得控除額を差し引きます。この差引後の金額を課税所得金額といいます。

<u>コメント</u>　1　申告分離課税は228ページ参照。
　　　2　所得控除の順序は、212ページ参照。

　さらに、この課税所得金額に税率をかけて所得税額を算出します。

　この税額を**算出税額**といいます。

　なお、配当控除や住宅借入金等特別控除などは**税額控除**といい、算出税額から差し引きます。

　計算のしくみは、次のとおりです。

① ┌──────────────┐
　 │　所 得 の 総 合　│ ……… 申告分離課税とされる所得以外の各種所
　 └──────────────┘　　　　得の金額を合計します。ただし、繰越損
　 　　　　　　｜　　　　　　　　失の金額がある場合は差し引きます。

　 ┌──────────────┐
　 │　所 得 控 除 額　│ ……… 基礎控除、配偶者控除などの控除額を差
　 └──────────────┘　　　　し引きます。
　 　　　　　　＝

　 ┌──────────────┐
　 │　課税所得金額　│ ……… この金額に税率をかけて所得税額を計算
　 └──────────────┘　　　　します。

② ┌──────────────┐
　 │　課税所得金額　│ ……… 課税所得金額に1,000円未満の端数があ
　 └──────────────┘　　　　るときは切り捨てます。
　 　　　　　　×

　 ┌──────────────┐
　 │　税　　　　率　│ ……… 課税所得金額に応じた税率をかけます。
　 └──────────────┘　　　　（「所得税額の速算表」356ページ参照）
　 　　　　　　＝

　 ┌──────────────┐
　 │　算 出 税 額　│ ……… 分離して別々に計算した税額をすべて合
　 └──────────────┘　　　　計します。

③ ┌──────────────┐
　 │　算 出 税 額　│
　 └──────────────┘
　 　　　　　　｜

　 ┌──────────────┐
　 │　税額から差し　│ ……… 税額控除額、源泉徴収された税額などを
　 │　引かれる金額　│　　　　差し引きます。
　 └──────────────┘
　 　　　　　　｜

　 ┌──────────────┐
　 │　定 額 減 税 額　│ ……… 本人、同一生計配偶者または扶養親族1
　 │（令和6年分のみ）│　　　　人につき30,000円
　 └──────────────┘
　 　　　　　　＝

　 ┌──────────────┐　　　　予定納税額のある人は差し引いた残額を
　 │　納付する税額　│ ……… 確定申告により納付します。
　 │（申告納税額）　│　　　　なお、納付する税額に100円未満の端数
　 └──────────────┘　　　　があるときは切り捨てます。

（コメント）　復興特別所得税が、基準所得税額（算出税額）に対して
2.1%課税されます。

　　※　基準所得税額については、230ページ〖まとめ〗を参照して
ください。

――〖計算例〗――

　青色申告で酒類小売業を営む大阪一郎さんの令和6年分の所得金額等
は次のとおりです。

Ⅰ　所得の内訳

　　営業所得　酒類小売業

　　　　収入金額　　　　62,843,500円

　　　　必要経費　　　　54,262,000円（うち青色申告特別控除額 650,000円）

　　　　専従者給与額　　2,500,000円（妻：大阪愛　昭和56年8月15日生）

　　不動産所得

　　　　収入金額　　　　1,600,000円

　　　　必要経費　　　　2,800,000円（土地の取得にかかる借入金の利子は
　　　　　　　　　　　　　　　　　　　ないものとします。）

Ⅱ　所得控除の内訳

　社会保険料控除　　　国民健康保険　　　314,800円

　　　　　　　　　　　国民年金　　　　　332,400円

　小規模企業共済等掛金控除　　　　　　　600,000円

　生命保険料控除　　　(旧)一般の生命保険（支払保険料）　250,000円

　　　　　　　　　　　(旧)個人年金保険（支払保険料）　　170,000円

　地震保険料控除　　　地震保険　　　　　　　　　　　　　30,000円

　障害者控除　　　　　大阪花子（身体障害者手帳に記された障害の程度3級）

　扶養家族　大阪花子　平成18年1月17日生（無収入）

　　　　　　二郎　　　平成19年10月10日生（無収入）

1　総所得金額

　(1)　事業所得

　　　　（収入金額）　　　（必要経費）　　（専従者給与額）　（事業所得の金額）
　　　62,843,500円 − 54,262,000円 − 2,500,000円 ＝ 6,081,500円

(2)　不動産所得

　　　（収入金額）　　　（必要経費）　　（不動産所得の金額）
　　　1,600,000円 − 2,800,000円 ＝ △1,200,000円

(3)　総所得金額

　　　（事業所得）　　（不動産所得）
　　　6,081,500円 − 1,200,000円 ＝ 4,881,500円

2　所得控除額

(1)　社会保険料控除　　　　　　　　　647,200円

(2)　小規模企業共済等掛金控除　　　　600,000円

(3)　生命保険料控除　　　　　　　　　100,000円……189ページ(5)参照。

(4)　地震保険料控除　　　　　　　　　 30,000円

(5)　障害者控除　　　　　　　　　　　270,000円

(6)　扶養控除　　　　　　　　　　　　760,000円

(7)　基礎控除　　　　　　　　　　　　480,000円

(8)　合計　　　　　　　　　　　　　2,887,200円

3　課税総所得金額

　　　1 − 2 　＝　1,994,000円 （1,000円未満端数切捨て）

4　算出税額

　　（課税総所得金額）　（税率:「所得税額の速算表」(356ページ)参照）　（算出税額）
　　　1,994,000円　×　　　　　10% − 97,500円　　　＝ 101,900円

5　申告納税額

　　（算出税額）　（税額控除額）　（基準所得税額）
　　　101,900円 −　　　0円　　　＝　101,900円

　　（基準所得税額）　（定額減税額）　（復興特別所得税）　（申告納税額）
　　　101,900円　−　90,000円　+11,900円×2.1%　＝　12,100円

　　　　　　　　　　　　　　　　　　　　　（100円未満端数切捨て）

高額所得者に対する課税の特例（令和7年分以後適用）

令和7年分以後の所得税については、税負担の公平性の観点から、そ

の年分の基準所得金額から3億3,000万円を控除した金額に22.5%の税率を乗じて計算した金額が、その年分の基準所得税額を超える場合には、その超える金額に相当する所得税が課されます。

コメント 1　基準所得金額とは、申告不要制度を適用しないで計算した合計所得金額（217ページの特別控除後の所得金額）をいいます。

　　　2　申告不要制度とは、次に掲げる特例をいいます。

　　　① 確定申告を要しない配当所得等の特例

　　　② 確定申告を要しない上場株式等の譲渡による所得の特例

　　　なお、前記の「合計所得金額」には、源泉分離課税の対象となる利子所得やNISA制度等により非課税とされる株式の譲渡所得等の金額は含まれません。

　　　3　基準所得税額とは、基準所得金額に基づいて計算した所得税の額（配当控除＋災害減免額控除後）をいいます（230ページ参照）。

② 超過累進税率とは

　所得税額を計算するときの税率は、課税所得金額が多くなるにつれて段階的に高くなるように決められています。これは納税者の支払能力に応じて税金を負担するしくみとなっているためです。

　このような税率を**超過累進税率**といいます。

課　税　所　得　金　額	税　率
195万円以下の部分の金額	5％
195万円を超え　　330万円以下の部分の金額	10％
330万円を超え　　695万円以下の部分の金額	20％
695万円を超え　　900万円以下の部分の金額	23％
900万円を超え　1,800万円以下の部分の金額	33％
1,800万円を超え　4,000万円以下の部分の金額	40％
4,000万円を超える部分の金額	45％

　たとえば、課税所得金額が600万円の人の所得税額は、

　　9.75万円＋13.5万円＋54万円＝77.25万円となります。

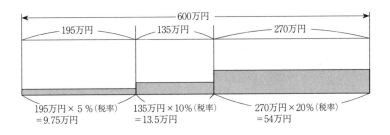

　「所得税額の速算表」（356ページ参照）に当てはめて計算すると、

　　600万円×20％－42.75万円＝77.25万円となります。

③　変動所得や臨時所得があるとき

　わが国の所得税の計算は、所得金額が多いほど高い税率（これを超過累進税率といいます。）で課税するシステムがとられています。

　ところで、所得金額は、年によって変動が著しかったり、その年だけ高額となることもあります。このような所得の発生の特殊事情を考慮して、その年の所得のなかに**変動所得**や**臨時所得**があるときは、税負担をやわらげるために、低い税率で計算できる**平均課税**の方法を選択することができます。

(1)　変動所得とは

①　漁獲やのりの採取から生ずる所得

②　はまち、まだい、ひらめ、かき、うなぎ、ほたて貝、真珠（真珠貝を含みます。）の養殖から生ずる所得

③　原稿や作曲の報酬による所得

④　著作権の使用料による所得

をいいます。

　これらの所得は、事業所得や雑所得に該当するものですが、年によって変動が大きい所得なので変動所得とされています。

(2)　臨時所得とは

①　プロ野球の選手などが、3年以上の期間にわたり特定の者に専属して役務の提供を約束することにより一時に受ける契約金で、その

金額が、契約により受ける報酬年額の2倍に相当する金額以上であるものにかかる所得

② 土地・建物などの不動産、不動産上の権利、船舶、航空機、採石権、鉱業権、漁業権や工業所有権などを、3年以上の期間他人に使用させることにより一時に受ける権利金などで、その金額が、契約により受ける使用料年額の2倍に相当する金額以上であるものにかかる所得（譲渡所得として課税されるものを除きます。）

③ 開発工事の施行などにより、これまで営んでいた事業を休止、転換、廃止することにより、3年以上の期間分の事業所得などの補償金として支払いを受けるものにかかる所得

④ 事業用などの資産について鉱害などの災害で被害を受けたことにより、3年以上の期間分の事業所得などの補償金として支払いを受けるものにかかる所得

をいいます。

これらの所得は、不動産所得、事業所得や雑所得に該当するものですが、年によっては一時的に高額な所得となりますので、臨時所得とされています。

(3) 変動所得や臨時所得がある場合の税金の計算

その年中の所得のなかに変動所得や臨時所得があるときは、**平均課税**により税金を計算することができます。

この場合、変動所得の金額と臨時所得の金額の合計額が、総所得金額の20％以上であることが必要です。

ただし、その年の変動所得の金額が前年分および前々年分の変動所得の金額の合計額の2分の1に相当する金額以下であるときは、その年の

臨時所得の金額だけで総所得金額の20％以上であることが必要です。

この平均課税の結果、税金の負担は軽くなります。

（コメント） **総所得金額**とは、源泉分離課税の対象となる所得、申告分離課税の対象となる所得、山林所得および退職所得を除いた金額の合計額です。

税金の計算は、

① 次の表の算式により**調整所得金額**と**特別所得金額**を計算します。

区　　　分	調整所得金額	特別所得金額
課税総所得金額が平均課税対象金額を超えるとき	（課税総所得金額）$-\left(\begin{array}{c}平均課税\\対象金額\end{array}\right)\times\dfrac{4}{5}$	（課税総所得金額）－（調整所得金額）
課税総所得金額が平均課税対象金額以下のとき	（課税総所得金額）$\times\dfrac{1}{5}$	（課税総所得金額）－（調整所得金額）

（コメント） **平均課税対象金額**とは、変動所得の金額と臨時所得の金額との合計額です。

② 次に、「調整所得金額」に対する税額を計算し、「調整所得金額」に対するその税額の平均税率（小数点3位以下切捨て）を計算します。

【算　式】

$$\dfrac{調整所得金額に対する税額}{調整所得金額} = \text{平均税率}$$

③ 次に、「特別所得金額」に前記の平均税率を乗じて、特別所得金額に対する税額を計算します。

④ 課税総所得金額に対する税額は、②の税額と③の税額を合計した金額となります。

〖計算例〗

○総所得金額　　　　7,000,000円

○所得控除の合計額　2,000,000円

○課税総所得金額　　5,000,000円

○変動所得の金額　　4,000,000円

（この計算例では、前年、前々年の変動所得はないものとします。）

事例の場合は、変動所得の金額が、総所得金額の20％を超えていますので、平均課税により税金を計算することができます。

平均課税の税金の計算は、次のようにします。

① 調整所得金額を計算します。

$$5,000,000円 - 4,000,000円 \times \frac{4}{5} = 1,800,000円$$

② 特別所得金額を計算します。

$$5,000,000円 - 1,800,000円 = 3,200,000円$$

③ 調整所得金額に対する税額を計算します。

1,800,000円×速算表の税率（5％）＝90,000円……ⓐ

税率は所得税額の速算表（356ページ参照）で確認します。

④ 調整所得金額に対する平均税率を計算します。

90,000円÷1,800,000円＝5％（小数点3位以下は切捨て）

⑤ 特別所得金額に対する税額を計算します。

3,200,000円×④の割合5％＝160,000円…………ⓑ

⑥ 課税総所得金額に対する税額は、次のとおりです。

ⓐ＋ⓑ＝90,000円＋160,000円＝250,000円

平均課税を適用しない場合の税額の計算は、次のとおりです。

（所得税額速算表）

5,000,000円×20％－427,500円＝572,500円

よって、平均課税を適用した方が322,500円安くなります。

④ 申告分離課税のしくみは　どのようになっているのか

　所得税の計算は、1年間に得た所得を総合して行うのが原則です。

　しかし、所得の中には、先祖から相続した土地建物の譲渡など長期間所有していたことによる値上りの利益がある人や永年勤務したことにより受け取る退職金がある人など、他の人と同様にすべての所得を総合して課税すると不公平になるケースがあります。

　そのため、これらの特定の所得については総合課税の所得とは分離して税額を計算し、確定申告をすることとされています。

　これを**申告分離課税**といいます。

　申告分離課税により税金を計算する所得とその所得税の計算方法は、次のとおりです。

　① 　株式等の譲渡による事業所得・譲渡所得・雑所得の税額

　　……課税株式等譲渡所得等の15％（ほかに住民税5％）

　② 　申告分離課税を選択した上場株式等の利子・配当所得の税額

　　……課税利子・配当所得金額の15％（ほかに住民税5％）

　③ 　先物取引による事業所得・雑所得の税額

　　……課税雑所得等金額の15％（ほかに住民税5％）

　④ 　土地建物等の譲渡による譲渡所得の税額

　　㋑ 　1月1日における所有期間が5年を超えるものを譲渡した場合の一般の長期譲渡所得

　　　……課税長期譲渡所得金額の15％（ほかに住民税5％）

　　㋺ 　1月1日における所有期間が5年を超えるものを、国等に対し

て譲渡した場合や収用交換による譲渡、優良住宅建設や宅地造成
のための譲渡に該当する場合の長期譲渡所得

　　……（課税長期譲渡所得金額）　　（税率）

　　　　2,000万円以下の部分………10%（ほかに住民税4%）

　　　　2,000万円を超える部分……15%（ほかに住民税5%）

㈢　1月1日における所有期間が10年を超える自己の居住用の土地
建物等を譲渡した場合の長期譲渡所得

　　……（課税長期譲渡所得金額）　　（税率）

　　　　6,000万円以下の部分………10%（ほかに住民税4%）

　　　　6,000万円を超える部分……15%（ほかに住民税5%）

㈣　1月1日における所有期間が5年以下の土地建物等を譲渡した
場合の短期譲渡所得

　　……課税短期譲渡所得金額の30%（ほかに住民税9%）

　　※　国等に対する譲渡や収用交換等による譲渡など一定の譲渡につい
ては、税率30%は15%に軽減されます（ほかに住民税5%）。

⑤　山林所得の税額

　　……課税山林所得金額の5分の1の金額に総合課税の税率をかけて
　　　　算出した金額を5倍した金額（5分5乗方式）

⑥　退職所得の税額

　　……課税退職所得金額に総合課税の税率をかけた金額

　　コメント　申告分離課税の税率は、基準所得税額（算出税額）に対し
　　　　て2.1%の復興特別所得税が課税されますので、実質は前記の15%
　　　　は15.315%、10%は10.21%となります。

　　　　なお、住民税の税率は変わりません。

── 〚まとめ〛 ──

課 税 標 準	税 率 等	算 出 税 額	税額控除（233ページ参照）
（課税総所得金額）………	×税率／税額表	課税総所得金額に対する所得税額	①配当控除
（課税長期譲渡所得金額） …… ×15%（原則）		課税長期譲渡所得金額に対する所得税額	②（特定増改築等）住宅借入金等特別控除
（課税短期譲渡所得金額） …… ×30%（原則）		課税短期譲渡所得金額に対する所得税額	③試験研究を行った場合の特別控除
（一般株式等の課税譲渡所得等の金額） …×15%		一般株式等の課税譲渡所得等に対する税額	④中小事業者が機械等を取得した場合の特別控除
（上場株式等の課税譲渡所得等の金額） …×15%		上場株式等の課税譲渡所得等に対する税額	⑤給与等の支給額が増加した場合の特別控除
（申告分離課税を選択した上場株式等の課税利子・配当所得の金額） … ×15%		申告分離課税を選択した上場株式等の課税利子・配当所得に対する税額	⑥政治活動に関する寄附をした場合の特別控除
（先物取引の課税雑所得等の金額） …×15%		先物取引の課税雑所得等に対する税額	⑦認定NPO法人等に寄附をした場合の特別控除
（課税山林所得金額）…… { 1/5 ×税率×5 ／ 税額表 }		課税山林所得金額に対する所得税額	⑧公益社団法人等に寄附をした場合の特別控除
（課税退職所得金額）…… { ×税率 ／ 税額表 }		課税退職所得金額に対する所得税額	⑨既存住宅の耐震改修等をした場合の特別控除 ⑩認定住宅の新築等をした場合の特別控除　など

→ −〔災害減免額〕＝ 基準所得税額

→ 基準所得税額 ＋ 復興特別所得税額 ※ −〔外国税額控除〕−（定額減税額）−（源泉徴収税額）

→ ＝申告納税額〔黒字の場合は、100円未満の端数切捨／赤字の場合は、1円未満の端数切捨〕

→ （申告納税額）−（予定納税額（第1期分・第2期分））＝ 確定申告により納付する所得税額（第3期分）〔黒字は納付税額／赤字は還付税額〕

※　復興特別所得税額＝（基準所得税額−定額減税額）×2.1%

第 5 章

税金から
差し引か
れる金額
(税額控除)
の 基 本

1　税額控除にはどのような種類が あるのか

　第4章で説明したとおり、所得税は課税所得の金額に税率をかけて税額を計算し、算出した税額から、二重課税を排除したり、政策上のために配当控除や住宅借入金等特別控除などを差し引いて、納める税金を計算します。

　これらの控除を**税額控除**といいます。

　税額控除の種類には、次のようなものがあります。

① 　配当控除

② 　住宅借入金等特別控除

③ 　認定住宅の新築等をした場合の特別控除

④ 　特定増改築等住宅借入金等特別控除（令和3年までの入居に限ります。）

⑤ 　既存住宅に係る特定の改修工事等をした場合の特別控除

⑥ 　既存住宅の耐震改修をした場合の特別控除

⑦ 　政治活動に関する寄附をした場合（政党等寄附金）の特別控除

⑧ 　認定特定非営利活動法人（NPO法人）等に寄附をした場合の特別控除

⑨ 　公益社団法人等に寄附をした場合の特別控除

⑩ 　分配時調整外国税相当控除

⑪ 　外国税額控除

　以下の税額控除は、青色申告者のみに適用されます。

⑫　試験研究を行った場合の特別控除

⑬　中小事業者が機械等を取得した場合の特別控除

⑭　地域経済牽引事業の促進区域内において特定事業用機械等を取得した場合の特別控除

⑮　地方活力向上地域等において特定建物等を取得した場合の特別控除

⑯　地方活力向上地域等において雇用者の数が増加した場合の特別控除

⑰　特定中小事業者が特定経営力向上設備等を取得した場合の特別控除

⑱　給与等の支給額が増加した場合の特別控除

⑲　認定特定高度情報通信技術活用設備を取得した場合の特別控除

⑳　事業適応設備を取得した場合等の特別控除

② 主な税額控除の計算は どのようにするのか

1 配 当 控 除

配当控除は、法人で課税された利益が、配当金として株主に分配されたものに、さらに課税するという二重課税を調整するために設けられた税額控除の制度です。

内国法人から受ける配当所得があるときは、一定の割合で計算した金額を所得税額から控除することができます。

これを**配当控除**といいます。

配当控除の計算は、次のとおりです。

① 課税総所得金額等[※]が1,000万円以下の場合

配当所得の金額×10％＝配当控除の金額

② 課税総所得金額等が1,000万円を超える場合

㋑ 1,000万円を超える部分の配当所得の金額×５％……Ⓐ

㋺ Ⓐ以外の部分の配当所得の金額×10％……Ⓑ

㋩ Ⓐ＋Ⓑ＝配当控除の金額

※ 課税総所得金額等とは、次の金額の合計額をいいます。

① 課税総所得金額

② 課税短期譲渡所得金額

③ 課税長期譲渡所得金額

④ 一般株式等の課税譲渡所得等の金額

⑤ 上場株式等の課税譲渡所得等の金額

⑥ 申告分離課税を選択した上場株式等の課税利子・配当所得の金額

⑦ 先物取引の課税雑所得等の金額

配当控除額の計算関係を図示すれば、次のとおりです。

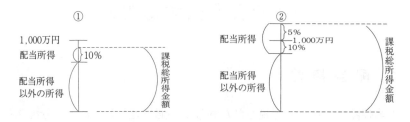

なお、証券投資信託の収益の分配にかかる配当控除の額は、一般配当の場合の2分の1、一般外貨建等証券投資信託の収益の分配にかかる配当控除の額は、一般配当の場合の4分の1とされています。

また、次の所得は、配当控除の対象となりません。

① 外国法人からの配当等

② 基金利息

③ 特定目的会社からの配当等

④ 私募公社債等運用投資信託等の収益の分配等

⑤ 国外私募公社債等運用投資信託等の配当等

⑥ 外国株価指数連動型特定株式投資信託の収益の分配等

⑦ 特定外貨建等証券投資信託の収益の分配等

⑧ 適格機関投資家私募信託の収益の分配等

⑨ 特定目的信託の収益の分配等

⑩ 投資信託及び投資法人に関する法律に規定する投資法人から受ける配当等

⑪ 確定申告をしないことを選択した配当等

⑫ 申告分離課税を選択した上場株式等の配当所得

⑬ 特定受益証券発行信託の収益の分配

⑭　オープン型証券投資信託のうち信託財産の元本払戻し相当部分

2　マイホームを取得したときの住宅借入金等特別控除

　住宅ローン等を利用して、マイホームを新築、購入したり増改築等をしたときは、一定の要件にあてはまれば、その住宅に居住した年から10年間（一定の場合は13年間）にわたり所得税額から一定の金額を控除することができます。

　これを**住宅借入金等特別控除**といいます。

（コメント）1　平成28年4月1日以後、非居住者が2～6の住宅の新築もしくは取得または増改築等を行った場合には、現行の居住者が満たす要件の下で2～6の控除の適用を受けることができます。

　　　2　平成28年1月1日以後、住宅借入金等特別控除の適用を受けていた住宅が、災害により住むことができなくなった場合であっても、平成29年分以後の所得税については、引き続き住宅借入金等特別控除の適用を受けることができます。

　　　　ただし、その住宅やその住宅の敷地に建てた建物を事業用として使用したり貸し付けた場合や、その住宅やその住宅の敷地を譲渡し、居住用財産の買換え等の場合の譲渡損失や特定居住用財産の譲渡損失の損益通算および繰越控除の適用を受ける場合などは、その年以後は適用されません。

(1)　どのような場合に控除が受けられるのか

　住宅借入金等特別控除は、次の3つのケースがあり、それぞれ要件が違います。

　①　新築住宅等の取得等のケース

　②　中古住宅の取得のケース

③　住宅の増改築等のケース

それぞれについて説明します。

(2)　新築住宅等の取得等のケース

　新築住宅等の取得等の場合は、次の要件にあてはまることが必要です。

(コメント)　令和4年以後、新築住宅等の範囲に、宅地建物取引業者により一定の増改築等が行われた一定の居住用家屋（以下「買取再販住宅」といいます。）が追加されています。

①　住宅を取得等してから6か月以内に居住し、年末まで引き続き住んでいること

　(コメント)　次の場合には、「入居」の条件が緩和されます。

　　①　控除を受けていた人が転勤命令などにより転居し、その後その事由が解消してその住宅に再入居した場合には、再入居年以後の適用年について控除が受けられます。

　　②　入居した日から年末までの間に転勤命令などにより転居し、その後その事由が解消してその住居に再入居した場合には（控除を受けていない人）、再入居年以後の適用年について控除が受けられます。

　　③　最初に居住の用に供した年に転勤命令などにより転居し、その年中にその事由が解消してその住宅に再入居した場合には、その年以後の適用年について控除が受けられます。

②　家屋の床面積（登記面積）が50㎡以上であること

　(コメント)　令和4年4月1日以後、令和5年12月31日（認定住宅等については令和6年12月31日）以前に建築確認を受けた居住用家屋の床面積基準は、40㎡以上50㎡未満も対象とされています。

　　ただし、その年分の合計所得金額が1,000万円以下の年に限られます。

③　床面積の２分の１以上が専ら本人の居住の用に使用されること

④　控除を受ける年の所得金額が2,000万円以下（令和３年分以前は3,000万円以下）であること

⑤　民間の金融機関や住宅金融支援機構などの住宅ローン等を利用していること

>　コメント　住宅の取得等のための住宅ローン等のうちにその住宅の敷地となる土地や借地権の取得のための住宅ローン等が含まれている場合は、そのローンも控除の対象となります。

⑥　住宅ローン等の返済期間が10年以上で、しかも月賦のように分割して返済すること

（必要な書類）───

　イ　土地家屋の登記事項証明書や建築請負契約書、売買契約書などで、家屋およびその敷地の取得年月日、床面積、取得価額、その家屋の敷地であることを明らかにする書類やその写し

　ロ　住宅およびその敷地の取得資金の借入金の年末残高等証明書

>　コメント　令和５年１月１日以後の入居で、金融機関等に「適用申請書」を提出した場合には、これらの書類を確定申告書に添付する必要はありません。
>
>　ただし、前記イの書類については、自宅等で５年間保存しなければなりません（令和６年１月１日以後に行われる確定申告から適用されます。）（以下、(3)および(4)において同じです。）。

(3)　中古住宅の取得のケース

中古住宅の取得の場合は、次の要件にあてはまることが必要です。

①　前記(2)の①から⑥の要件にあてはまること

②　新耐震基準に適合する中古住宅であること

(注)1 　登記簿上の建築日付が、昭和57年1月1日以後の家屋は、新耐震基準に適合している住宅とみなされます。

2 　新耐震基準に適合しない中古住宅を取得した場合であっても、居住の日までに耐震工事を完了している等の要件を満たす場合には適用を受けることができます。

3 　令和3年分以前は、その中古住宅取得の日以前20年以内に建築（その家屋がマンション等の耐火建築物の場合は25年以内に建築）されたものであれば耐震基準の適合要件は不要でした。

③ 　建築後使用されたことがある家屋であること

（必要な書類）———

イ 　新築住宅取得等の場合の書類

ロ 　土地・家屋の登記事項証明書（不動産番号を明細書等に記載した場合は不要です。）

ハ 　債務の承継に関する契約に基づく債務を有するときは、その債務の承継にかかる契約書の写し

ニ 　地震に対する安全上必要な構造方法に関する技術的基準もしくはこれに準ずるものに適合する一定の中古住宅である旨の証明書（昭和56年12月31日以前に建築された家屋）

(4) 住宅の増改築等のケース

住宅を増改築等した場合は、次の要件にあてはまることが必要です。

① 　本人が所有している家屋で、増改築等をしてから6か月以内に居住し、年末まで引き続き住んでいること

② 　増改築等をした後の家屋の床面積が50㎡以上で、新築住宅の取得等の場合の前記(2)の要件の①、③～⑥にあてはまること

③ 　次のいずれかの工事にあてはまることが増改築等工事証明書など

で証明されたものであること

ⓐ　増築、改築、大規模の模様替えの工事

ⓑ　区分所有部分の床、階段、壁の過半について行う修繕や模様替えの工事

ⓒ　家屋のうち居室、調理室、浴室、便所、洗面所、納戸、玄関、廊下の一室の床や壁の全部について行う修繕や模様替えの工事

ⓓ　地震に対する安全上必要な構造方法に関する技術基準またはこれに準ずる修繕や模様替えの工事

ⓔ　バリアフリー改修工事

ⓕ　省エネ改修工事

④　増改築等の工事費用が100万円（補助金等の交付を受ける場合には補助金等の額を控除した金額）を超えるものであること

⑤　本人の居住の用に使用される部分の工事費用の額が、増改築費用の総額の2分の1以上であること

（コメント）「バリアフリー改修工事」および「省エネ改修工事」については、250ページ参照。

（必要な書類）———

イ　家屋の登記事項証明書や請負契約書などで増改築等の年月日、費用、床面積を明らかにする書類

ロ　建築確認通知書の写し、検査済証の写し、または建築士等から交付を受けた増改築等工事証明書

ハ　住宅増改築資金の借入金の年末残高等証明書

⑸　控除はどのような場合に受けられないか

新築住宅の取得や中古住宅の取得、住宅の増改築等をした場合であっ

ても、次のような場合は、控除を受けることができません。

① 本人のその年の合計所得金額（純損失および雑損失の繰越控除前の金額）が2,000万円（令和3年分以前は3,000万円）を超えるとき

② 居住用財産について譲渡所得の3,000万円特別控除や居住用財産の長期譲渡所得の税率の軽減、居住用財産の買換え、交換の特例の適用を受ける場合

③ 既成市街地等内にある土地等の中高層耐火共同住宅の建設のための買換え（交換）の特例の適用を受ける場合

④ 居住の用に供した年の前年以前2年間の所得税について②③の特例の適用を受けている場合または翌年以後3年間に②の特例を受ける場合

コメント　令和2年3月31日以前は、「翌年以後3年間」が「翌年、翌々年分」となっていました。

(6) 控除額の計算はどのようにするのか

住宅借入金等特別控除額の計算は、次によります。

① 一般住宅

居住開始年	住宅ローン等の年末残高の限度額	控除率	年間最高控除額	合計最高控除額	控除期間
平成21・22年	5,000万円	1.0%	50万円	500万円	10年
平成23年	4,000万円	1.0%	40万円	400万円	10年
平成24年	3,000万円	1.0%	30万円	300万円	10年
平成25年	2,000万円	1.0%	20万円	200万円	10年
平成26年1～3月	2,000万円	1.0%	20万円	200万円	10年
平成26年4月～令和3年12月	4,000万円(2,000万円)	1.0%	40万円(20万円)	400万円(200万円)	10年
令和4・5年	3,000万円(2,000万円)	0.7%	21万円(14万円)	273万円(140万円)	13年(10年)
令和6・7年	2,000万円	0.7%	14万円	140万円	10年

コメント　1　平成26年4月から令和3年12月までの居住開始年において、住宅の取得等の対価の額または費用に含まれる消費税額等が、消費税率引上げ後の8％または10％の税率でない場合は、カッコ書きの金額になります。

2　令和4・5年の居住開始年において、取得等した住宅が中古住宅である場合または増改築等である場合は、カッコ書の金額および控除期間になります。

3　令和6・7年の居住開始年に取得等した住宅が新築の一般住宅である場合は、令和5年中に建築確認を受けたものまたは令和6年6月30日までに建築されたものに限られます。

② 認定住宅の特例

認定住宅を新築等して、令和3年12月までの間に入居した場合、住宅ローン等の年末残高の限度額、控除率について、次のような特例が

あります。

　なお、この特例は、認定住宅の新築等をした場合の所得税額の特別控除（249ページ参照）との選択適用となります。

居住開始年	住宅ローン等の年末残高の限度額	控除率	年間最高控除額	合計最高控除額	控除期間
平成21年〜平成23年	5,000万円	1.2%	60万円	600万円	10年
平成24年	4,000万円	1.0%	40万円	400万円	
平成25年	3,000万円	1.0%	30万円	300万円	
平成26年1月〜3月	3,000万円	1.0%	30万円	300万円	
平成26年4月〜令和3年12月	5,000万円（3,000万円）	1.0%	50万円（30万円）	500万円（300万円）	

　コメント 1　「認定住宅」とは長期優良住宅の普及の促進に関する法律に規定する新築の認定長期優良住宅および都市の低炭素化の促進に関する法律に規定する新築の認定低炭素住宅をいいます。
　　　　2　平成26年4月から令和3年12月までの居住開始年において、住宅の取得等の対価の額または費用に含まれる消費税額等が、消費税率引上げ後の8％または10％の税率でない場合は、カッコ書きの金額となります。

③　認定住宅等の特例

　認定住宅等を取得等して、令和4年1月1日から令和7年12月31日までに入居した場合、住宅借入等特別控除額の計算は、次によります。

　なお、この特例は、認定住宅等を新築等した場合の所得税額の特別控除（249ページ参照）との選択適用となります。

		居住開始年	住宅ローン等の年末残高の限度額	控除率	控除期間
新築・買取再販住宅	認定住宅	令和4年・令和5年	5,000万円	0.7%	13年
		令和6年・令和7年	4,500万円		
	ZEH水準省エネ住宅	令和4年・令和5年	4,500万円		
		令和6年・令和7年	3,500万円		
	省エネ基準適合住宅	令和4年・令和5年	4,000万円		
		令和6年・令和7年	3,000万円		
中古住宅	認定住宅	令和4年～令和7年	3,000万円	0.7%	10年
	ZEH水準省エネ住宅				
	省エネ基準適合住宅				

コメント 1 「**認定住宅**」とは、前記②の認定住宅をいいます。

2 「**ZEH水準省エネ住宅**」とは、エネルギーの使用の合理化に著しく資する住宅の用に供する家屋をいいます。

3 「**省エネ基準適合住宅**」とは、エネルギーの使用の合理化に資する住宅の用に供する家屋をいいます。

4 認定住宅等の特例の適用を受ける場合は、長期優良住宅建築等計画の認定通知書の写しおよび住宅証明書など認定住宅等であることを証する書類などの添付が必要です。

5 認定住宅等（244ページ コメント を参照）の新築または建築後使用されたことのないものの取得にかかる床面積要件の緩和措置（40㎡以上）は、令和6年12月31日以前に建築確認を受けた家屋についても適用されます（一般住宅の場合は令和5年12月31日以前とされています。）。

④ **子育て世帯等に対する特例**

　年齢40歳未満で配偶者がいる人、年齢40歳以上で年齢40歳未満の配偶者がいる人または年齢19歳未満の扶養親族がいる人（以下「子育て特例対象個人」といいます。）が、認定住宅等の新築もしくは認定住宅等で建築後使用されたことのないものの取得または買取再販認定住宅等の取得をして令和6年1月1日から同年12月31日までの間に居住の用に供した場合の住宅借入金等の年末残高の限度額（借入限度額）は、次表のとおりとなります。

住宅の区分	借入限度額
認定住宅	5,000万円
ZEH水準省エネ住宅	4,500万円
省エネ基準適合住宅	4,000万円

（コメント）　前記の特例のほか、①消費税率引上げによる住宅の駆け込み・反動減対策のための特例（令和元年10月1日から令和2年12月31日までの入居）、②新型コロナ税特法による特例（令和3年1月1日から令和4年12月31日までの入居）が設けられており、住宅の取得対価の額に含まれる消費税率が10％である住宅を取得等して居住の用に供した場合には、適用期間が13年間に延長されています。

　なお、適用年の11年目から13年目までの各年の控除額は、次に掲げる金額のいずれか少ない金額となります。

・住宅借入金等の年末残高×1％[※]

・〔住宅の取得対価の額（消費税等の額を除きます）〕×2％÷3[※]

　※　一般住宅は4,000万円、認定住宅は5,000万円が限度となります。

(7)　控除を受けるための手続きはどのようにするのか

　住宅借入金等特別控除を受けるためには、確定申告をすることが必要です。

　確定申告をするときには、前記で説明した**必要な書類**を確定申告書に添付して提出します。

　ただし、サラリーマンの人は、1年目に確定申告をすると2年目からは年末調整で控除を受けることができます。

　その時には、

①　税務署長から交付を受けた

　　「年末調整のための住宅借入金等特別控除証明書」

②　金融機関等から交付を受けた

　　「住宅取得資金にかかる借入金の年末残高等証明書」

を「給与所得者の住宅借入金等特別控除申告書」に添付して給与の支払者に提出します。

コメント　令和5年1月1日以後の入居で、金融機関等に「適用申請書」を提出した場合には、前記②の書類を添付する必要はありません。

──〔計算例〜一般住宅の場合〜〕──

　Aさんは、妻と子供2人のサラリーマンで、年間給与収入は800万円、所得税額は256,000円です。令和6年4月1日に80㎡の省エネ基準適合住宅を2,500万円で購入し居住しました。住宅ローンは2,000万円（金利年1.0%、元利均等30年返済）です。（年収、税率、金利等は変らないものと仮定）

返済年次	各年12月31日現在の 借入金残高	控　除　額
1年目	19,792,786円	138,500円
2年目	19,368,928	135,500
3年目	18,932,177	132,500
4年目	18,482,143	129,300
5年目	18,018,420	126,100
6年目	17,540,592	122,700
7年目	17,048,230	119,000
8年目	16,540,894	115,700
9年目	16,018,125	112,100
10年目	15,479,457	108,300
11年目	14,927,405	104,400
12年目	14,352,470	100,400
13年目	13,763,139	96,400
合　　計(13年間)		1,540,900

(8)　所得税額から控除しきれない場合どのようになるか

　平成27年4月1日以後に入居し、住宅借入金等特別控除の適用がある人のうち、その年分の住宅借入金等特別控除額からその年分の所得税額（住宅借入金等特別税額控除前の所得税額）を控除した残額があるときは、翌年度の個人住民税から、その残額に相当する額（所得税の課税総所得金額等に5％（令和3年分以前は7％）を乗じて得た額（最高97,500円（令和3年分以前は最高136,500円）））が減額されます。

事例 区分	年収1,000万円、住宅ローン 残高6,000万円のＡさん※	年収500万円（課税総所得 金額等240万円）、住宅ロー ン残高3,000万円のＢさん※
年間所得税	595,000円	59,500円
住宅ローン 減税最高控 除額	3,000万円×0.7% ＝210,000円	3,000万円×0.7% ＝210,000円
住民税	所得税からの控除で終了 595,000円＞210,000円 ∴210,000円	住民税から97,500円 2,400,000円×5% ＝120,000円 210,000円－59,500円 ＝150,500円 97,500円＜120,000円 ＜150,500円 ∴97,500円

※ 夫婦、高校生の子供２人の家族で、住宅ローン残高の減少は考慮しな
いで計算しています。

3 認定住宅等を新築等した場合の特別控除
（認定住宅等新築等特別税額控除）

令和７年12月31日までに、認定住宅等の新築等をして入居した場合に
は、一定の要件の下で、その認定住宅等の新築等にかかる標準的な性能
強化費用相当額（650万円が限度）の10％相当額を控除することができ
ます。なお、控除しきれない金額がある場合には、翌年の所得税額から
控除できます。

コメント 1 この特別控除は、住宅ローンを利用せずに住宅を取得する
人など、住宅ローン減税制度の対象とならない人にも適用されます
（借入金の有無は問いません。）。
2 この特別控除は、住宅借入金等特別控除との選択適用とされてい

ます（244ページ③認定住宅の特例を参照）。

3 「認定住宅等」とは、「認定長期優良住宅」、「認定低炭素住宅」（244ページ コメント 参照）および「ZEH水準省エネ住宅」（245ページ コメント 参照）（令和4年以後に居住の用に供した場合に適用）をいいます。

4 標準的な性能強化費用相当額とは、耐久性、耐震性等をその基準に適合させるために必要となる床面積1㎡当たりの標準的な費用の額に、その対象住宅の床面積を乗じて計算した金額をいいます。

（参考：標準的な性能強化費用相当額）

居住年	平26.4.1〜 令1.12.31	令2.1.1〜
床面積1㎡当たりの 標準的な費用の額	43,800円	45,300円

5 この特別控除は、確定申告書に、その控除に関する明細書ならびに長期優良住宅建築等計画の認定書の写し等の書類の添付が必要です。

6 その年分の合計所得金額が2,000万円（令和5年分までは3,000万円）を超える場合には適用されません。

4 特定増改築等住宅借入金等特別控除（令和7年で終了）

① 省エネ改修工事等

令和3年12月31日までに、自己の居住用の家屋について、50万円（補助金等の額を除きます。）を超える省エネ改修工事を含む増改築等を行い、その家屋を自己の居住の用に供したときは、一定の要件の下で、その省エネ改修工事等の費用にかかる住宅借入金等の年末残高の1,000万円以下の部分について、次のイ、ロにより計算した金額を5年間にわたり所得税の額から控除することができます。なお、この特例は、住宅借入金等特別控除（237ページ参照）および住宅特定改修特別税額控除（253ページ参照）との選択適用となっています。

　イ　省エネ改修工事にかかる工事費用（250万円を限度）に相当する住宅借入金等の年末残高の２％

　ロ　イ以外の住宅借入金等の年末残高（750万円を限度）の１％

（コメント）1　一定の要件とは、次のとおりです。

　　①　償還期間５年以上の住宅借入金等が適用対象とされます。

　　②　この特例の適用については、登録住宅性能評価機関、指定確認検査機関、住宅瑕疵担保責任保険法人または建築士事務所に所属する建築士が発行する増改築等工事証明書の添付が必要です。

　　③　その他の要件については、前記２の(4)の住宅の増改築等に係る住宅借入金等特別控除と同様となっています。

　　2　平成29年４月１日以後、特定の省エネ改修と併せて行う耐久性向上改修工事の費用に係る住宅借入金も対象とされます。

②　バリアフリー改修工事等

　令和３年12月31日までに、50歳以上の者など特定の居住者が、自己の居住用の家屋について、50万円（補助金等の額を除きます。）を超えるバリアフリー改修工事等を行い、その家屋を自己の居住の用に供したときは、一定の要件の下で、そのバリアフリー改修工事等の費用にかかる住宅借入金等の年末残高の1,000万円以下の部分について、次のイ、ロにより計算した金額を５年間にわたり、所得税の額から控除することができます。なお、この特例は、住宅借入金等特別控除（237ページ参照）および住宅特定改修特別税額控除（253ページ参照）との選択適用となっています。

　イ　バリアフリー改修工事費用の額（250万円を限度）に相当する住宅借入金等の年末残高の２％

　ロ　イ以外の住宅借入金等の年末残高（750万円を限度）の１％

（コメント）1　一定の居住者とは、254ページの②（コメント）の者と同じ

です。

　2　一定の要件とは、次のとおりです。

　　①　償還期間5年以上の住宅借入金等および死亡時一括償還にかかる借入金等が適用対象とされます。

　　②　この特例の適用については、登録性能評価機関、指定確認検査機関、住宅瑕疵担保責任保険法人または建築士事務所に所属する建築士が発行する増改築等工事証明書の添付が必要です。

　　③　その他の要件については、前記2(4)の住宅の増改築等にかかる住宅借入金等を有する場合の所得税額の特別控除と同様です。

③　三世代同居改修工事

　令和3年12月31日までに、自己の居住用の家屋について、50万円(補助金等の額を除きます。)を超える三世代同居改修工事等を行い、その家屋を自己の居住の用に供したときは、一定の要件の下で、その三世代同居改修工事等の費用にかかる住宅借入金等の年末残高1,000万円以下の部分について、次のイ、ロにより計算した金額を5年間にわたり、所得税の額から控除することができます。なお、この特例は、住宅借入金等特別控除(237ページ参照)および住宅特定改修特別税額控除(下記5参照)との選択適用となっています。

　イ　三世代同居改修工事に係る工事費用(250万円を限度)に相当する住宅借入金等の年末残高　2％

　ロ　イ以外の住宅借入金等の年末残高(750万円を限度)　1％

コメント　1　三世代同居改修工事とは、①調理室、②浴室、③便所または④玄関のいずれかを増設する工事(改修後、①から④までのいずれか2つ以上が複数となるものに限ります。)であって、その工事に係る標準的な工事費用相当額(補助金等の交付がある場合には、補助金等の額を控除した後の金額)が50万円を超えること等の要件

を満たすものをいいます。

2　償還期間5年以上の住宅借入金等が適用対象とされます。

3　この特例の適用については、登録住宅性能評価機関、指定確認検査機関、住宅瑕疵担保責任保険法人、建築士事務所に所属する建築士（以下「建築士等」といいます。）が発行する増改築等工事証明書の添付が必要です。

4　その他の要件は、住宅の増改築等にかかる住宅借入金等を有する場合の所得税額の特別控除の要件と同様です。

5　特定の改修工事をした場合の特別控除
（住宅特定改修特別税額控除）

この住宅特定改修特別税額控除は、**住宅ローンを利用せずに住宅を特定改修する人**など、住宅ローン減税制度の対象とならない人にも適用されます（借入金の有無は問いません。）。

なお、その年分の合計所得金額が2,000万円（令和5年分までは3,000万円）を超える場合には適用されません。

①　省エネ改修工事

令和7年12月31日までに、自己の居住用の家屋について、工事費用の額が50万円（補助金等の額を除きます。）を超える省エネ改修工事を行い、その家屋を自己の居住の用に供したときは、一定の要件の下で、その省エネ改修工事にかかる標準的な工事費用相当額（250万円（太陽光発電装置を併せて設置する場合は350万円）を限度）の10％相当額を所得税額から控除することができます。

②　バリアフリー工事

令和7年12月31日までに、50歳以上の者など特定の居住者が、自己の居住用の家屋について、工事費用の額が50万円（補助金等の額を除

きます。）を超える浴室の改良や屋内段差の解消などバリアフリー改修工事を行い、その家屋を自己の居住の用に供したときは、一定の要件の下で、そのバリアフリー改修工事に係る標準的な工事費用相当額（200万円を限度）の10％相当額を所得税額から控除することができます。

（コメント） 特定の居住者とは、次のいずれかに該当する人です。

　　イ　居住者本人が、①50歳以上の人、②介護保険法の要介護または要支援の認定を受けている人、③障害者である人

　　ロ　同居親族のうち前記②もしくは③に該当する人または④65歳以上の人がいる居住者

③　三世代同居改修工事

　令和7年12月31日までに、自己の居住用の家屋について、三世代同居改修工事を行い、その家屋を自己の居住の用に供したときは、一定の要件の下で、その三世代同居改修工事に係る標準的な工事費用相当額（250万円を限度）の10％に相当する金額をその年分の所得税の額から控除することができます。

（コメント）1　三世代同居改修工事は、前記4③（コメント）（252ページ）を参照してください。

　　　　　2　標準的な工事費用相当額とは、三世代同居改修工事の改修部位ごとに標準的な工事費用の額として定められた金額に当該三世代同居改修工事を行った箇所数を乗じて計算した金額をいいます。

④　耐久性向上改修工事

　平成29年4月1日から令和7年12月31日までの間に、自己の居住用の家屋について、耐震改修工事または省エネ改修工事とあわせて耐久性向上改修工事を行い、その家屋を自己の居住の用に供したときは、

一定の要件の下で、その耐震改修工事または省エネ改修工事にかかる
標準的な工事費用相当額および耐久性向上改修工事にかかる標準的な
工事費用相当額の合計額（250万円（省エネ改修工事と併せて太陽光
発電装置を設置する場合は、350万円）を限度）の10％に相当する金
額をその年分の所得税の額から控除することができます。

　また、耐震改修工事および省エネ改修工事とあわせて耐久性向上改
修工事を行った場合の控除額は、その耐震改修工事にかかる標準的な
工事費用相当額、省エネ改修工事にかかる標準的な工事費用相当額お
よび耐久性向上改修工事にかかる標準的な工事費用相当額の合計額
（500万円（省エネ改修工事とあわせて太陽光発電装置を設置する場
合には、600万円）を限度）の10％に相当する金額となります。

（コメント）1　耐久性向上改修工事とは、①小屋裏、②外壁、③浴室、脱
　　　　　　衣室、④土台、軸組等、⑤床下、⑥基礎もしくは⑦地盤に関する劣
　　　　　　化対策工事または⑧給排水管もしくは給湯管に関する維持管理もし
　　　　　　くは更新を容易にするための工事で一定の要件を満たすものをいい
　　　　　　ます。
　　　　　2　標準的な工事費用相当額とは、耐久性向上改修工事の種類ごとに
　　　　　　標準的な工事費用の額として定められた金額に当該耐久性向上改修
　　　　　　工事を行った箇所数等を乗じて計算した金額をいいます。
　　　　　3　前記①～④の住宅特定改修特別税額控除の適用を受けるために
　　　　　　は、確定申告書に、住宅改修の明細書、住宅改修費用の額を記載し
　　　　　　た書類等の添付が必要です。

⑤　子育て対応改修工事

　令和6年4月1日から同年12月31日までの間に、子育て特例対象個
人が、自己の居住用の家屋について、子育て対応改修工事を行い、そ
の家屋を自己の居住の用に供したときは、その子育て対応改修工事に

かかる標準的な工事費用相当額（250万円を限度）の10％相当額をその年分の所得税の額から控除することができます。

（コメント）1 「子育て対応改修工事」とは、①住宅内における子どもの事故を防止するための工事、②対面式キッチンへの交換工事、③開口部の防犯性を高める工事、④収納設備を増設する工事、⑤開口部・界壁・床の防音性を高める工事、⑥間取り変更工事（一定のものに限ります。）であって、その工事にかかる標準的な工事費用相当額（補助金等の交付がある場合には、補助金等の額を控除した後の金額）が50万円を超えること等一定の要件を満たすものをいいます。

2 「標準的な工事費用相当額」とは、子育て対応改修工事の種類ごとに標準的な工事費用の額として定められた金額に、子育て対応改修工事を行った箇所数等を乗じて計算した金額をいいます。

3 「子育て特例対象個人」については、246ページ参照。

⑥ 特定の改修工事をした場合の特例

個人が次の**6**の耐震改修工事または前記①から⑤の対象工事をして、令和4年1月1日から令和7年12月31日までの間にその工事の日から6月以内に居住の用に供した場合、一定の要件の下で、次に掲げる金額の合計額の5％相当額がその年分の所得税額から控除されます。

ただし、イとロの合計額が、耐震改修工事または対象工事にかかる標準的な工事費用相当額の合計額で1,000万円からその金額（その金額が控除対象限度額を超える場合には、控除対象限度額）を控除した金額のいずれか低い金額が限度となります。

イ 耐震改修工事または対象工事にかかる標準的な工事費用相当額（前記①から⑤の控除対象限度額を超える部分に限ります。）の

合計額

ロ　耐震改修工事または対象工事と併せて行うその他の一定の工事

に要した費用の額（補助金等の額を控除した後の金額）の合計額

コメント　前記①から⑥の適用を受けるためには、確定申告書に住宅特
定改修特別税額控除額の計算明細書、建築士等が発行した「増改築等
工事証明書」および登記事項証明書などで床面積が50㎡以上であるこ
とを明らかにする書類を添付する必要があります。

6　耐震改修をした場合の特別控除

令和7年12月31日までに、自己の居住用の家屋（昭和56年5月31日以
前に建築された家屋で一定のもの）について耐震改修をした場合には、
その年分の所得税の額から、住宅耐震改修の標準的費用の額（250万円
を限度。補助金等の額を除きます。）の10％相当額（25万円を超える場
合には25万円）を控除することができます。

コメント　1　住宅耐震改修とは、地震に対する安全性の向上を目的とした
増築、改築、修繕または模様替えをいいます。

2　この税額控除を受けるためには、確定申告書に、住宅耐震改修の明
細書、住宅耐震改修の費用の額を記載した書類等の添付が必要です。

7　政党等寄附金特別控除

政党や資金団体に対する政治献金で一定のものについては、寄附金控
除（197ページ参照）の適用を受けるか、次の算式で計算した金額を所得
税の額から控除するか、有利な方を選択することができます。

【算　式】

$$\left(\begin{array}{l}\text{その年中に支出した政党等に}\\\text{対する寄附金の額の合計額}\end{array} - 2,000\text{円}\right) \times 30\% = \begin{array}{l}\text{政党等寄附金}\\\text{特別控除額}\\\text{（100円未満切捨て）}\end{array}$$

(コメント)1　この特別控除額は、その年分の所得税額の25％相当額が限度となります。なお、この限度額は、認定NPO法人等、公益社団法人等に対する寄附金特別控除とは別枠で計算します。

2　寄附金の額の合計額は、原則として合計所得金額の40％相当額が限度です（合計所得金額については175ページ (コメント) 参照）。

なお、このほかに寄附金控除の対象となる特定寄附金（197ページ参照）や次の認定NPO法人等、公益社団法人等に対する寄附金がある場合は、合計所得金額の40％相当額から、その特定寄附金の額を控除した残額が限度となります。

3　この特別控除を受けるためには、確定申告書に寄附金の明細書、寄附金控除と同じ証明書類の添付が必要です（198ページ⑤ (コメント) 参照）。

8　認定NPO法人等・公益社団法人等に対する寄附金特別控除

①　認定NPO法人等寄附金特別控除

認定特定非営利活動法人等（以下「認定NPO法人等」といいます。）に対して支出した寄附金で、その認定NPO法人等が行う特定非営利活動に係る事業に関連するものについては、寄附金控除（197ページ参照）の適用を受けるか③の算式で計算した金額を所得税の額から控除するか、有利な方を選択することができます。

(コメント)　この特別控除を受けるためには、確定申告書に寄附金の明細

書、寄附金が認定 NPO 法人等が行う特定非営利活動に係る事業に関連する旨が記載された寄附金の領収証等または、電磁的記録印刷書面（電子証明書に記録された情報の内容とその内容が記録された二次元コードが付された出力書面）の添付が必要です。

②　公益社団法人等寄附金特別控除

寄附金控除の対象となる特定寄附金のうち次のイからホまでに掲げる法人でその運営組織および事業活動が適正であることおよび市民から支援を受けていることにつき一定の要件を満たすものについては、寄附金控除（197ページ参照）の適用を受けるか③の算式で計算した金額を所得税の額から控除するか、有利な方を選択することができます。

イ　公益社団法人および公益財団法人

ロ　学校法人等

ハ　社会福祉法人

ニ　更生保護法人

ホ　国立大学法人等

　（コメント）　この特別控除を受けるためには、次の書類を確定申告書に添付する必要があります。

イ　寄附金の明細書

ロ　寄附金がその法人の主たる目的である業務に関連する寄附金である旨が記載された領収証等

ハ　所轄庁が、その法人が税額控除対象法人であることを証する書類の写し

なお、電磁的記録印刷書面（電子証明書に記録された情報の内容とその内容が記録された二次元コードが付された出力書面）によることもできます。

③ 特別控除額の計算

特別控除額は、次の算式により計算します。

【算　式】

$$\left(\begin{array}{l}\text{その年中に支出した認定NPO}\\\text{法人等、公益社団法人等に対}\\\text{する寄附金の額の合計額}\end{array}-2,000\text{円}\right)\times40\% = \begin{array}{l}\text{特別控除額}\\\text{(100円未満切捨て)}\end{array}$$

（コメント）1　この特別控除額は、その年分の所得税額の25％相当額が限度となります。

　　なお、この限度額は、政党等寄附金特別控除とは別枠で計算します。

　　2　寄附金の額の合計額は、原則として合計所得金額の40％相当額が限度です（合計所得金額については、175ページ（コメント）参照）。

　　また、このほかに寄附金控除の対象となる特定寄附金（197ページ参照）や政党等寄附金特別控除がある場合は、合計所得金額の40％相当額からその特定寄附金の額を控除した残額が限度となります。

9　外国税額控除

外国税額控除とは、国際的な二重課税を排除するために規定されているもので、所得の中に外国で得た所得があって、その外国の法令により日本の所得税に相当する税金が課されたときは、その外国で得た所得に対応する税額を限度として一定の方法により計算した金額を、その年分の所得税額から控除するというものです。

これを**外国税額控除**といいます。

　外国税額控除の適用を受けたその後の年分において、その外国所得税の額が外国で減額された場合には、その減額された年分において、納付した外国所得税の額から控除して外国税額控除を適用することになっています。

　この外国税額控除を受けるためには、確定申告書、修正申告書または更正の請求書に、外国税額控除に関する明細を記載し、外国所得税を課されたことを証する書類等を添付して提出します。

（コメント）　外国所得税の額が、その年の控除限度額より少ない場合、その前3年以内の各年で控除できなかった外国所得税額は、順次その年分の国税の控除余裕額の範囲内で、繰越控除することができます。

10　分配時調整外国税相当額控除

　分配時調整外国税相当額控除とは、集団投資信託の収益の分配にかかる国際的な二重課税を調整するために規定されているもので、外国の法令により日本の所得税に相当する税金が課された集団投資信託の収益の分配を受ける場合には、その支払いを受ける収益の分配に対応する部分の金額として一定の金額に相当する金額を、その年分の所得税額から控除するというものです。

　これを、**分配時調整外国税相当額控除**といいます。

　この分配時調整外国税相当額控除を受けるためには、確定申告書、修正申告書または更正の請求書に、対象となる分配時調製外国税相当額控除を受ける金額および分配時調整外国税相当額控除に関する明細書その他一定の書類を添付する必要があります。

③ 定額減税（令和6年分のみ）

令和6年分の所得税について、定額による所得税額の特別控除（定額減税）が実施されます。

⑴ 対 象 者

令和6年分所得税の納税者である居住者で、令和6年分の所得税の合計所得金額が1,805万円以下である人（給与収入のみの人の場合、給与収入が2,000万円以下である人[※]）です。

> ※ 子ども・特別障害者等を有する者等の所得金額調整控除の適用を受ける人は、2,015万円以下となります。

⑵ 定額減税額

次の金額の合計額です。

ただし、その合計額がその人の所得税額を超える場合には、その所得税額が限度となります。

① 本人（居住者に限ります。）　　　　　　　　　　　30,000円

② 同一生計配偶者または扶養親族（いずれも居住者に限ります。）

　　　　　　　　　　　　　　　　　　　　1人につき30,000円

⑶ 控 除 方 法

① 給与所得者

　令和6年6月1日以後最初に支払われる給与等から源泉徴収され

る所得税等の額から特別控除の額に相当する金額が控除されます。これにより控除をしても控除しきれない金額は、以後、令和6年中に支払われる給与等の源泉徴収税額から順次控除されます。

　なお、「給与所得者の扶養控除等（異動）申告書」に記載した事項の異動等により、特別控除の額が異動する場合は、年末調整により調整されることとなります。

② 公的年金等の受給者

　令和6年6月1日以後最初に厚生労働大臣等から支払われる公的年金等から源泉徴収される所得税等の額から特別控除の額に相当する金額が控除されます。これにより控除をしても控除しきれない金額は、以後、令和6年中に支払われる公的年金等の源泉徴収税額から順次控除されます。

③ 事業所得者等

　原則として、令和6年分の所得税の確定申告の際に所得税等の額から特別控除の額が控除されます。

　予定納税のある人は、令和6年7月の第1期分予定納税額から本人分にかかる特別控除の額に相当する金額が控除されます。

　なお、同一生計配偶者または扶養親族にかかる特別控除の額に相当する金額については、予定納税額の減額申請の手続きにより特別控除の額を控除することができ、第1期分予定納税額から控除しきれなかった場合には、控除しきれない金額は11月の第2期分予定納税額から控除されます。

第6章

申告と納税

① 所得税はどこで納めるのか

　所得税の申告、申請、請求、納付等は、すべて、**納税地**を所轄している税務署長にします。

　所得税の納税地は、

①　住所のある人は、その住所地です。

　　ただし、住所のほかに居所のある人は、居所地を納税地とすることができます。

②　住所がなく、居所のある人は、その居所地です。

③　事業の店舗などがある人は、店舗などの所在地を納税地とすることができます。

　（注）　令和5年1月1日以後、税務署長への届出は不要となりました。

④　特別の場合には、国税庁長官や国税局長が納税地を指定することがあります。この場合には、その指定を受けた場所です。

　コメント　死亡した人の場合は、死亡時の納税地がそのまま納税地となります。

② 申告の種類には どのようなものがあるか

　所得税は、自分の所得の状況を最もよく知っている納税者本人が、税法にしたがって所得金額と所得税額を計算し、税務署に確定申告をして、納税をするというしくみがとられています。

　これを**申告納税制度**といいます。

　所得税の確定申告は、その年の1月1日から12月31日までの1年間に得た所得金額と所得税額を計算し、納付額がある場合には、その翌年の2月16日から3月15日までに、また源泉徴収税額や予定納税額の還付を受ける場合には、その翌年の1月1日以後に「申告書」に記載して、税務署に提出します。

　これを所得税の**確定申告**といいます。また、提出する書類を**確定申告書**といいます。

　この確定申告をすることによって個人と国との間に租税の債権債務の関係が生じます。

　なお、サラリーマンなどの場合は、給与から所得税が天引されるという「**源泉徴収制度**（301ページ参照）」がとられており、給与所得者の大部分の人は年末調整により所得税額が精算されますので、確定申告をする必要がありません。

（**コメント**）　大震災などの影響により所得税の確定申告書の提出や納付が困難と国税庁長官が判断したときは、その期限を延長することがあります。

1 確定申告の種類

確定申告には、次のような種類があります。

① 事業所得や不動産所得などがある人の一般の申告……………………
「確定所得申告（確定申告）」

② その年の所得が赤字の人で翌年に損失を繰り越すときの申告……
「確定損失申告（損失申告）」

③ 納税者本人が死亡したときや出国するときの申告…………………
「準確定申告」

④ 所得税の還付を受けるときの申告………………………「還付申告」

⑤ 申告に誤りがあり、納める税金などが増えるときの申告…………
「修正申告」

　なお、これとは反対に、申告額よりも税額が減る場合は、原則として申告期限から5年以内に、「更正の請求書」を税務署長に提出します。

⑥ 申告期限の3月15日を過ぎたときの申告……………「期限後申告」
　なお、これに対し申告期限の3月15日までにした申告は「期限内申告」といわれています。

⑦ 青色申告の承認を受けている人の申告…………………「青色申告」
　なお、青色申告の承認を受けていない人の申告は、いわゆる「白色申告」といわれています。

⑧ e-Tax により申告等のデータを送信する申告…………「電子申告」
　なお、「電子申告」を利用する場合は、あらかじめ、「電子申告・納税等開始（変更等）届出書」を納税地の所轄税務署長に提出（送信）して、利用者識別番号（ID）や暗証番号の取得、さらに、マ

イナンバーカードまたは税務署での本人確認などの事前準備が必要
です。

2 財産債務調書等の提出

(1) 居住形態等に関する確認書

　非永住者であった期間がある居住者は、確定申告書に、国籍、国内
に住所、居住を有していた期間などを記載した「**居住形態等に関する
確認書**」を添付しなければなりません。

(2) 財産債務調書

　次に掲げる人は、次の事項（12月31日現在）を記載した「**財産債務
調書**」を翌年の6月30日までに提出しなければなりません。

　イ　確定申告書を提出すべき人または提出することができる場合

　　所得金額の合計額（退職所得金額を除きます。）が、2,000万円を
　超え、かつ、①その年の12月31日において3億円以上の財産または
　②1億円以上の国外転出をする場合の譲渡所得等の特例の対象とな
　る有価証券等を有する人

　ロ　その他の場合

　　その年の12月31日において10億円以上の財産を有する人

・財産の種類

・財産の数量および価額

・債務の金額

（**コメント**）　次の(3)の「**国外財産調書**」に記載した財産については、財産
　債務調書に国外財産の価額の合計額のみ記載することで、その内容の
　記載を省略することができます。

(3)　国外財産調書

　　その年の12月31日において、国外に所在する財産（国外財産）の合計額が5,000万円を超える居住者は、国外財産の区分、種類、用途、所在地、数量、価額など（12月31日現在）を記載した「**国外財産調書**」を翌年6月30日までに提出しなければなりません。

③　確 定 申 告

1　確定申告をしなければならない人とは

(1)　一般の人の場合

その年の所得の合計額が所得控除の合計額を超える人は、確定申告をしなければなりません。

ただし、配当所得のある人で、配当控除額が所得金額に税率をかけて算出した税額よりも多いときには、確定申告はしなくてもよいことになっています。

つまり、確定申告が必要な人は、次の算式のいずれにも当てはまるときです。

なお、次の算式に該当する場合、控除しきれなかった外国税額控除額や源泉徴収税額、予定納税額があるときは、確定申告書の提出義務はありませんが、納めすぎた税金の還付を受けるための還付申告書を提出することができます（275ページ参照）。

① 　| 所得の合計額 | ＞ | 所得控除の合計額 |

② 　| 前記①を基とした算出税額 | ＞ | 配当控除額 |

> （コメント）　この場合の「所得の合計額」とは、利子、配当、不動産、事業、給与、譲渡、一時、雑、山林および退職の10種類の所得の合計額で、次のような所得は含まれません。以下同じです。

㋑　分離課税とされる利子所得

㋺　分離課税とされる配当所得

㋩　上場株式等の配当所得や、いわゆる少額配当所得など確定申告不要
　　を選択したもの（大口株主は選択できません。）

㊁　分離課税とされた退職所得

㋭　源泉徴収選択口座にかかる上場株式等の譲渡所得等

(2)　給与所得のある人の場合

　サラリーマンなど給与所得のある人は、給与から所得税が天引き（源泉徴収）されており、毎年12月の**年末調整**により税金が精算され納税が完了します。したがって、大部分のサラリーマンなどの人は確定申告をする必要がありません。

　しかし、次の人は確定申告をしなければなりません。

①　給与の収入金額が2,000万円を超える人

②　1か所から給与を受けている人で、給与所得や退職所得以外の所得の合計額が20万円を超える人

③　2か所以上から給与を受けている人で、主たる給与以外の従たる給与の収入金額と給与所得や退職所得以外の所得との合計額が20万円を超える人

　　ただし、2か所以上から受ける給与の全部について源泉徴収または年末調整を受けている場合は、給与の収入金額から、社会保険料控除、小規模企業共済等掛金控除、生命保険料控除、地震保険料控除、障害者控除、寡婦控除、ひとり親控除、勤労学生控除、配偶者控除、配偶者特別控除、扶養控除の額の合計額を差し引いた残りの金額が150万円以下で、しかも給与所得や退職所得以外の所得の合

計額が20万円以下の人は申告の必要はありません。

④　同族会社の役員やその親族等で、その法人から給与所得のほかに
貸付金の利子や地代家賃などの支払いを受けている人

⑤　災害によって住宅や家財に被害を受けたため、災害減免法により
給与の源泉徴収税額の徴収猶予や税金の還付を受けた人

⑥　源泉徴収がされないこととなっている給与の支払いを受ける次の
人で、所得の合計額が所得控除の合計額を超える人

　　イ　常時2人以下の家事使用人を使用している雇主から給与の支払
　　　いを受ける家事使用人

　　ロ　外国の在日公館に勤務する人や国外で給与の支払いを受ける人

(3)　退職所得のある人の場合

退職所得については、通常、確定申告をする必要はありません。しか
し、退職する日までに退職金の支払者に対して**退職所得の受給に関する
申告書**を提出しなかったために20％の税率で源泉徴収された所得税額が
正しく計算した所得税額よりも少ない人は、確定申告をしなければなり
ません。

(4)　公的年金等のある人の場合

公的年金等については、給与と異なり年末調整により税金が精算され
ないため、通常、確定申告により税金を精算しますが、公的年金等の収
入金額が400万円以下で、かつ、公的年金等以外の他の所得の金額が20
万円以下の場合は、確定申告をする必要はありません。

ただし、次の2に該当する人は還付申告をすることができます。

また、次の3に該当する人は損失申告書を提出することができます。

コメント　外国政府等から支払いを受ける公的年金等で、わが国の源泉徴収制度の対象とならない公的年金等については、公的年金等の収入金額が400万円以下であっても所得税の確定申告が必要です。

2　確定申告をすれば税金が還付される人とは

　給与、公的年金等、配当などから源泉徴収された税金や予定納税で納めた税金が、その年の合計所得金額について計算した税額よりも多いときは、確定申告をすることによって納め過ぎの税金が税務署から払い戻されます。

　この申告を**還付申告**といい、税金の払戻しを**還付**といいます。

　この還付を受けるための申告書（**還付申告書**）は、翌年の１月１日から提出できます。

　還付申告書を提出できる人は、次のような人です。

① 　給与所得や退職所得のある人で、雑損控除、医療費控除、寄附金控除、住宅借入金等特別控除などを受けることができる人

② 　給与所得以外に配当所得や原稿料収入などの所得がある人で、これらの所得の合計額がそんなに多くない人

③ 　給与所得者で、通勤費用などの特定支出の合計額が給与所得控除額の２分の１相当額を超える人

④ 　給与所得者で、年の中途で退職しその後就職しなかったため年末調整を受けていない人

⑤ 　公的年金等受給者で、生命保険料控除や地震保険料控除、雑損控除、医療費控除、寄附金控除などを受ける人

⑥ 　予定納税をした人で、廃業などにより所得が減るなど確定申告の必要がなくなった人

3　損失が生じたときの確定申告とは

　事業所得、不動産所得および山林所得に損失（赤字）の金額がある場合で、所得の総合のところで説明した方法で損益通算を行った結果、その年の所得が赤字となったとき（「**純損失**」といいます。）は、**損失申告書**を提出することになります。

　この損失の額は、白色申告の場合と青色申告の場合で違いはありますが、それぞれ次のとおり翌年以後3年間（**特定被災事業用資産**の純損失は5年間）にわたり繰り越して、各年の所得から控除することができます。

　これを**純損失の繰越控除**といいます。

（コメント）　特定被災事業用資産とは、特定非常災害の指定を受けた災害による次記(1)②の被災事業用資産をいいます。

(1)　白色申告をする人の場合

　純損失の金額のうち、次に掲げる損失があるときは、一定の要件の下で、繰越控除ができます。この損失以外の純損失は繰越控除できません。

①　変動所得の損失

　　変動所得とは、漁獲やのりの所得、原稿料や作曲の所得、著作権の使用料などの所得をいいます（224ページ参照）。

②　被災事業用資産の損失

　　被災事業用資産とは、棚卸資産や事業に使っている資産などが災害により損害を受けたものをいいます。

(2)　青色申告をする人の場合

　事業所得等について生じた純損失の金額は、すべてについて繰越控除

が認められます。

　要件としては、純損失が生じた年分に青色申告をしていればよく、その後の各年においては、毎年確定申告書を提出していれば青色申告でなくても繰越控除が認められます。

　また、純損失の生じた年の前年分についても青色申告をしている場合には、純損失の金額を前年に繰り戻して前年分の所得金額から控除することによって、前年分の所得税額の還付を請求することが認められます。

　これを**純損失の繰戻し還付請求**といいます。

⑶　その他の損失

　事業所得、不動産所得および山林所得以外の次の損失（赤字）については、翌年に損失を繰り越すための損失申告書を提出することができます。

　なお、この損失申告書は、白色申告、青色申告を問わず提出することができます。

① 　雑損失
② 　特定の居住用財産を買い換えた場合の譲渡損失、特定の居住用財産を譲渡した場合の譲渡損失
③ 　上場株式等にかかる譲渡損失
④ 　特定中小会社が発行した株式にかかる譲渡損失
⑤ 　先物取引の差金等決済にかかる損失

4　e-Tax（電子申告）による確定申告

　e-Tax（国税電子申告・納税システム）とは、インターネットで国税

に関する申告や納税、申請、届出などの手続きができる国税庁のシステムをいいます。

　e-Tax を利用して所得税の確定申告書の提出をする場合には、確定申告書に添付または提示すべき第三者作成の書類について、その記載されている事項または記載すべき事項を入力して、確定申告情報と併せて送信することによって、添付または提示を省略することができます。

　ただし、それらの書類は確定申告期限から5年間、その入力内容を確認するためにその書類の提出または提示を求められることがあります。

　もし、応じなかったときは、確定申告へその書類の提出または提示がなかったとしてその適用が認められないことになり、所得税の修正申告等が必要となることがあります。

（コメント）　e-Tax による確定申告は、パソコンの他スマートフォンでも行うことができます。

　　　　　　入力方法等については、国税庁ホームページをご参照ください。

（対象となる第三者作成書類）

① 　雑損控除の証明書

② 　医療費の領収証、セルフメディケーション税制の医薬品購入の領収証、一定の取組を明らかにする書類、医療保険者の医療費の額等を通知する書類（医療費のお知らせ）等

③ 　医療費にかかる証明書等（おむつ使用証明書など）

④ 　社会保険料控除の証明書

⑤ 　小規模企業共済等掛金控除の証明書

⑥ 　生命保険料控除の証明書

⑦ 　地震保険料控除の証明書

⑧ 　寄附金控除の証明書、特定寄附仲介事業者の発行する証明書

⑨　勤労学生控除の証明書

⑩　住宅借入金等特別控除にかかる借入金年末残高証明書（適用2年目以後のもの）

⑪　特定増改築等住宅借入金等特別控除にかかる借入金年末残高証明書（適用2年目以後のもの）

⑫　政党等寄附金特別控除の証明書

⑬　認定NPO法人等寄附金特別控除の証明書

⑭　公益社団法人等寄附金特別控除の証明書

⑮　特定震災指定寄附金特別控除の証明書

⑯　外国税額控除にかかる証明書

⑰　給与所得者の特定支出の控除の特例にかかる支出の証明書

5　住民票の写し等の添付省略

次の特例の適用を受ける際に添付することとされている住民票等の写しは、マイナンバーの記載により、添付を省略することができます。

①　居住用財産を譲渡した場合の長期譲渡所得の課税の特例

②　居住用財産の譲渡所得の特別控除

③　居住用財産の買換え・交換の場合の長期譲渡所得の課税の特例

④　住宅借入金等特別控除

⑤　居住用財産の買換え等の場合の譲渡損失の繰越控除等

⑥　特定居住用財産の譲渡損失の繰越控除等

⑦　既存住宅の耐震改修をした場合の特別控除

⑧　既存住宅に係る特定の改修工事をした場合の特別控除

⑨　認定住宅等の新築等をした場合の特別控除

④ 死亡した人、出国する人の 確定申告は

1 死亡した人の確定申告

確定申告をしなければならない人が、その年の中途で死亡したとき、または確定申告期限までに申告書を提出しないで死亡したときは、相続人がその死亡した人に代わって、その年の所得金額や所得税などを申告しなければなりません。

この場合の申告を**準確定申告**といいます。

準確定申告書の提出や納税の手続きは、次のようになっています。

(1) 相続人の全員が、その相続のあったことを知った日（一般的には死亡の日となります。）の翌日から4か月以内に申告と納税をしなければなりません。

たとえば、10月31日に死亡した人の申告と納税の期限は翌年の2月末日となります。また、12月31日に死亡した場合は翌年の4月30日となります。

(2) 準確定申告書の提出先と納税は、死亡した人の住所地の税務署長となっています。

したがって、死亡した人の住所が相続人の住所と遠く離れている場合でも、相続人の住所地の税務署長に提出することはできません。

(3) 死亡した人が確定申告をしなくてもよい人であっても、**還付申告書や損失申告書**を提出する人に該当する場合には、相続人がそれら

の申告書を提出することができます。

2　出国する人の確定申告

確定申告をしなければならない人が、年の中途で外国に移住などのために出国するときは、その出国の日までに、その年の1月1日から出国の日までの所得金額や所得税などについての確定申告書を提出し税金を納付しなければなりません。

また、前年分の所得税の確定申告をしなければならない人が、所得税の確定申告の期限である3月15日までに、外国に移住などのために出国するときは、その出国の日までに、所得税などについての確定申告書を提出し税金を納めなければなりません。

なお、出国する人が、確定申告をしないでもよい人であっても還付を受けるための申告書や損失申告書を提出することができます。

このような出国する人の申告も、**準確定申告**といいます。

（コメント）1　納税者に代わって申告書の提出や納税など所得税に関する事項を処理する人（これを**納税管理人**といいます。）を定めて税務署長に届け出た場合には、納税管理人が通常の申告期限までに申告をすればよいこととなっています。

2　海外赴任をする給与所得者が年の中途で出国する場合には、年末調整により所得税の精算が行われますので、通常は、準確定申告の必要はありません。

⑤　納税の方法は

1　税金納付のあらまし

　所得税は、納税者本人が所得金額と所得税額を計算し、確定申告をして、その税金を納期限までに納める（申告納税制度といいます。）ことになっています。

　確定申告の**申告期限**と**納期限**は原則として**3月15日**です。納税は最寄りの金融機関、郵便局または税務署等で行います。

（コメント）　所得税の納付は、税務署以外でも、税額を記入した納付書により、日本銀行や国税の収納を行う代理店、つまり、銀行や信用金庫、農協などの金融機関で納付のほか、次によることができます。

①　振替納税

　あらかじめ申請しておくことにより預貯金口座から口座引落しにより納付することができます。

②　コンビニ納付

　税務署で発行されるバーコード付納付書または自宅で国税庁ホームページからQRコードを出力すると、全国のコンビニエンス・ストアで納付することができます（30万円以下に限ります。）。

③　インターネットバンキング

　e-Tax（国税電子申告・納税システム）を利用してATM、インターネットバンキング、モバイルバンキングにより納税することができます。初めてe-Taxを利用する場合は、開始届出書の提出（送信）などの事前準備が必要です。

④ ダイレクト納付

インターネットバンキング契約をしていない人でも事前に税務署に届出をしておけば、e-Tax を利用して所得税や消費税の電子申告や源泉所得税の徴収高計算書データを送信後に簡単な操作で届出をした預貯金口座から振替により、即時または指定した期日に納付することができます。

⑤ クレジットカード納付

納税額が1,000万円未満で、かつ、利用するクレジットカードの決済可能額以下の場合、インターネットを利用してクレジットカードにより納付することができます（決済手数料が必要です。）。

⑥ スマホアプリ納付

スマートフォン専用の web サイト（国税スマートフォン決済専用サイト）から、利用可能な Pay 払いを選択して納付することができます。

納税が遅れると、法定納期限の翌日から延滞税（296ページ参照）がかかる場合があります。

納税をしないまま放っておくと、場合によっては差押えなどの滞納処分を受けることになります。

ところで、1年分の税金を一度に支払うのは、納税者にとって負担がかかること、国としても税収の平準化が図れることから、

予定納税制度

源泉徴収制度（301ページ第7章参照）

延納の制度（分割払い）

が設けられています。

2 予定納税とは

予定納税とは、所得税および復興特別所得税の確定申告を行って納税するその前の段階において、その年分の所得税および復興特別所得税額

をあらかじめ見積もり、その３分の１ずつを７月（第１期分）と11月（第２期分）の２回に予め納めることです。

　予定納税額は、前年分の確定申告の所得税および復興特別所得税額を基準として、税務署で予定納税基準額を計算し、その金額が15万円以上である場合には納税者に通知することになっています。

　なお、予定納税額の通知を受けた人が、事業を廃業、休業、災害などにより、通知を受けた予定納税基準額よりも、自分で計算した税金の見積額が少なくなると見込まれるときは、税務署長に対し予定納税額の減額承認申請書を提出（第１期分は、６月30日の現況による見込額を７月15日までに、第２期分は、10月31日の現況による見込額を11月15日までに記載して提出）して減額を求めることができます。

（コメント）　令和６年分については、定額減税（262ページ参照）が実施されますが、事業所得者、不動産所得者等については次により控除されます。

① 　第１期分予定納税額（７月）から本人分にかかる特別控除の額に相当する金額が控除されます。

② 　第１期分予定納税額から控除をしてもなお控除しきれない部分の金額は、第２期分予定納税額（11月）から控除されます。

③ 　予定納税額の減額の承認の申請により、第１期分予定納税額および第２期分予定納税額について、同一生計配偶者等にかかる特別控除の額に相当する金額の控除の適用を受けることができます。

④ 　前記③の措置に伴い、令和６年分の所得税にかかる第１期分予定納税額の納期が令和６年７月１日から９月30日までの期間（本則：同年７月１日から同月31日までの期間）とされ予定納税額の減額承認申請の期限が同年７月31日（本則：同月15日）とされます。

⑤ 　令和６年中に入手可能な課税情報をもとに、定額減税額が控除しきれないと見込まれる人には、一定の給付金が支給されます。

3　延納の制度（分割払い）とは

　確定申告による第3期分の税額を、納期限の3月15日までに一時に納付することができない人は、第3期分の税額の2分の1以上を3月15日（口座振替納税の場合は振替日）までに納付すれば、残りの額については、その年5月31日まで延納することができます。

　これを**延納制度**つまり分割払制度といいます。

　この延納制度を利用するときは、確定申告書の「延納の届出」欄に必要事項を記載する必要があります。

　また、所得税を延納する場合、延納期間に応じて利子税特例基準割合[※]で計算した利子税を納めることになっています。

　なお、第3期分について「延納の届出」をせずに納税しない場合には、納期限までに納付しなかった税額に対して延滞税がかかります。

　※　利子税特例基準割合は、毎年財務大臣より告示されます。

　コメント　利子税および延滞税の割合については、296ページを参照。

⑥　期限後申告とは

　確定申告をしなければならない人が、申告期限の3月15日までに申告をしなかったときはこれを**無申告**といいますが、申告期限後でも確定申告をすることができます。

　これを**期限後申告**といいます。

　期限後申告は、税務署長から所得金額や税額の**決定**があるまではいつでもできます。

　期限後申告書を提出したときや税務署長から決定の通知を受けたときは、本来納める税額（本税といいます。）のほかに、

　無申告加算税（292ページ参照）が課されます。

　つまり、期限内に申告した人と差をつけるためのペナルティーです。

　なお、税務署の調査があるまでに自発的に期限後申告をしたときは、無申告加算税が軽減されます。

　期限後申告の納税は、期限後申告書を提出した日が納期限です。

（コメント）　その期限後申告書が法定申告期限から1か月以内に提出され、かつ、その申告書により納付すべき税額の全額が法定納期限までに納付されているなど一定の場合には、無申告加算税は課されません。

⑦　確定申告が誤っていたときの訂正方法は

　確定申告をした後で、その申告が間違っていたことに気づいたとき
は、その申告の誤りを訂正することが必要です。

　この場合の訂正方法として

**　修正申告と更正の請求**

という２つの方法があります。

1　修正申告とは

　確定申告をした後で、その申告書に記入した所得金額、所得控除額、
税額控除額などに誤りがあり、

**　納める税金が増える場合**

**　還付金額が多過ぎた場合**

**　純損失等の金額が多過ぎた場合**

には、訂正のための申告をすることができます。

　これを**修正申告**といいます。

　修正申告は、間違った申告について税務署長から**更正**があるまでは、
いつでもできます。また、何度でもできます。

　税務署から調査があって、その結果申告に誤りが発見され修正申告を
したときは、

**　過少申告加算税**（292ページ参照）が課されます。

　しかし、自分で間違いを発見し自発的に修正申告をしたときは、過少
申告加算税は課されません。

　なお、修正申告による増えた部分の税金は、修正申告書の提出と同時に納めることになっています。

　ただし、修正申告書を提出する前であっても、その納付すべき税額の見込み金額を、あらかじめ納付（「予納」といいます。）することができます。

2　更正の請求とは

　確定申告をした後で、その申告書に記入した所得金額、所得控除額、税額控除額などに誤りがあり、

　納めた税金が多過ぎた場合

　還付金額が少なかった場合

　純損失等の金額が少なかった場合

には、税務署長に対して正しい金額に直すための請求をすることができます。

　これを**更正の請求**といいます。

　更正の請求は、原則として法定申告期限から5年以内にすることができます。

　更正の請求をする理由が、①所得が過大であること、②その理由の基礎となる事実が一定期間の取引に関するものであるときは、更正の請求書には、更正の請求の理由の基礎となる事実を証明する書類を添付しなければなりません。

　また、前記以外の場合でもその事実を証明する書類があるときは、その書類を添付しなければなりません。

　税務署は、更正の請求に基づいてその内容を調査します。

　その請求が正しいと認められたときは、納め過ぎとなっている税金が

還付されます。

（コメント）　更正の請求は、原則として法定申告期限から５年以内に限りすることができますが、次のような事実があるときは、その事実が確定した日の翌日から起算して２か月以内に更正の請求ができます。

①　その所得金額や税額等の計算の基礎となった事実に関する訴えについての判決により、その事実が計算の基礎としたところと異なることが確定したこと

②　所得などの帰属が変わる更正や決定があったこと

③　法定申告期限後に生じた①および②に類するやむを得ない理由があること

④　租税条約に基づく協議により、所得金額や税額等に関し、申告等の内容と異なる内容の合意が行われたこと

⑤　確定申告等に係る所得金額や税額等の計算の基礎となった事実に係る国税庁長官の法令の解釈が変更され、その解釈が公表されたことにより、その所得金額や税額等が異なることとなる取扱いを受けることとなったことを知ったこと

8　更正・決定とは

1　更正とは

　税務署長は、申告書に書かれている所得金額や税額について、その計算に誤りがあるとき、または、調査したところと異なるときは、正しい所得金額や税額に直すことができます。

　これを**更正**といいます。

2　決定とは

　税務署長は、確定申告をしなければならない人が申告をしていないときは所得金額と税額を決めることができます。

　これを**決定**といいます。

3　更正・決定ができる期間とは

　更正・決定のできる期限は、原則として法定申告期限から5年間です。

　ただし、偽りや不正により所得税を免れていたときの更正または決定は、法定申告期限から7年間できることとされています。

　なお、更正・決定は、納税者本人に更正または決定通知書を送達して行われます。

コメント 1　税務調査等における手続き

　　税務調査等において法律で定められた手続きは、次のとおりです。

(1)　実地調査において、納税者に質問検査等を行うときは、原則として、あらかじめその旨および調査を開始する日時等が通知されます。

(2)　税務調査において提出された物件は、税務当局に留め置くことができます。

(3)　税務調査の結果、更正・決定等をすべきと認めるときは、納税者に調査結果の内容が説明され、また更正・決定等がされないときはその旨が通知されます。

2　証拠書類を提示せずに簿外経費を主張する場合

　事実の隠蔽・仮装に基づいた確定申告をした場合または無申告の場合において、税務調査によりこれらの事実が明らかになったときは、確定申告における所得金額の計算の基礎とされなかった間接経費の額（原価の額（資産の販売・譲渡に直接要するものを除きます。）、費用の額および損失の額）は、次の場合を除き、必要経費に算入されません。

　①　間接経費の額が生じたことを明らかにする帳簿書類等を保存する場合（災害等により保存することができなかったことを納税者が証明した場合を含みます。）

　②　帳簿書類等により取引の相手先が明らかである取引が行われたことが推測される場合であって、反面調査により税務署長がその取引が行われたと認める場合

⑨　加算税・延滞税とは

1　過少申告加算税とは

　修正申告書の提出や更正があったときは、その修正申告や更正により納付することとなった税額（増加する税額）に10％の割合をかけて計算した税額が課されます。

　これを**過少申告加算税**といいます。

　この場合、災害、交通途絶等正当な理由があるときや更正を予知してされた修正申告でないときは、原則として、課税されません。

　また、増加する税額が、期限内申告税額と50万円とのいずれか多い金額を超える部分の金額については、10％が15％とされます。

2　無申告加算税とは

　次のような場合には、納付することになった税額に15％の割合をかけて計算した税額が課されます。

　これを**無申告加算税**といいます。

① 　期限後申告書の提出または決定があった場合

② 　期限後申告書の提出または決定があった後に修正申告書の提出または更正があった場合

　この場合、災害、交通途絶等正当な理由があるときは課されませんし、更正や決定があることを予知してされた期限後申告や修正申告でないときは、原則として、5％に軽減されます。

　なお、納付すべき税額が50万円を超える部分の金額については、15％が20％とされます。

　また、納付すべき税額が300万円を超える部分の金額については、20％が30％とされます。

　さらに、前年分および前々年分の所得税について無申告で無申告加算税を課される人または過去5年以内に無申告加算税が課された人が、その後の年分の申告が無申告であったときには、前記の無申告加算税は15％が25％に、20％が30％に加重されます。

（コメント）　期限後申告書が法定申告期限から1か月以内に提出され、か
　　つ、その申告により納付すべき税額の全額が法定納期限までに納付され
　　ているなど一定の場合には無申告加算税は課されません。

3　重加算税とは

　所得金額や税額の申告において、隠ぺいや仮装したところに基づいて申告し、修正申告や更正があったときは、過少申告加算税10％に代えて35％の割合をかけて計算した税額が課されます。

　なお、隠ぺいや仮装したところに基づいて期限後申告や決定があったときは、無申告加算税15％に代えて40％の割合をかけて計算した税額が課されます。

　また、前年分および前々年分の所得税について無申告で重加算税が課される人または過去5年以内に重加算税が課された人が、その後の年分の申告が無申告であったときには、前記の重加算税は40％が50％に加重されます。

　これらを**重加算税**といいます。

（コメント）1　調査の事前通知後に提出された修正申告書等に対する加算税

の加重措置等

　法定申告期限が到来した国税の加算税については、次のとおり加算税率が加算されます。

　　①　調査の事前通知後、更正を予知する前にされた修正申告に基づく過少申告加算税

　　　　０％→５％（期限内申告税額と50万円のいずれか多い額を超える部分は10％）

　　②　調査の事前通知後、決定等を予知する前にされた期限後申告または修正申告に基づく無申告加算税

　　　　５％→10％（納付すべき税額が50万円を超える部分は15％）

　　③　５年以内に無申告加算税（更正を予知するものに限ります。）または重加算税を課された人が、再度、無申告加算税または重加算税を課された場合における加算税

　　　　（無申告加算税）

　　　　　15％・20％→25％・30％

　　　　（重加算税）

　　　　　35％・40％→45％・50％

　　　※　過少申告加算税は、この③の対象とされていません。

　2　記帳義務不履行者等に対する加算税の加重措置

　　税務調査において、帳簿（対象範囲：一定の売上に係る帳簿）の提出の求めがあった場合、次のいずれかに該当するときは、通常課される過少申告加算税・無申告加算税の割合に10％（②は５％）が加重されます。

　　①　不記帳・不保存であった場合（提出をしなかった場合）

　　②　提出された帳簿について、収入金額の記載が不十分である場合（記載が著しく不十分である場合は①と同じ）

　　※1　納税者の責めに帰すべき事由がない場合（災害等の場合）はこの措置は適用されません。

　　　2　この制度は、令和６年１月１日以後に決定申告期限が到来す

る所得税について適用されます。

3　令和6年分以後は、隠ぺいや仮装したところに基づいて「更
正の請求書」を提出した場合も、重加算税の対象となります。

《加算税制度の概要》

区　分	過少申告加算税	無申告加算税	重加算税	
			過少申告	無申告
調査の事前通知前	0%	5%	—	—
調査の事前通知後更正等の予知前	5%	10%	—	—
期限内申告分又は50万円から300万円の部分	10%	15%	—	—
300万円を超える部分※	10%	25%	—	—
調査による更正等の予知後	10%	15%	—	—
期限内申告分又は50万円から300万円の部分	15%	20%	—	—
300万円を超える部分※	15%	30%	—	—
仮装又は隠ぺいがあった場合	—	—	35%	40%

(注)　次の要件に該当する場合は、加算税の割合がさらに軽減または加算され
ます。
　①　国外財産調書・財産債務調書の提出あり→5%軽減、提出なし→5%
加算、税務調査時の国外財産の関連資料の不提出→さらに5%加算
　②　優良な電子帳簿→過少申告加算税5%軽減（重加算税には適用な
し）
　③　帳簿の不提出等があった場合には過少申告加算税または無申告加算
税を5%または10%加算※
　④　前年分および前々年分に無申告加算税または無申告重加算税を課さ
れる場合、または過去5年内に無申告加算税または重加算税が課され
た場合や無申告行為の繰返しには10%加算※
　⑤　電磁的記録に記録された事項に関し仮装隠ぺいがあった場合には、
重加算税を10%加算
　　※　令和6年1月1日以後に法定申告期限が到来する国税（所得税の
場合は、通常令和5年分以後）について適用されます。

4 延滞税とは

　確定申告や修正申告、更正または決定により税金を納付しなければならない人が、法定納期限までに完納していないときは、前記1〜3の加算税のほかに、法定納期限の翌日から完納の日までの日数に応じ、一定の率をかけて計算した税額が課されます。

　これを**延滞税**といいます。

　利子税および延滞税の割合は次のとおりとなっています。

《利子税および延滞税の割合》

期　　間	利子税	延　滞　税	
		納期限の翌日から2か月間	左記の翌日以後
平成24〜25年	4.3%	4.3%	14.6%
平成26年	1.9%	2.9%	9.2%
平成27〜28年	1.8%	2.8%	9.1%
平成29年	1.7%	2.7%	9.0%
平成30〜令和2年	1.6%	2.6%	8.9%
令和3年	1.0%	2.5%	8.8%
令和4〜6年	0.9%	2.4%	8.7%

（コメント）1　延滞税率は、毎年の特例基準割合により変動します。
　　　　　　2　利子税については285ページ3参照。

〈参考〉　換価の猶予制度

　滞納している国税を一時に納付することにより、事業の継続または生活の維持を困難にするおそれがあると認められる場合で、次の要件に該当する場合には、原則として1年以内の期間に限り、換価の猶予が認められる場合が

あります。

　なお、換価の猶予が認められた場合には延滞税の全部または一部が免除されます。

・納税について誠実な意思を有すると認められること

・換価の猶予を受けようとする国税以外の国税の滞納があること

・納付すべき国税の納期限から6か月以内に申請書が提出されていること

・原則として担保の提供があること

　（コメント）　災害などにより、相当の損失を受けた場合には、別途納税の猶予制度が設けられています。

第 **7** 章

所得税の天引き（源泉徴収）制度とは

① 源泉徴収の対象となるものは

　所得税は、確定申告により納付するのが原則ですが、

　　利子、配当、給与、退職金、公的年金等、報酬など**特定の所得**につ
いては、

　　支払いの際に、

　　支払者が税金を計算し、

　　支払金額からその**税金を差し引いて、納付**する

こととされています。これを**源泉徴収**といいます。

　源泉徴収の対象となる主な所得と税率は、次のとおりです。

　コメント　平成25年1月1日以後、**復興特別所得税**（2.1％）が課されて
　　います。したがって、所得税率20％は20.42％、15％は15.315％、10％
　　は10.21％、5％は5.105％の税率となります（以下、この章において
　　同じです。）。

1　利子所得

非課税となるものを除き ⇨ 20％（所得税15％、住民税5％）

　利子所得は、原則として源泉徴収で税金が精算されますので、確定申
告は不要です。

　コメント　特定公社債および公募公社債等の受益権にかかる利子所得に
　　ついては、源泉徴収のうえ申告分離課税を選択することができます。

2 配 当 所 得

① 一般の配当所得 ⇨ 20％（所得税）

② 上場株式等の配当所得 ⇨ 20％（所得税15％、住民税5％）

③ 私募公社債等運用投資信託等の収益の分配金 ⇨ 20％（所得税15％、住民税5％）（源泉徴収で税金が精算されますので、確定申告は不要です。）

※ 前記②の配当所得については、発行済株式総数の3％以上を所有している大口株主等に対しては適用がなく、①が適用されます。

（コメント） 確定申告をしなくてもよい配当所得については93ページ参照。

3 給 与 所 得

　給与所得については、その年の最初の給与の支払いをする日までに、従業員など給与の受給者に**給与所得者の扶養控除等申告書**の提出を求め、**給与所得の源泉徴収税額表**に給与の額と同申告書に記載されている扶養親族等の数を当てはめて税額を計算します。

　賞与については、**賞与に対する源泉徴収税額の算出率の表**に当てはめて税額を計算します。

（コメント）1 源泉徴収義務者（青色申告者を除きます。）が、給与等の支払いにかかる所得税を納付していなかった場合、税務署長は、給与等の受給者の労務に従事した期間、労務の性質、その他の事項を基にして、給与等の支払日を推定し、給与等の受給者ごとの支払金額を推計等して、所得税を徴収（推計課税）することができるとされています。

　　また、給与等のほか、退職手当等および報酬・料金等についても推計等により所得税を徴収することができるとされています。

　この推計課税は、令和３年１月１日以後に支払われる給与等につい
て適用されます。
２　定額減税（令和６年分のみ実施）については、262ページ参照。

4　退　職　所　得

　退職金には、所得税と住民税がかかります。通常の場合、退職金の支
払いを受けるときに、**退職所得の受給に関する申告書**を会社などに提出
し、これによって所得税と住民税が源泉徴収され納税が完了します。し
たがって、所得控除の控除不足額を退職所得から控除するなど一部の例
外を除いて確定申告をする必要はありません。

（**コメント**）　退職手当の支払いを受けるときに、「退職所得の受給に関する申
　　告書」を提出する必要がありますが、これを提出しないとその収入金額
　　に対し20％の割合で、所得税と復興特別所得税が源泉徴収されます。
　　なお、これを精算するためには、確定申告が必要です。

　一般の人の退職所得に対する源泉徴収税額は、退職手当等の額から勤
続年数に応じた退職所得控除額を差し引いた金額に２分の１を乗じて求
めた金額を所得税額速算表に当てはめて計算します（113ページ参照）。

――〖計算例〗――――――――――――――――――――――

　Tさんは、30年間勤務していた福岡工業㈱を退職し、退職金2,500万円の支給を受けました。

　　　（退職金）　　　　　　　　（退職所得控除額）

　〔25,000,000円 － {8,000,000円＋700,000円×（30年－20年)}〕× $\frac{1}{2}$

　　　（課税退職所得の金額）

　　　5,000,000円

　　　所得税額………所得税額の速算表により税額表の5,000,000円の欄を見て所得税額を計算します。

　　　　　　　　　　　（所得税額の速算表）

　　　　　　5,000,000円×20％－427,500円＝572,500円…Ⓐ

　　　復興特別所得税……所得税額Ⓐ×2.1％

　　　　　　　　572,500円×2.1％＝12,022円

　　　　　　（このほかに住民税500,000円）

―――――――――――――――――――――――――――――

5　公的年金等

公的年金等に対する源泉徴収税額は、次により計算します。

――【算　式】――――――――――――――――――――――

　　（公的年金等の支給金額－控除額）×5.105％＝源泉徴収税額

※　控除額＝$\left(\begin{array}{c}基礎的\\控除額\end{array}+\begin{array}{c}公的年金等から控除\\された社会保険料の額\end{array}+人的控除額\right)$×月数

―――――――――――――――――――――――――――――

　厚生年金保険法等の法律に基づく公的年金と恩給については、その金額が年間108万円未満（65歳以上の人は、年間158万円未満）のときは、源泉徴収されません。

　コメント　定額減税（令和6年分のみ実施）については、262ページ参照。

6　報酬・料金等

　次に掲げる区分により、報酬料金等の支払者が所得税の源泉徴収をして翌月の10日までに納付することになっています。

区　　分	源泉徴収税額
○原稿、作曲などの報酬、著作権の使用料、講演料など ○弁護士、公認会計士、税理士などの業務に関する報酬または料金 ○職業野球の選手などの業務に関する報酬または料金 ○映画など芸能人の役務の提供に関する報酬または料金 ○役務の提供を約することにより取得する契約金で一定のもの	支払額×10%（同一人に対し一回に支払われる金額が100万円を超える場合には、その超える部分の金額については20%）
○司法書士などの業務に関する報酬または料金 ○外交員等の業務に関する報酬または料金 ○社会保険診療報酬 ○ホステスなどの業務に関する報酬または料金 ○広告宣伝のための賞金	（支払額－一定の控除額）×10%

7　源泉徴収関係書類の保管・提出

　給与等の支払者等は、給与所得者等が提出した**扶養控除等申告書等**をその提出期限の属する年の翌年1月10日の翌日から7年間保管しなければなりません。また、税務署長がその申告書等の提出を求めたときは、給与等の支払者等はその申告書等を税務署長に提出しなければなりません。

　この「扶養控除等申告書等」とは、次の申告書等をいいます。

　①　給与所得者の扶養控除等（異動）申告書

② 従たる給与についての扶養控除等（異動）申告書

③ 給与所得者の基礎控除申告書

④ 給与所得者の配偶者控除等申告書

⑤ 所得金額調整控除申告書

⑥ 給与所得者の保険料控除申告書

⑦ 退職所得の受給に関する申告書

⑧ 公的年金等の受給者の扶養親族等申告書

⑨ 給与所得者の住宅借入金等特別控除申告書

　※　③～⑤の申告書は、通常1枚の用紙で申告します。

なお、この扶養控除等申告書等は、源泉徴収義務者が保管します。

8　源泉徴収税額の納付

　給与等の支払者が徴収した源泉徴収税額は、原則として源泉徴収をした日の**翌月10日**までに納付しなければなりません。

　ただし、給与の支給人員（青色事業専従者を含みます。）が常時10人未満である場合には、

　・1月～6月分を　　7月10日に

　・7月～12月分を　　翌年1月20日に

納付する特例があります。

　この特例の対象となるものは、

　・給与

　・退職金

　・報酬・料金のうち、弁護士、司法書士、税理士、公認会計士、社会保険労務士、建築士などへの特定の報酬・料金

のみです。

なお、この特例の適用を受けるためには、「**源泉所得税の納期の特例
の承認に関する申請書**」を税務署長に提出し、承認を受けなければなり
ません。

9　特定口座内保管上場株式等の譲渡所得等

源泉徴収選択口座を通じて行われた特定口座内保管上場株式等の譲渡
等による所得については、その譲渡対価等の支払いをする金融商品取引
業者により、20.315％（所得税15.315％、住民税５％）が源泉徴収され
ます。

コメント　1　「特定口座内保管上場株式等」とは、金融商品取引業者等に
　　　　　　開設された特定口座内に保管の委託がされている上場株式等をいいま
　　　　　　す（143ページ参照）。
　　　　2　源泉徴収選択口座の特定口座内保管上場株式等の譲渡所得等につい
　　　　　　ては、確定申告をしなくてもよいこととされています。

10　生命保険契約等に基づく年金等

次の金融商品や金融類似商品については、他の所得に対する制度上の
バランスを図るなどの観点から源泉徴収制度の対象とされています。
　○生命保険契約等に基づく年金
　○定期積金の給付補てん金
　○匿名組合契約等に基づく利益の分配
　○懸賞金付預貯金等の懸賞金
　○割引債の償還差益

② 給与の年末調整とは

　毎月支給される給与や賞与については、支払いの際に所得税が源泉徴収（いわゆる天引き）されます。

　しかし、この源泉徴収税額の1年間の合計額は、

①　結婚などにより控除対象扶養親族の数が増加したり

②　生命保険料控除や配偶者特別控除などの控除を受けるために

1年間の給与総額に対する所得税額とは、必ずしも一致しません。

　このため、その年の最後の給与の支払いを受けるときに、過不足額の精算をし、不足額があれば最後の給与の支給額から徴収し、徴収し過ぎがあれば最後の支給額から徴収すべき税額に充当します。

　これを**年末調整**といいます。

　ただし、次の人は、年末調整はできません。

①　年間の給与収入が2,000万円を超える人

②　「給与所得者の扶養控除等申告書」を提出していない人

③　災害により被害を受けて、給与所得に対する所得税の源泉徴収税額の徴収猶予または還付を受けた人

④　中途退職した後再就職をしなかった人（死亡退職等で再就職ができない人は除きます。）

⑤　日本に住所や1年以上居所のない人

　コメント　1　給与所得者の大部分の人は、年末調整によって1年間の所得税の納税は完了し、確定申告の必要はありませんが、次のような人は、確定申告をしなければなりません。

　①　給与収入が年間2,000万円を超える人

　②　給与所得や退職所得以外の所得金額（収入金額から必要経費を控除した後の金額）の合計額が20万円を超える人

　③　給与を2か所以上からもらっている人

2　確定申告の義務のない人でも、次のような場合は、確定申告をすると源泉徴収された所得税が還付されることがあります。

　①　多額の医療費を支払った場合

　②　災害や盗難にあった場合

　③　ふるさと納税などの寄附をした場合

　④　借入金で一定の住宅を取得した場合

　⑤　退職して再就職していない場合

3　「給与所得の源泉徴収票」は、364ページ参照。

第 8 章

青色申告と
白色申告の
記帳制度

① 青色申告制度とは

　サラリーマンなど給与所得者の所得税は、通常、給料から天引き（源泉徴収）され、納税が完了しますが、商業、工業、農業などの事業所得者やアパート経営などの不動産所得者、山林所得者などは、自らが、所得金額と税額を計算して申告する

　　申告納税制度

がとられています。

　ところで、事業所得、不動産所得および山林所得の**所得金額**は、

　　総収入金額－必要経費

で計算しますが、

　1年間に生じた所得を正しく計算して申告するためには、収入金額や必要経費に関する日々の取引を記帳し、また、取引に伴い作成したり、受け取った領収証や請求書、納品書などの資料を保存しておくことが必要です。

　そこで、事業所得、不動産所得、山林所得のある人が**青色申告承認申請書**を税務署長に提出して承認を受け、一定の要件を備えた帳簿を備え付け、記録し、それらの帳簿や関係書類を保存している場合には、青色による確定申告書を提出することができることになっており、約50項目の特典が受けられます。

　この制度を

　　青色申告制度

といいます。

1 青色申告のできる人

　青色申告をすることができるのは、**事業所得、不動産所得**または**山林所得**のある人です。

　青色申告をしようとする人は、その年の3月15日までに**青色申告承認申請書**を税務署長に提出し、承認を受けます。

　この場合、青色申告の承認を受けた人はその申告すべてが青色申告となりますので、たとえば事業所得と不動産所得のある人は事業所得だけを青色申告とすることはできません。すべての所得について青色申告が必要です。

　なお、新たに開業した人が青色申告をしようとするときは、開業の日から2か月以内に申請書を提出しなければなりません。

2 青色申告者が備える帳簿とは

　青色申告者は、原則として、**正規の簿記**（一般的には**複式簿記**）により帳簿を備えて日々の取引を正確に記帳しなければなりませんが、次のような**簡易帳簿**で記帳してもよいこととされています。

① 現金出納帳
② 経費帳
③ 売掛帳
④ 買掛帳
⑤ 固定資産台帳

　なお、前々年分の事業所得の金額と不動産所得の金額の合計額（青色事業専従者給与額を差し引く前の金額）が300万円以下の小規模事業者の場合は、税務署長に届け出て収入金額や必要経費を現実に入金した金

額や支払った金額（いわゆる**現金主義**）により計算する簡易な帳簿で記帳することができます。

　また、最初の記帳段階から一貫して電子計算機を使用して作成する帳簿書類については、一定の要件の下で、その電磁的記録の備付けおよび保存をすることでその帳簿の備付けおよび保存（いわゆる**電子帳簿保存**）に代えることができます。書類についても、その電磁的記録を保存（いわゆる**スキャナ保存**）することでその書類の保存に代えることができます。

3　帳簿の保存期間は何年か

青色申告にかかる帳簿書類の保存期間は、次のとおりです。

① 　帳簿 ⇨ 7年
② 　棚卸表、貸借対照表、損益計算書ならびに決算関係書類
　⇨ 7年
③ 　現金預金取引等関係書類 ⇨ 7年、ただし前々年分所得が300万円以下の人は、5年
④ 　その他の書類 ⇨ 5年

4　青色申告者の特典とは

　青色申告の最大の特典は、家族従業員の給与が必要経費に算入できることですが、その他にも約50項目の特典があります。主なものは次のとおりです。

(1) 所得計算上の特典

① 青色事業専従者給与の必要経費算入

　青色申告者と生計を一にする親族（15歳未満の人を除きます。）で、専ら青色申告者の事業に従事するものに対する給与は、あらかじめ**青色事業専従者給与に関する届出書**を税務署長に提出しておけば、専従者の労務の対価として適正な金額であれば支払った給与の全額を必要経費に算入できます。

② 青色申告特別控除

　青色申告者は、次に掲げる区分によりそれぞれ特別控除額の必要経費算入が認められています。

　(イ)　正規の簿記の原則に従って記帳している人で、貸借対照表および損益計算書を期限内提出の確定申告書に添付しているとき

　　　⇨ **55万円の控除**

　(ロ)　(イ)の対象者のうち、次の①または②の要件を満たすもの

　　　⇨ **65万円の控除**

　　　①　仕訳帳、総勘定元帳の電子帳簿保存

　　　②　確定申告書、貸借対照表、損益計算書等の e-Tax による提出

　(ハ)　(イ)および(ロ)以外の青色申告者 ⇨ **10万円の控除**

③ 貸倒引当金、退職給付引当金など各種引当金、準備金の必要経費算入

④ 棚卸資産の評価についての低価法の採用

⑤ 各種減価償却資産の特別償却、割増償却

⑥ 減価償却資産の耐用年数の短縮

⑦ 中小事業者の少額減価償却資産（30万円未満の資産）の必要経費算入

　（コメント）　その年に取得等をした30万円未満の減価償却資産の取得価

額の合計額が300万円を超える場合には、その超える部分にかかる
減価償却資産は対象になりません。

⑧　**各種税額控除の特例**（234ページの⑫～⑳参照。）

(2)　純損失の取扱いの特例

①　純損失の繰越し

　青色申告をしている年に純損失が生じたときは、翌年以後３年間
（特定非常災害の指定を受けた災害による場合は５年間）に繰り越
して控除できます。

②　純損失の繰戻し還付

　青色申告をしている年に純損失が生じたときは、前年分において
も青色申告をしているのであれば、**純損失の繰戻し還付の請求**をす
ることにより前年分の所得税額の還付を受けることができます。

(3)　更正の特例

　税務署長は、青色申告者に対して更正をするときは、帳簿書類を調査
しなければなりません。

5　青色申告の取りやめと取消し

(1)　青色申告の取りやめ

　青色申告の承認を受けている人が、青色申告を取りやめようとすると
きは、取りやめようとする年の翌年３月15日までに、取りやめの届出書
を税務署長に提出することになっています。

　この届出書を提出期限までに提出していれば、その年分から自動的に

白色申告となります。

⑵ 青色申告の承認の取消し

　青色申告者に次に掲げる取消事由のいずれかに該当する事実があるときは、その事実のあった年にさかのぼって青色申告の承認が取り消されます。

　取消しがあると、その取り消された年分以後の青色申告は、白色申告とみなされて青色申告の特典のすべてが適用できなくなります。

① 　帳簿書類の備付け、記録または保存が法令の規定に従って行われていなかった場合

② 　帳簿書類について税務署長が行った必要な指示に従っていない場合

③ 　帳簿書類に取引について隠ぺいまたは仮装しているなど、その記載事項の全体についてその真実性を疑うに足りる相当の理由がある場合

② 白色申告者の記帳は

　所得金額を正しく計算するためには、収入金額や必要経費に関する日々の取引状況を記帳し、また、取引に伴い作成したり受け取った書類を保存しておくことが大切です。

　このため、白色申告者も、青色申告者と同じように、不動産所得、事業所得または山林所得を生ずべき業務を営む個人は、一定の帳簿を備え付け、売上げなどの総収入金額および仕入れなどの必要経費について記帳し、取引関係書類を一定期間保存することとされています。

　なお、事業所得等のある人で確定申告書を提出する人は、収支内訳書を添付しなければなりません。

　また、所得金額が赤字で所得税額がないなど確定申告をしなくてもよい人でも、事業所得等の総収入金額の合計額が、3,000万円を超える場合には、総収入金額報告書を提出しなければなりません。

③ 雑所得を生ずべき業務の記帳は

　原稿料、講演料、シェアリングエコノミーなど雑所得を生ずべき業務にかかる所得がある人で、前々年分の業務にかかる総収入金額が300万円を超える人は、一定の帳簿を備え付けて記帳し、取引関係書類を5年間保存することとされています。

※　令和4年分以後の所得税について適用されています。

〈参考〉　　　　　　　　　〈帳簿書類の保存期間〉

区　　　　　分	白色申告書	青色申告者	雑所得を生ずべき 業務を行う者
帳　　　　　簿	7年	7年	—
決算関係書類	5年	7年 （前々年分所得 300万円以下 の者は、5年）	—
現金預金取引等 関　係　書　類			5年
そ の 他 の 書 類		5年	—

〈保存が必要なもの〉

帳簿	仕訳帳、総勘定元帳、現金出納帳、売掛帳、買掛帳、経費帳、固定資産台帳など	
書類	決算関係書類	損益計算書、貸借対照表、棚卸表など
	現金預金取引等関係書類	領収証、小切手控、預金通帳、借用証など
	その他の書類	取引に関して作成し、または受領した前記以外の書類 （請求書、見積書、契約書、納品書、送り状など）

第 9 章

災害に
あったとき
所得税は

① 災害による損失の取扱いは

地震、火災、風水害などの異常な災害によって、資産に損害を受けた場合には、被害を受けた人の税負担の軽減を図るために被災資産の種類によって、次のように取り扱われます。

⑴ 商品などの損失

期末の実地棚卸高あるいは期末の棚卸資産の評価額が減少することにより売上原価が増加するため、事業所得の必要経費に自動的に算入されます。

⑵ 店舗、備品などの事業用固定資産の損失

損害を受けた資産の除却損あるいは修繕費用の増加などで事業所得の必要経費に算入されます。

⑶ 山林の損失

損害を受けた資産の帳簿価額や取得費などの原価を基として山林所得または事業所得の必要経費に算入されます。

⑷ 不動産所得、雑所得の業務用資産など

前記⑵に該当するものを除き、前記⑶と同様に資産の原価を基として、不動産所得または雑所得の金額を限度として必要経費に算入されます。

(5) 別荘などの生活に通常必要でない資産

別荘や競走馬、1個30万円を超える貴金属、書画、骨とうなどの生活に通常必要でない資産の災害による損失は、損失の生じた年分または翌年分の譲渡所得の金額の計算上控除されます。

(6) 前記(1)から(5)に該当しない住宅や家具などの資産

雑損控除または災害減免法による減免の対象となります。

コメント 前記(1)から(3)までの資産の災害については、**被災事業用資産の損失にかかる純損失の繰越し**（169ページ参照）が認められています。

② 雑 損 控 除

　住宅や家財などの生活に通常必要な資産について、災害、盗難、横領によって損失を受けたときは、次の㋑または㋺のうちいずれか多い金額を所得税の計算上、その年分の所得金額から

雑損控除

として控除できます（175ページ参照）。

　㋑　差引損失額−総所得金額等の合計額の10％

　㋺　差引損失額のうち災害関連支出の金額−５万円

　この場合、差引損失額とは、損害金額から保険金などによって補てんされた金額を控除した金額をいいます。

　なお、その年の所得金額から損失額を控除しきれない場合（**雑損失の金額**といいます。）は、翌年以後３年間（特定非常災害の指定を受けた災害による場合は５年間）にわたり繰り越して各年分の所得金額から控除できます。

③ 災害減免法による減免

住宅または家財について、災害により損失を受けた場合は、その

損害金額が

住宅または家財の価額の10分の5以上で、かつ、

その人の**合計所得金額が1,000万円以下であるとき**

は、災害減免法の規定により、その年の所得金額に応じて、次のように被害を受けた年分の所得税の軽減または免除を受けることができます。

　㋑　その年の所得金額が500万円以下のとき ⇨ 所得税の全額免除

　㋺　その年の所得金額が500万円を超え750万円以下のとき ⇨ 所得税の2分の1の軽減

　㋩　その年の所得金額が750万円を超え1,000万円以下のとき ⇨ 所得税の4分の1の軽減

（コメント）　この災害減免法による減免と、雑損控除のダブル適用は認められないため、いずれか有利な方を選択することになります。

なお、所得税の減免の申請は、所得税の確定申告期限（3月15日）を経過した日以後に提出する確定申告（いわゆる期限後申告）においても提出できます。また、更正の請求、修正申告においてもできます。

　（注）　合計所得金額は175ページ（コメント）参照。

4 予定納税の減額

　所得税の軽減免除は、通常、翌年の確定申告で精算されますが、災害が発生した後に納期限が到来する予定納税額や源泉徴収税額については、確定申告の前であっても減額または徴収猶予などを受けることができます。

　予定納税の**減額の申請**の期限は次の日までとなっています。

　㋑　災害を受けた日が７月１日から12月31日まで ⇨ 災害を受けた日から２か月以内

　㋺　災害を受けた日が１月１日から６月30日まで ⇨ ７月15日まで

　　（ただし、災害の場合２か月以内の期限の延長申請をすることができます。）

5 源泉徴収税額の徴収の猶予と還付

　災害により住宅または家財の2分の1以上の損害を受けた人で、その年の所得金額の見積額が1,000万円以下であるときは、

　　所得金額の見積額

　　災害にあったとき

に応じて、次のような

　所定の源泉徴収税額

の徴収の猶予または還付を受けることができます。

　① 給与、公的年金等、報酬または料金の支払いを受ける人 ⇨ 徴収の猶予

　　支払いを受ける日の前日までに支払者に徴収猶予の申請書を提出します。

　② 給与、公的年金等 ⇨ 源泉徴収税額の還付

　　還付申請書に源泉徴収済の証明書を添付して税務署長に提出します。

6 　納税の猶予

　災害などにより相当の損失を受けた場合、税務署長に申請して、次のような納税の猶予を受けることができます。なお、申請は災害がやんだ日から2か月以内です。

① 　納期限が到来していない税金

　イ　損失を受けた日以後1年以内に納付すべきもの ⇨ 納期限から1年以内

　ロ　所得税の予定納税、消費税の中間申告分 ⇨ 確定申告書の提出期限まで

② 　既に納期限の到来している税金で一時に納付することができないと認められる金額 ⇨ 1年以内

7 申告などの期限の延長

　災害などの理由により、法定期限までに、申告、申請、請求、届出その他書類の提出、納付、徴収などの行為をすることができないときは、その理由がやんだ日から2か月以内の範囲で期限が延長されます。

(1) 地 域 指 定

　災害による被害が広い地域に及ぶときは、国税庁長官がその地域と延長する期日を定めて告示します。

　この場合、申告、納付などの期限は、告示の期日まで延長されます。

(2) 対象者指定

　災害等の被害が納税者の多数に及ぶときは、国税庁長官がその対象者の範囲と延長する期日を定めて告示します。

　この場合、申告・納付などの期限は、告示の期日まで延長されます。

(3) 個 別 指 定

　災害を受けた人が、税務署長に期限の延長を申請し承認を受けます。

　申告、納付などの期限は、承認された日まで延長されます。

　この場合、災害がやんだ日以後相当の期間内にこの申請書を出さなければなりません。

8 東日本大震災に伴う所得税の臨時特例

　東日本大震災の被災者等の負担の軽減を図るため、次のような特例措置が設けられています。

　① 住宅借入金等特別控除等の適用期間にかかる特例

　② 被災代替船舶の特別償却

　③ 復興区域にかかる税制上の特例措置（主なもの）

　　イ 所得税額の特別控除

　　ロ 事業用設備等の特別償却等

　　ハ 被災者向け優良賃貸住宅の特別償却等

　④ 被災者向け優良賃貸住宅の割増償却

　⑤ 被災居住用財産の敷地にかかる譲渡期限の延長の特例

9 復興特別所得税

　「東日本大震災からの復興のための施策を実施するために必要な財源の確保に関する特別措置法」により、平成25年分から令和19年までの各年分の所得税について、次により**復興特別所得税**が課せられます。

1 復興特別所得税額の計算

　復興特別所得税額は、次の算式で求めます。

> **【算式】**　復興特別所得税額＝基準所得税額×2.1％

　（コメント）　外国税額控除対象外国所得税額が所得税の控除限度額を超えるときは、その超える金額をその年分の復興特別所得税額から控除できます。ただし、その年分の復興特別所得税額のうち国外所得に対応する部分の金額が限度となります。

2 基準所得税額

　基準所得税額は、次の表のとおりです。

区　分		基準所得税額※
居住者	非永住者以外の居住者	すべての所得に対する所得税額
	非永住者	国内源泉所得および国外源泉所得のうち国内払いのものまたは国内に送金されたものに対する所得税額
非居住者		国内源泉所得に対する所得税額

　※　外国税額控除の適用がある人の基準所得税額は、外国税額控除額を控除する前の所得税額をいいます。

第 10 章

税務署長の処分に不服があるときは

　税務署長は、確定申告書に記載された所得金額や税額が少ないときや、確定申告をしなければならないのに申告がされていないとき、あるいは更正の請求や各種の申請が提出されたが承認できないときなどに、

　　調査した結果に基づき、

　　　更正、決定、却下、取消し、理由のない旨の通知などの処分

をします。

　また、税務署長は、未納の税額について差押えなどの処分をします。

　このような処分に対して、不服のある人は、

① 　税務署長に再調査の請求をするか、国税不服審判所長に審査請求をすることができます。

② 　国税不服審判所長の裁決の結果、さらに不服があるときは裁判所に訴訟を提起することができます。

　なお、税務署長は、更正、決定などの処分を書面でするときは、その書面に、処分の理由、再調査の請求または審査請求ができる旨、およびその期間を記載しなければならないこととされています。

1　再調査の請求とは

　税務署長のした更正、決定などの処分に不服があるときは、

　処分の通知を受けた日の翌日から**3か月以内に**

　不服の理由を記載した**書面をもって**

　税務署長に、**再調査の請求**

をすることができます。

　再調査の請求について、税務署長は、

　　不適法であるときは ⇨ **却下**

　　適法であるときは調査をしたうえで

　　　　理由があるときは ⇨ **全部取消しまたは変更**

　　　　　　　　　　　 ⇨ **一部取消しまたは変更**

　　　　理由がないときは ⇨ **棄却**

の**決定**をし、再調査の請求人に決定書の謄本を送付します。

　これを、**再調査決定**といいます。

　なお、再調査決定では、税務署長は納税者に対し原処分よりも不利益となる処分に変更することはできません。

　また、税務署長の処分で、国税庁または国税局の職員がその処分のための調査を行った旨の記載のある書面により通知を受けた場合には、処分を受けた日の翌日から３か月以内に国税庁長官または国税局長に対して再調査の請求をすることができます。

2　審査請求とは

　再調査決定についてなお不服がある人は、再調査決定書の謄本の送達があった日の翌日から**１か月以内**に国税不服審判所長に**審査請求**をすることができます。

　再調査の請求をしてから**３か月を経過**しても再調査決定がされないときは、再調査決定を経ないで国税不服審判所長に**審査請求**をすることができます。

　なお、再調査の請求をしないで、処分を受けた日の翌日から**３か月以内に国税不服審判所長に審査請求**をすることもできます。

　審査請求については、国税不服審判所長はその請求が

　　不適法であるときは ⇨ **却下**

　　適法であるときは再調査をした上で、

理由があるときは ⇨ **全部取消しまたは変更**

⇨ **一部取消しまたは変更**

理由がないときは ⇨ **棄却**

の**裁決**をし、審査請求人に裁決書の謄本を送付します。

　国税不服審判所は、税務署や国税局からは独立した第三者的な機関で、国税職員だけでなく、元裁判官、公認会計士、税理士、元大学教授なども国税審判官として従事しており、納税者の正しい権利と利益を救済することを目的として設置されています。したがって、納税者の不利益となるような処分の変更はできないことになっています。

3　裁判所への提訴

　国税不服審判所の裁決を受けても、なお原処分または裁決に不服がある人は、裁決書の謄本の送達があった日から**6か月以内**に裁判所に訴訟を提起することができます。

　訴訟は、国税不服審判所の裁決を経た後でなければすることができません。

　これを**不服申立て前置主義**といいます。

　ただし、例外があり、

① 　国税局長に対する再調査の請求や審査請求をした日の翌日から3か月を経過してもなお決定や裁決がないとき

② 　再調査決定や審査請求の裁決を経ることにより生ずる著しい損害を避けるため緊急の必要があるとき

などには、再調査決定や審査請求の裁決を経ないでも訴訟を提起することができます。

4 不作為に対する不服申立て

　納税者が税務署長に各種の申請などをした場合に、相当の期間を経て
も、その申請などに対して、税務署長が承認、許可などの処分をしない
ときは、その税務署長に対して再調査の請求をし、または国税庁長官に
対して審査請求をすることができます。

〈参考〉 不服申立てのイメージ図

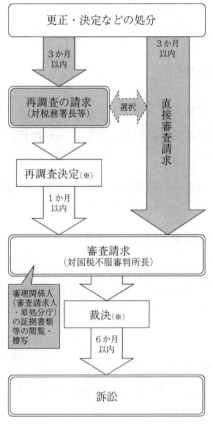

（※） 税務署長等・国税不服審判所長から３か月以内に再調査決定・裁決がない場合は、決定・裁
　　決を経ないで、審査請求・訴訟をすることができます。

【付　録】

1　主な有形減価償却資産の耐用年数表

＜建　　物＞

構造・用途	細　　　　　目	耐用年数
木造・合成樹脂造のもの	事務所用のもの	24
	店舗用・住宅用のもの	22
	飲食店用のもの	20
	旅館用・ホテル用・病院用・車庫用のもの	17
	公衆浴場用のもの	12
	工場用・倉庫用のもの（一般用）	15
木骨モルタル造のもの	事務所用のもの	22
	店舗用・住宅用のもの	20
	飲食店用のもの	19
	旅館用・ホテル用・病院用・車庫用のもの	15
	公衆浴場用のもの	11
	工場用・倉庫用のもの（一般用）	14
鉄骨鉄筋コンクリート造・鉄筋コンクリート造のもの	事務所用のもの	50
	住宅用のもの	47
	飲食店用のもの	
	延べ面積のうちに占める木造内装部分の面積が30%を超えるもの	34
	その他のもの	41
	旅館用・ホテル用のもの	
	延べ面積のうちに占める木造内装部分の面積が30%を超えるもの	31
	その他のもの	39
	店舗用・病院用のもの	39
	車庫用のもの	38
	公衆浴場用のもの	31
	工場用・倉庫用のもの（一般用）	38

＜建物附属設備＞

構造・用途	細　　　　　目	耐用年数
電気設備（照明設備を含む。）	蓄電池電源設備	6
	その他のもの	15
給排水・衛生設備，ガス設備		15
アーケード・日よけ設備	主として金属製のもの	15
	その他のもの	8
店用簡易装備		3

＜車両・運搬具＞

構造・用途	細　　　　　目	耐用年数
一般用のもの（特殊自動車・次の運送事業用等以外のもの）	自動車（二輪・三輪自動車を除く。） 　小型車（総排気量が0.66リットル以下のものをいう。） 　その他のもの 　　貨物自動車 　　　ダンプ式のもの 　　　その他のもの 　　報道通信用のもの 　　その他のもの 　二輪・三輪自動車 　自転車 　リヤカー	 4 4 5 5 6 3 2 4
運送事業用・貸自動車業用・自動車教習所用のもの	自動車（二輪・三輪自動車を含み，乗合自動車を除く。） 　小型車（貨物自動車にあっては積載量が2トン以下，その他のものにあっては総排気量が2リットル以下のものをいう。） 　その他のもの 　　大型乗用車（総排気量が3リットル以上のものをいう。） 　　その他のもの 　乗合自動車 　自転車，リヤカー 　被けん引車その他のもの	 3 5 4 5 2 4

＜工　　　具＞

構造・用途	細　　　　　目	耐用年数
測定工具，検査工具（電気・電子を利用するものを含む。）		5
治具，取付工具		3
切削工具		2
型（型枠を含む。），鍛圧工具，打抜工具	プレスその他の金属加工用金型，合成樹脂，ゴム・ガラス成型用金型，鋳造用型 その他のもの	2 3
活字，活字に常用される金属	購入活字（活字の形状のまま反復使用するものに限る。） 自製活字，活字に常用される金属	2 8

＜器具・備品＞

構造・用途	細　　　　　目	耐用年数
家具，電気機器，ガス機器，家庭用品（他の項に掲げるものを除く。）	事務机，事務いす，キャビネット	
	主として金属製のもの	15
	その他のもの	8
	応接セット	
	接客業用のもの	5
	その他のもの	8
	ベッド	8
	児童用机，いす	5
	陳列だな，陳列ケース	
	冷凍機付・冷蔵機付のもの	6
	その他のもの	8
	その他の家具	
	接客業用のもの	5
	その他のもの	
	主として金属製のもの	15
	その他のもの	8
	ラジオ，テレビジョン，テープレコーダーその他の音響機器	5
	冷房用・暖房用機器	6
	電気冷蔵庫，電気洗濯機その他これらに類する電気・ガス機器	6
	氷冷蔵庫，冷蔵ストッカー（電気式のものを除く。）	4
	カーテン，座ぶとん，寝具，丹前その他これらに類する繊維製品	3
	じゅうたんその他の床用敷物	
	小売業用・接客業用・放送用・レコード吹込用・劇場用のもの	3
	その他のもの	6
	室内装飾品	
	主として金属製のもの	15
	その他のもの	8
	食事・ちゅう房用品	
	陶磁器製・ガラス製のもの	2
	その他のもの	5
	その他のもの	
	主として金属製のもの	15
	その他のもの	8
事務機器，通信機器	謄写機器，タイプライター	
	孔版印刷・印書業用のもの	3
	その他のもの	5

	電子計算機	
	パーソナルコンピューター（サーバー用のものを除く。）	4
	その他のもの	5
	複写機，計算機（電子計算機を除く。），金銭登録機，タイムレコーダーその他これらに類するもの	5
	その他の事務機器	5
	テレタイプライター，ファクシミリ	5
	インターホーン，放送用設備	6
	電話設備その他の通信機器	
	デジタル構内交換設備，デジタルボタン電話設備	6
	その他のもの	10
時計，試験機器，測定機器	時計	10
	度量衡器	5
	試験・測定機器	5
光学機器，写真製作機器	オペラグラス	2
	カメラ，映画撮影機，映写機，望遠鏡	5
	引伸機，焼付機，乾燥機，顕微鏡その他の機器	8
看板，広告器具	看板，ネオンサイン，気球	3
	マネキン人形，模型	2
	その他のもの	
	主として金属製のもの	10
	その他のもの	5
容器，金庫	ボンベ	
	溶接製のもの	6
	鍛造製のもの	
	塩素用のもの	8
	その他のもの	10
	ドラムかん，コンテナーその他の容器	
	大型コンテナー（長さが6メートル以上のものに限る。）	7
	その他のもの	
	金属製のもの	3
	その他のもの	2
	金庫	
	手さげ金庫	5
	その他のもの	20
理容・美容機器		5
医療機器	消毒殺菌用機器	4
	手術機器	5
	血液透析又は血しょう交換用機器	7

	ハバードタンクその他の作動部分を有する機能回復訓練機器	6
	調剤機器	6
	歯科診療用ユニット	7
	光学検査機器	
	ファイバースコープ	6
	その他のもの	8
	その他のもの	
	レントゲンその他の電子装置を使用する機器	
	移動式のもの，救急医療用のもの，自動血液分析器	4
	その他のもの	6
	その他のもの	
	陶磁器製・ガラス製のもの	3
	主として金属製のもの	10
	その他のもの	5
娯楽・スポーツ器具	たまつき用具	8
	パチンコ器，ビンゴ器その他これらに類する球戯用具，射的用具	2
	ご，しょうぎ，まあじゃん，その他の遊戯具	5
	スポーツ具	3

＜機械・装置＞

構造・用途	細　　　　　目	耐用年数
食料品製造業用設備		10年
飲料・たばこ・飼料製造業用設備		10
繊維工業用設備	炭素繊維製造設備	
	黒鉛化炉	3
	その他の設備	7
	その他の設備	7
木材・木製品（家具を除く。）製造業用設備		8
家具・装備品製造業用設備		11
パルプ・紙・紙加工品製造業用設備		12
印刷・同関連業用設備	デジタル印刷システム設備	4
	製本業用設備	7
	新聞業用設備	
	モノタイプ・写真・通信設備	3
	その他の設備	10
	その他の設備	10
ゴム製品製造業用設備		9
なめし革・なめし革製品・毛皮製造業用設備		9
窯業・土石製品製造業用設備		9
鉄鋼業用設備	表面処理鋼材・鉄粉製造業・鉄スクラップ加工処理業用設備	5
	純鉄・原鉄・ベースメタル・フェロアロイ・鉄素形材・鋳鉄管製造業用設備	9
	その他の設備	14
金属製品製造業用設備	金属被覆，彫刻業・打はく，金属製ネームプレート製造業用設備	6
	その他の設備	10
農業用設備		7
林業用設備		5
鉱業・採石業・砂利採取業用設備	石油・天然ガス鉱業用設備	
	坑井設備	3
	掘さく設備	6
	その他の設備	12
	その他の設備	6

総合工事業用設備		6
倉庫業用設備		12
運輸に附帯するサービス業用設備		10
飲食料品卸売業用設備		10
飲食料品小売業用設備		9
その他の小売業用設備	ガソリン・液化石油ガススタンド設備 その他の設備 　主として金属製のもの 　その他のもの	8 17 8
宿泊業用設備		10
飲食店業用設備		8
洗濯・理容・美容・浴場業用設備		13
その他の生活関連サービス業用設備		6
自動車整備業用設備		15

2　主な無形減価償却資産の耐用年数表

種　　　類	細　　　目	耐用年数
漁　業　権		10
特　許　権		8
実用新案権		5
意　匠　権		7
商　標　権		10
ソフトウェア	複写して販売するための原本 その他のもの	3 5
営　業　権		5

3　減価償却資産の償却率表（抄）

耐用年数	平成19年4月1日以後に取得 定額法償却率	平成19年4月1日以後 平成24年3月31日までに取得 250％定率法			平成24年4月1日以後に取得 200％定率法		
		償却率	改定償却率	保証率	償却率	改定償却率	保証率
2	0.500	1.000	－	－	1.000	－	－
3	0.334	0.833	1.000	0.02789	0.667	1.000	0.11089
4	0.250	0.625	1.000	0.05274	0.500	1.000	0.12499
5	0.200	0.500	1.000	0.06249	0.400	0.500	0.10800
6	0.167	0.417	0.500	0.05776	0.333	0.334	0.09911
7	0.143	0.357	0.500	0.05496	0.286	0.334	0.08680
8	0.125	0.313	0.334	0.05111	0.250	0.334	0.07909
9	0.112	0.278	0.334	0.04731	0.222	0.250	0.07126
10	0.100	0.250	0.334	0.04448	0.200	0.250	0.06552
11	0.091	0.227	0.250	0.04123	0.182	0.200	0.05992
12	0.084	0.208	0.250	0.03870	0.167	0.200	0.05566
13	0.077	0.192	0.200	0.03633	0.154	0.167	0.05180
14	0.072	0.179	0.200	0.03389	0.143	0.167	0.04854
15	0.067	0.167	0.200	0.03217	0.133	0.143	0.04565
16	0.063	0.156	0.167	0.03063	0.125	0.143	0.04294
17	0.059	0.147	0.167	0.02905	0.118	0.125	0.04038
18	0.056	0.139	0.143	0.02757	0.111	0.112	0.03884
19	0.053	0.132	0.143	0.02616	0.105	0.112	0.03693
20	0.050	0.125	0.143	0.02517	0.100	0.112	0.03486
21	0.048	0.119	0.125	0.02408	0.095	0.100	0.03335
22	0.046	0.114	0.125	0.02296	0.091	0.100	0.03182
23	0.044	0.109	0.112	0.02226	0.087	0.091	0.03052
24	0.042	0.104	0.112	0.02157	0.083	0.084	0.02969
25	0.040	0.100	0.112	0.02058	0.080	0.084	0.02841
26	0.039	0.096	0.100	0.01989	0.077	0.084	0.02716
27	0.038	0.093	0.100	0.01902	0.074	0.077	0.02624
28	0.036	0.089	0.091	0.01866	0.071	0.072	0.02568
29	0.035	0.086	0.091	0.01803	0.069	0.072	0.02463
30	0.034	0.083	0.084	0.01766	0.067	0.072	0.02366
31	0.033	0.081	0.084	0.01688	0.065	0.067	0.02286
32	0.032	0.078	0.084	0.01655	0.063	0.067	0.02216
33	0.031	0.076	0.077	0.01585	0.061	0.063	0.02161
34	0.030	0.074	0.077	0.01532	0.059	0.063	0.02097
35	0.029	0.071	0.072	0.01532	0.057	0.059	0.02051
36	0.028	0.069	0.072	0.01494	0.056	0.059	0.01974
37	0.028	0.068	0.072	0.01425	0.054	0.056	0.01950
38	0.027	0.066	0.067	0.01393	0.053	0.056	0.01882
39	0.026	0.064	0.067	0.01370	0.051	0.053	0.01860
40	0.025	0.063	0.067	0.01317	0.050	0.053	0.01791
41	0.025	0.061	0.063	0.01306	0.049	0.050	0.01741
42	0.024	0.060	0.063	0.01261	0.048	0.050	0.01694
43	0.024	0.058	0.059	0.01248	0.047	0.048	0.01664
44	0.023	0.057	0.059	0.01210	0.045	0.046	0.01664
45	0.023	0.056	0.059	0.01175	0.044	0.046	0.01634
46	0.022	0.054	0.056	0.01175	0.043	0.044	0.01601
47	0.022	0.053	0.056	0.01153	0.043	0.044	0.01532
48	0.021	0.052	0.053	0.01126	0.042	0.044	0.01499
49	0.021	0.051	0.053	0.01102	0.041	0.042	0.01475
50	0.020	0.050	0.053	0.01072	0.040	0.042	0.01440

耐用年数	平成19年3月31日以前に取得	
	旧定額法償却率	旧定率法償却率
2	0.500	0.684
3	0.333	0.536
4	0.250	0.438
5	0.200	0.369
6	0.166	0.319
7	0.142	0.280
8	0.125	0.250
9	0.111	0.226
10	0.100	0.206
11	0.090	0.189
12	0.083	0.175
13	0.076	0.162
14	0.071	0.152
15	0.066	0.142
16	0.062	0.134
17	0.058	0.127
18	0.055	0.120
19	0.052	0.114
20	0.050	0.109
21	0.048	0.104
22	0.046	0.099
23	0.044	0.095
24	0.042	0.092
25	0.040	0.088
26	0.039	0.085
27	0.037	0.082
28	0.036	0.079
29	0.035	0.076
30	0.034	0.074
31	0.033	0.072
32	0.032	0.069
33	0.031	0.067
34	0.030	0.066
35	0.029	0.064
36	0.028	0.062
37	0.027	0.060
38	0.027	0.059
39	0.026	0.057
40	0.025	0.056
41	0.025	0.055
42	0.024	0.053
43	0.024	0.052
44	0.023	0.051
45	0.023	0.050
46	0.022	0.049
47	0.022	0.048
48	0.021	0.047
49	0.021	0.046
50	0.020	0.045

4　令和6年分　簡易給与所得表（一部抜粋）

○　この表は，給与等の収入金額の合計額に対する給与所得の金額を求めるためのものです。

○　「**給与等の収入金額の合計額**」が660万円未満の人は，その金額をこの表の「給与等の収入金額の合計額」欄に当てはめ，その当てはまる行の右側の「給与所得の金額」欄に記載されている金額が求める給与所得の金額です。

○　「**給与等の収入金額の合計額**」が660万円以上の人は，「給与所得の速算表」（352ページ）によって計算してください。

給与等の金額		給与所得控除後の給与等の金額	給与等の金額		給与所得控除後の給与等の金額	給与等の金額		給与所得控除後の給与等の金額
以　上	未　満		以　上	未　満		以　上	未　満	
円	円	円	円	円	円	円	円	円
551,000円未満		0	1,772,000	1,776,000	1,163,200	1,972,000	1,976,000	1,300,400
			1,776,000	1,780,000	1,165,600	1,976,000	1,980,000	1,303,200
			1,780,000	1,784,000	1,168,000	1,980,000	1,984,000	1,306,000
			1,784,000	1,788,000	1,170,400	1,984,000	1,988,000	1,308,800
			1,788,000	1,792,000	1,172,800	1,988,000	1,992,000	1,311,600
551,000	1,619,000	給与等の金額から550,000円を控除した金額	1,792,000	1,796,000	1,175,200	1,992,000	1,996,000	1,314,400
			1,796,000	1,800,000	1,177,600	1,996,000	2,000,000	1,317,200
			1,800,000	1,804,000	1,180,000	2,000,000	2,004,000	1,320,000
			1,804,000	1,808,000	1,182,800	2,004,000	2,008,000	1,322,800
			1,808,000	1,812,000	1,185,600	2,008,000	2,012,000	1,325,600
1,619,000	1,620,000	1,069,000	1,812,000	1,816,000	1,188,400	2,012,000	2,016,000	1,328,400
1,620,000	1,622,000	1,070,000	1,816,000	1,820,000	1,191,200	2,016,000	2,020,000	1,331,200
1,622,000	1,624,000	1,072,000	1,820,000	1,824,000	1,194,000	2,020,000	2,024,000	1,334,000
1,624,000	1,628,000	1,074,000	1,824,000	1,828,000	1,196,800	2,024,000	2,028,000	1,336,800
1,628,000	1,632,000	1,076,800	1,828,000	1,832,000	1,199,600	2,028,000	2,032,000	1,339,600
1,632,000	1,636,000	1,079,200	1,832,000	1,836,000	1,202,400	2,032,000	2,036,000	1,342,400
1,636,000	1,640,000	1,081,600	1,836,000	1,840,000	1,205,200	2,036,000	2,040,000	1,345,200
1,640,000	1,644,000	1,084,000	1,840,000	1,844,000	1,208,000	2,040,000	2,044,000	1,348,000
1,644,000	1,648,000	1,086,400	1,844,000	1,848,000	1,210,800	2,044,000	2,048,000	1,350,800
1,648,000	1,652,000	1,088,800	1,848,000	1,852,000	1,213,600	2,048,000	2,052,000	1,353,600
1,652,000	1,656,000	1,091,200	1,852,000	1,856,000	1,216,400	2,052,000	2,056,000	1,356,400
1,656,000	1,660,000	1,093,600	1,856,000	1,860,000	1,219,200	2,056,000	2,060,000	1,359,200
1,660,000	1,664,000	1,096,000	1,860,000	1,864,000	1,222,000	2,060,000	2,064,000	1,362,000
1,664,000	1,668,000	1,098,400	1,864,000	1,868,000	1,224,800	2,064,000	2,068,000	1,364,800
1,668,000	1,672,000	1,100,800	1,868,000	1,872,000	1,227,600	2,068,000	2,072,000	1,367,600
1,672,000	1,676,000	1,103,200	1,872,000	1,876,000	1,230,400	2,072,000	2,076,000	1,370,400
1,676,000	1,680,000	1,105,600	1,876,000	1,880,000	1,233,200	2,076,000	2,080,000	1,373,200
1,680,000	1,684,000	1,108,000	1,880,000	1,884,000	1,236,000	2,080,000	2,084,000	1,376,000
1,684,000	1,688,000	1,110,400	1,884,000	1,888,000	1,238,800	2,084,000	2,088,000	1,378,800
1,688,000	1,692,000	1,112,800	1,888,000	1,892,000	1,241,600	2,088,000	2,092,000	1,381,600
1,692,000	1,696,000	1,115,200	1,892,000	1,896,000	1,244,400	2,092,000	2,096,000	1,384,400
1,696,000	1,700,000	1,117,600	1,896,000	1,900,000	1,247,200	2,096,000	2,100,000	1,387,200
1,700,000	1,704,000	1,120,000	1,900,000	1,904,000	1,250,000	2,100,000	2,104,000	1,390,000
1,704,000	1,708,000	1,122,400	1,904,000	1,908,000	1,252,800	2,104,000	2,108,000	1,392,800
1,708,000	1,712,000	1,124,800	1,908,000	1,912,000	1,255,600	2,108,000	2,112,000	1,395,600
1,712,000	1,716,000	1,127,200	1,912,000	1,916,000	1,258,400	2,112,000	2,116,000	1,398,400
1,716,000	1,720,000	1,129,600	1,916,000	1,920,000	1,261,200	2,116,000	2,120,000	1,401,200
1,720,000	1,724,000	1,132,000	1,920,000	1,924,000	1,264,000	2,120,000	2,124,000	1,404,000
1,724,000	1,728,000	1,134,400	1,924,000	1,928,000	1,266,800	2,124,000	2,128,000	1,406,800
1,728,000	1,732,000	1,136,800	1,928,000	1,932,000	1,269,600	2,128,000	2,132,000	1,409,600

（中　略）

給与等の金額		給与所得控除後の給与等の金額	給与等の金額		給与所得控除後の給与等の金額	給与等の金額		給与所得控除後の給与等の金額
以　上	未　満		以　上	未　満		以　上	未　満	
円	円	円	円	円	円	円	円	円
4,572,000	4,576,000	3,217,600	4,772,000	4,776,000	3,377,600	4,972,000	4,976,000	3,537,600
4,576,000	4,580,000	3,220,800	4,776,000	4,780,000	3,380,800	4,976,000	4,980,000	3,540,800
4,580,000	4,584,000	3,224,000	4,780,000	4,784,000	3,384,000	4,980,000	4,984,000	3,544,000
4,584,000	4,588,000	3,227,200	4,784,000	4,788,000	3,387,200	4,984,000	4,988,000	3,547,200
4,588,000	4,592,000	3,230,400	4,788,000	4,792,000	3,390,400	4,988,000	4,992,000	3,550,400
4,592,000	4,596,000	3,233,600	4,792,000	4,796,000	3,393,600	4,992,000	4,996,000	3,553,600
4,596,000	4,600,000	3,236,800	4,796,000	4,800,000	3,396,800	4,996,000	5,000,000	3,556,800
4,600,000	4,604,000	3,240,000	4,800,000	4,804,000	3,400,000	5,000,000	5,004,000	3,560,000
4,604,000	4,608,000	3,243,200	4,804,000	4,808,000	3,403,200	5,004,000	5,008,000	3,563,200
4,608,000	4,612,000	3,246,400	4,808,000	4,812,000	3,406,400	5,008,000	5,012,000	3,566,400
4,612,000	4,616,000	3,249,600	4,812,000	4,816,000	3,409,600	5,012,000	5,016,000	3,569,600
4,616,000	4,620,000	3,252,800	4,816,000	4,820,000	3,412,800	5,016,000	5,020,000	3,572,800
4,620,000	4,624,000	3,256,000	4,820,000	4,824,000	3,416,000	5,020,000	5,024,000	3,576,000
4,624,000	4,628,000	3,259,200	4,824,000	4,828,000	3,419,200	5,024,000	5,028,000	3,579,200
4,628,000	4,632,000	3,262,400	4,828,000	4,832,000	3,422,400	5,028,000	5,032,000	3,582,400
4,632,000	4,636,000	3,265,600	4,832,000	4,836,000	3,425,600	5,032,000	5,036,000	3,585,600
4,636,000	4,640,000	3,268,800	4,836,000	4,840,000	3,428,800	5,036,000	5,040,000	3,588,800
4,640,000	4,644,000	3,272,000	4,840,000	4,844,000	3,432,000	5,040,000	5,044,000	3,592,000
4,644,000	4,648,000	3,275,200	4,844,000	4,848,000	3,435,200	5,044,000	5,048,000	3,595,200
4,648,000	4,652,000	3,278,400	4,848,000	4,852,000	3,438,400	5,048,000	5,052,000	3,598,400
4,652,000	4,656,000	3,281,600	4,852,000	4,856,000	3,441,600	5,052,000	5,056,000	3,601,600
4,656,000	4,660,000	3,284,800	4,856,000	4,860,000	3,444,800	5,056,000	5,060,000	3,604,800
4,660,000	4,664,000	3,288,000	4,860,000	4,864,000	3,448,000	5,060,000	5,064,000	3,608,000
4,664,000	4,668,000	3,291,200	4,864,000	4,868,000	3,451,200	5,064,000	5,068,000	3,611,200
4,668,000	4,672,000	3,294,400	4,868,000	4,872,000	3,454,400	5,068,000	5,072,000	3,614,400
4,672,000	4,676,000	3,297,600	4,872,000	4,876,000	3,457,600	5,072,000	5,076,000	3,617,600
4,676,000	4,680,000	3,300,800	4,876,000	4,880,000	3,460,800	5,076,000	5,080,000	3,620,800
4,680,000	4,684,000	3,304,000	4,880,000	4,884,000	3,464,000	5,080,000	5,084,000	3,624,000
4,684,000	4,688,000	3,307,200	4,884,000	4,888,000	3,467,200	5,084,000	5,088,000	3,627,200
4,688,000	4,692,000	3,310,400	4,888,000	4,892,000	3,470,400	5,088,000	5,092,000	3,630,400
4,692,000	4,696,000	3,313,600	4,892,000	4,896,000	3,473,600	5,092,000	5,096,000	3,633,600
4,696,000	4,700,000	3,316,800	4,896,000	4,900,000	3,476,800	5,096,000	5,100,000	3,636,800
4,700,000	4,704,000	3,320,000	4,900,000	4,904,000	3,480,000	5,100,000	5,104,000	3,640,000
4,704,000	4,708,000	3,323,200	4,904,000	4,908,000	3,483,200	5,104,000	5,108,000	3,643,200
4,708,000	4,712,000	3,326,400	4,908,000	4,912,000	3,486,400	5,108,000	5,112,000	3,646,400
4,712,000	4,716,000	3,329,600	4,912,000	4,916,000	3,489,600	5,112,000	5,116,000	3,649,600
4,716,000	4,720,000	3,332,800	4,916,000	4,920,000	3,492,800	5,116,000	5,120,000	3,652,800
4,720,000	4,724,000	3,336,000	4,920,000	4,924,000	3,496,000	5,120,000	5,124,000	3,656,000
4,724,000	4,728,000	3,339,200	4,924,000	4,928,000	3,499,200	5,124,000	5,128,000	3,659,200
4,728,000	4,732,000	3,342,400	4,928,000	4,932,000	3,502,400	5,128,000	5,132,000	3,662,400
4,732,000	4,736,000	3,345,600	4,932,000	4,936,000	3,505,600	5,132,000	5,136,000	3,665,600
4,736,000	4,740,000	3,348,800	4,936,000	4,940,000	3,508,800	5,136,000	5,140,000	3,668,800
4,740,000	4,744,000	3,352,000	4,940,000	4,944,000	3,512,000	5,140,000	5,144,000	3,672,000
4,744,000	4,748,000	3,355,200	4,944,000	4,948,000	3,515,200	5,144,000	5,148,000	3,675,200
4,748,000	4,752,000	3,358,400	4,948,000	4,952,000	3,518,400	5,148,000	5,152,000	3,678,400
4,752,000	4,756,000	3,361,600	4,952,000	4,956,000	3,521,600	5,152,000	5,156,000	3,681,600
4,756,000	4,760,000	3,364,800	4,956,000	4,960,000	3,524,800	5,156,000	5,160,000	3,684,800
4,760,000	4,764,000	3,368,000	4,960,000	4,964,000	3,528,000	5,160,000	5,164,000	3,688,000
4,764,000	4,768,000	3,371,200	4,964,000	4,968,000	3,531,200	5,164,000	5,168,000	3,691,200
4,768,000	4,772,000	3,374,400	4,968,000	4,972,000	3,534,400	5,168,000	5,172,000	3,694,400

(以下省略)

5　給与所得の速算表

○給与所得の金額の求め方……年間の給与等の収入金額の合計額が660万円を超える場合
は、この表の「**給与等の収入金額の合計額**」欄に当てはめ、右側の「**割合**」を「**給与等
の収入金額の合計額**」に掛け、次に、その金額から「**控除額**」を差し引いた残りの金額
が**給与所得の金額**となります。

給与等の収入金額の合計額	割　　合	控　除　額
6,600,000円から8,500,000円以下	90　%	1,100,000　円
8,500,000円超	−	1,950,000　円

(例)　1.「給与等の収入金額の合計額」が750万円の場合
　　　　　7,500,000円×90%−1,100,000円＝<u>5,650,000円</u>
　　　2.「給与等の収入金額の合計額」が2,000万円の場合
　　　　　20,000,000円−1,950,000円＝<u>18,050,000円</u>

（コメント）　給与所得の金額は、通常、簡易給与所得表（350ページ参照）および上記の
　　　　　「給与所得の速算表」で計算しますが、次の「給与所得控除額の計算表」により
　　　　　給与所得控除額を計算し、給与所得の金額を計算することも認められています。

〈参考〉 給与所得控除額の計算表

給与等の収入金額		給与所得控除額
55万円以下		収入金額
55万円超	162.5万円以下	55万円
162.5万円超	180万円以下	収入金額×40% － 10万円
180万円超	360万円以下	収入金額×30% ＋ 8万円
360万円超	660万円以下	収入金額×20% ＋ 44万円
660万円超	850万円以下	収入金額×10% ＋110万円
850万円超		195万円

（例）「給与等の収入金額の合計額」が800万円の場合

$$8,000,000円 － (8,000,000円×10% ＋ 1,100,000円) ＝ \underline{6,100,000円}$$

コメント　このほか、給与所得控除額の引下げに伴う税負担を緩和するため、所得金額調整控除が設けられています（106ページ参照）。

6　公的年金等にかかる雑所得の速算表（令和6年分）

受給者の年齢	公的年金等の収入金額の合計額		公的年金等
			1,000万円以下
65歳未満の人（昭和35年1月2日以後に生まれた人）		40万円以下	0円
		50万円以下	
		60万円以下	
	60万円超	130万円以下	収入金額−600,000円
	130万円超	410万円以下	収入金額×0.75−275,000円
	410万円超	770万円以下	収入金額×0.85−685,000円
	770万円超	1,000万円以下	収入金額×0.95−1,455,000円
	1,000万円超		収入金額−1,955,000円
65歳以上の人（昭和35年1月1日以前に生まれた人）		90万円以下	0円
		100万円以下	
		110万円以下	
	110万円超	330万円以下	収入金額−1,100,000円
	330万円超	410万円以下	収入金額×0.75−275,000円
	410万円超	770万円以下	収入金額×0.85−685,000円
	770万円超	1,000万円以下	収入金額×0.95−1,455,000円
	1,000万円超		収入金額−1,955,000円

に係る雑所得以外の所得に係る合計所得金額	
1,000万円超 2,000万円以下	2,000万円超
0円	0円
収入金額－500,000円	収入金額－400,000円
収入金額×0.75－175,000円	収入金額×0.75－75,000円
収入金額×0.85－585,000円	収入金額×0.85－485,000円
収入金額×0.95－1,355,000円	収入金額×0.95－1,255,000円
収入金額－1,855,000円	収入金額－1,755,000円
0円	0円
収入金額－1,000,000円	収入金額－900,000円
収入金額×0.75－175,000円	収入金額×0.75－75,000円
収入金額×0.85－585,000円	収入金額×0.85－485,000円
収入金額×0.95－1,355,000円	収入金額×0.95－1,255,000円
収入金額－1,855,000円	収入金額－1,755,000円

7　所得税額の速算表

「課税される所得金額」に対する所得税額の速算表

課税所得金額Ⓐ	税率Ⓑ	控除額Ⓒ	所得税額(Ⓐ×Ⓑ−Ⓒ)
1,000円以上　195万円未満	5%	−	Ⓐ× 5 %
195万円以上　330万円未満	10%	97,500円	Ⓐ×10% − 9.75万円
330万円以上　695万円未満	20%	427,500円	Ⓐ×20% −42.75万円
695万円以上　900万円未満	23%	636,000円	Ⓐ×23% − 63.6万円
900万円以上1,800万円未満	33%	1,536,000円	Ⓐ×33% −153.6万円
1,800万円以上4,000万円未満	40%	2,796,000円	Ⓐ×40% −279.6万円
4,000万円以上	45%	4,796,000円	Ⓐ×45% −479.6万円

(注)1　課税される所得金額に1,000円未満の端数があるときは，これを切り捨てます。

2　変動所得や臨時所得に対する平均課税の適用を受ける場合の調整所得金額に対する税額もこの表で求めます。

〈計算例〉

（課税総所得金額）　（税率）　（控除額）　（求める税額）
6,500,000円×20% − 427,500円＝872,500円

3　高額所得者に対する課税の特例の税額計算は221ページ参照（令和7年分以後）。

(参考)　課税山林所得金額に対する所得税額の速算表

課税山林所得金額	税　率	控　除　額
1,000円以上　9,750,000円未満	5%	0円
9,750,000円以上 16,500,000円未満	10%	487,500円
16,500,000円以上 34,750,000円未満	20%	2,137,500円
34,750,000円以上 45,000,000円未満	23%	3,180,000円
45,000,000円以上 90,000,000円未満	33%	7,680,000円
90,000,000円以上200,000,000円未満	40%	13,980,000円
200,000,000円以上	45%	23,980,000円

コメント　平成25年分から令和19年分までは、復興特別所得税が基準所得税額（再差引所得税額）に対して2.1%の割合で課されます。

※基準所得税額とは、外国税額控除を適用する前の所得税の額をいいます。

具体的には、外国税額控除がない場合、確定申告書の㊸の所得税額をいいます。

8　所得控除の一覧表

所得控除の一覧表

雑 損 控 除 額	差引損失額－総所得金額等の合計額×10%　　＝A いずれか多 差引損失額のうち災害関連支出の金額－5万円＝B い方の金額 （注）　差引損失額＝損害金額－保険金等で補てんされる金額
医 療 費 控 除 額	次の①と②のいずれかを選択適用 ① （支払った　　－保険金等で補　　）－（10万円と「総所得金額等の合計） 　　（医療費の額　　てんされる額　　）　　（額の5%」とのいずれか少ない） 　　　　　　　　　　　　　　　　　　　　　　　　方の金額 　　　　　　　　　　　　　　　　　　　　　　　　（200万円が限度） ② 特定一般用医薬品等購入費－12,000円（88,000円が限度）
社会保険料控除額	支払ったまたは給与から控除される社会保険料の合計額
小規模企業共済等 掛 金 控 除 額	支払った小規模企業共済等の掛金、個人型の確定拠出型年金の掛金、心身障害者扶養共済掛金の合計額
生命保険料控除額	一般の生命保険契約、介護医療保険契約および個人年金保険契約に係る支払保険料の金額をそれぞれ次の表に当てはめて計算した金額の合計額（最高12万円） ①　平成24年1月1日以後に締結した保険契約（新契約）に係る保険料 | 支払保険料等	控除額
20,000円以下	支払保険料等の全額
20,000円超40,000円以下	支払保険料等×1/2＋10,000円
40,000円超80,000円以下	支払保険料等×1/4＋20,000円
80,000円超	一律40,000円 | ②　平成23年12月31日以前に締結した保険契約（旧契約）に係る保険料 | 支払保険料等	控除額
25,000円以下	支払保険料等の全額
25,000円超50,000円以下	支払保険料等×1/2＋12,500円
50,000円超100,000円以下	支払保険料等×1/4＋25,000円
100,000円超	一律50,000円 | （注）　一般生命保険契約または個人年金保険契約に新契約と旧契約がある場合にはそれぞれ4万円が限度となります。
地震保険料控除額	①　地震保険契約にかかる保険料等の場合 支払った金額の合計額……最高限度額50,000円 ②　旧長期損害保険契約（保険期間10年以上、満期返戻金あり、平成18年12月31日までに契約締結）の場合

支払保険料等	控除額
10,000円以下	支払保険料等の全額
10,000円超20,000円以下	支払保険料等×1/2＋5,000円
20,000円超	15,000円

地震保険料控除額	③　地震保険料と②の旧長期損害保険契約の両方がある場合 ①の金額と②の金額の合計額……最高限度額50,000円 （注）　②の旧長期損害保険契約が①の地震保険契約にも該当するときは、いずれか一の契約を選択することになります。
寄附金控除額	$\left(\begin{array}{c}\text{「寄附金の支出額」と「総所得金額等の合計額}\\\text{の40％」とのいずれか少ない方の金額}\end{array}\right) - 2,000円$

各種の人的控除額一覧表 （令和6年分）

控　　　除　　　の　　　種　　　類			控除額
イ　基礎控除			0円～480,000円※1
ロ　配偶者控除	一 般 の 控 除 対 象 配 偶 者		0円～380,000円※2
	老 人 控 除 対 象 配 偶 者		0円～480,000円※2
ハ　配偶者特別控除	一 定 の 所 得 を 有 す る 配 偶 者		0円～380,000円※2
ニ　扶養控除	一 般 の 控 除 対 象 扶 養 親 族 （年齢15歳以下の人は対象外）		380,000円
	特 定 扶 養 親 族 （19 歳 以 上 23 歳 未 満 の 人）		630,000円
	老人扶養親族 （70歳以上の人）	同居老親等以外の者	480,000円
		同 居 老 親 等	580,000円
ホ　障害者控除	一 般 の 障 害 者		270,000円
	特 別 障 害 者		400,000円
	同 居 特 別 障 害 者		750,000円
ヘ　寡婦控除			270,000円
ト　ひとり親控除			350,000円
チ　勤労学生控除			270,000円

※1　210ページ参照
※2　207ページの配偶者控除・配偶者特別控除額の早見表参照

9　確定申告書の様式

　次表の「申告の内容」のうち①から⑦に該当する人は、その内容に応じて **確定申告書**（第一表・第二表）と**分離用**（第三表（分離課税用））や**損失用**（第四表（損失申告用））を併せて使用します。

使用する申告書		申　告　の　内　容
確定申告書 （第一表・第二表）		確定申告をするすべての人
分離用又は損失用を併用	分離用 （第三表）	①　土地建物等の譲渡所得がある人
		②　申告分離課税の株式等の譲渡所得などがある人
		③　申告分離課税の先物取引の雑所得などがある人
		④　山林所得や退職所得がある人
	損失用 （第四表）	⑤　所得金額が赤字の人
		⑥　雑損控除額を所得金額から控除すると赤字になる人
		⑦　繰越損失額を所得金額から控除すると赤字になる人

　前記の確定申告書のほかに確定申告書付表、税額計算書等として、次のような種類があります。

確定申告書付表（上場株式等に係る譲渡損失繰越用）など
家内労働者等の事業所得等の所得計算の特例の適用を受ける場合の必要経費の額の計算書
給与所得者の特定支出に関する明細書
損益の通算の計算書
先物取引に係る事業所得の計算明細書
譲渡所得の内訳書
変動所得・臨時所得の平均課税の計算書
医療費控除の明細書
セルフメディケーション税制の明細書
（特定増改築等）住宅借入金等特別控除額の計算明細書
政党等寄附金特別控除額の計算明細書
特定証券投資信託に係る配当控除額の計算書
外国税額控除に関する明細書
所得の内訳書

10　確定申告書記載例

設例 1 | 事業所得や不動産所得がある場合（青色申告）

(1)　所得の内訳

　　　事業所得（営業等）　　酒類小売業

　　　　　収入金額　　　　79,735,600円

　　　　　必要経費　　　　71,248,000円（うち青色申告特別控除額　550,000円）

　　　　　専従者給与額　　 2,500,000円（妻：○○愛子　昭和59年11月19日生）

　　　不動産所得

　　　　　収入金額　　　　 1,800,000円

　　　　　必要経費　　　　 2,600,000円

(2)　所得控除の内訳

　　　社会保険料控除　　国民健康保険　　　346,000円

　　　　　　　　　　　　国民年金　　　　　385,580円

　　　小規模企業共済等掛金控除　　　　　　600,000円

　　　生命保険料控除　　（旧）一般の生命保険（支払保険料）　　200,000円

　　　　　　　　　　　　（新）個人年金保険（支払保険料）　　　180,000円

　　　地震保険料控除　　地震保険（支払保険料）　　　　　　　　 30,000円

　　　障害者控除　　　　○○花子（身体障害者手帳に記された障害の程度３級）

　　　扶養控除　　　　　○○花子　平成18年１月17日生（所得はない）

　　　　　　　　　　　　○○二郎　平成19年10月10日生（所得はない）

(3)　予定納税額　　　　　　 100,000円（定額減税額控除後）

○○ 税務署長		青色	FA2203
令和 7 年 3 月 3 日	令和 **06** 年分の 所得税及び復興特別所得税 の 確定 申告書		第一表

納税地	〒 **550**-××××	個人番号（マイナンバー）	××××××××××××	生年月日	**3 57.08.15**	
現在の住所又は居所事業所等	△△市西区××2-7-9	フリガナ	マルマル　イチロウ			
		氏 名	○○　一郎			
令和 7 年 1 月 1 日の住所	同上	職業 酒類小売業	屋号・雅号 ○○リカー	世帯主の氏名 ○○　一郎	世帯主との続柄 本人	
種類	青 分離 国出 損失 修正	特農の表示 特農	整理番号	電話番号	自宅・勤務先・携帯 06-××××-××××	

収入金額等	事業	営 業 等	⑦	79735600
		農 業	④	
	不 動 産		⑨	1800000
	配 当		⑤	
	給 与 区分		⑰	
	雑	公 的 年 金 等	⑰	
		業 務 区分	⑯	
		そ の 他	⑰	
	総合譲渡	短 期	⑰	
		長 期	⑰	
	一 時		⑰	

所得金額等	事業	営 業 等	①	5987600
		農 業	②	
	不 動 産		③	-800000
	利 子		④	
	配 当		⑤	
	給与 区分		⑥	
	公 的 年 金 等		⑦	
	雑	業 務	⑧	
		そ の 他	⑨	
	⑦から⑨までの計		⑩	
	総合譲渡・一時⑪+{(⑦+⑦)×½}		⑪	
	合 計 (①から⑥までの計+⑩+⑪)		⑫	5187600

所得から差し引かれる金額	社会保険料控除	⑬	731580
	小規模企業共済等掛金控除	⑭	600000
	生命保険料控除	⑮	90000
	地震保険料控除	⑯	30000
	寡婦、ひとり親控除 区分	⑰~⑱	0000
	勤労学生、障害者控除	⑲~⑳	270000
	配偶者(特別)控除 区分	㉑~㉒	0000
	扶 養 控 除	㉓	760000
	基 礎 控 除	㉔	480000
	⑬から㉔までの計	㉕	2961580
	雑 損 控 除	㉖	
	医療費控除 区分	㉗	
	寄 附 金 控 除	㉘	
	合 計 (㉕+㉖+㉗+㉘)	㉙	2961580

税金の計算	課税される所得金額 (⑫-㉙) 又は第三表	㉚	2226000
	上の㉚に対する税額 又は第三表の㊾	㉛	125100
	配 当 控 除	㉜	
	区分	㉝	
	(特定増改築等) 住宅借入金等特別控除 区分	㉞	00
	政党等寄附金等特別控除	㊱~㊳	
	住宅耐震改修特別控除等 区分	㊴~㊵	
	差引所得税額 (㉛-㉜-㉝-㉞-㊱-㊲-㊳-㊴)	㊶	125100
	災害減免額・定額減税	㊷	90000
	再差引所得税額(基準所得税額)(㊶-㊷)	㊸	35100
	復興特別所得税額 (㊸×2.1%)	㊹	737
	所得税及び復興特別所得税の額 (㊸+㊹)	㊺	35837
	外国税額控除等 区分	㊻~㊼	
	源泉徴収税額	㊽	
	申告納税額 (㊺-㊻-㊼-㊽)	㊾	35837
	予定納税額 (第1期分・第2期分)	㊿	100000
	第3期分の税額 納める税金 (㊾-㊿)	㊱	00
	還付される税金	㊲	64163

修正申告	修正前の第3期分の税額 (還付の場合は頭に△を記載)	㊴	
	第3期分の税額の増加額	㊵	00

その他	公的年金等以外の合計所得金額	㊵	5187600
	配偶者の合計所得金額	㊶	
	専従者給与(控除)額の合計額	㊷	2500000
	青色申告特別控除額	㊸	550000
	雑所得・一時所得等の源泉徴収税額の合計額	㊹	
	未納付の源泉徴収税額	㊺	
	本年分で差し引く繰越損失額	㊻	
	平均課税対象金額	㊼	
	変動・臨時所得金額 区分	㊽	

延納の届出	申告期限までに納付する金額	㊾	00
	延 納 届 出 額	㊿	000

還付される税金の受取場所	×× 銀行金庫・組合農協・漁協 ○○ 本店・支店出張所本所・支所
郵便局名 等	
預金 種類 普通 当座 納税準備 貯蓄	
記号番号	9876543
公金受取口座登録の同意	公金受取口座の利用

整理欄	区分	A	B	C	D	E	F	G	H	2	J	K	
	異動							L				4	

整理欄	管理		名簿	

（縦書き欄右） 第一表 （令和五年分以降用） ㊹・㊺・㊾・㊿又は㊲の記入をお忘れなく。

(注) 1　令和6年分の所得税の申告書の様式は、まだ定められていないため、実際の申告書の様式と異なる場合があります（令和6年4月1日現在）。

　　　2　第一表に納税者本人の「個人番号」を、第二表に控除対象配偶者や扶養親族、事業専従者の「個人番号」を記載する必要があります。

令和 06 年分の所得税及び復興特別所得税の確定申告書

整理番号

FA2303

第二表（令和五年分以降用）

○第二表は、第一表と一緒に提出してください。○国民年金保険料や生命保険料の支払証明書など申告書に添付しなければならない書類は添付書類台紙などに貼ってください。

住所　△△市西区××2－7－9
屋号　○○リカー
フリガナ　マル マル　イチ ロウ
氏名　○○　一郎

	保険料等の種類	支払保険料等の計	うち年末調整等以外
⑬⑭ 社会保険料控除・小規模企業共済等掛金控除	国民健康保険	346,000円	346,000円
	国民年金	385,580	385,580
	中小企業基盤整備機構の共済契約の掛金	600,000	600,000
⑮ 生命保険料控除	新生命保険料	円	円
	旧生命保険料	200,000	200,000
	新個人年金保険料	180,000	180,000
	旧個人年金保険料		
	介護医療保険料		
⑯ 地震保険料控除	地震保険料	30,000円	30,000円
	旧長期損害保険料		

○ 所得の内訳（所得税及び復興特別所得税の源泉徴収税額）

所得の種類	種目	給与などの支払者の「名称」及び「法人番号又は所在地」等	収入金額	源泉徴収税額
			円	円
			㊽ 源泉徴収税額の合計額	円

本人に関する事項（⑰～⑳）	寡婦	ひとり親	勤労学生	障害者	特別障害者
	□ 死別 □ 生死不明 □ 離婚 □ 未帰還		□ 年調以外かつ専修学校等		

○ 雑損控除に関する事項（㉖）

損害の原因	損害年月日	損害を受けた資産の種類など
	． ．	
損害金額　円	保険金などで補填される金額　円	差引損失額のうち災害関連支出の金額　円

○ 総合課税の譲渡所得、一時所得に関する事項（⑪）

所得の種類	収入金額	必要経費等	差引金額
	円	円	円

○ 寄附金控除に関する事項（㉘）

寄附先の名称等		寄附金	円

特例適用条文等	

○ 配偶者や親族に関する事項（⑳～㉓）

氏名	個人番号	続柄	生年月日	障害者	国外居住	住民税	その他
		配偶者	明・大 昭・平 ． ．	障 特障	国外 年調	同一 別居	調整
○○　花子	××××××××××××	子	明・大 昭・平・令 18．1．17	障 特障	年調	16 別居	調整
○○　二郎	××××××××××××	子	明・大 昭・平・令 19．10．10	障 特障	年調	16 別居	調整
			明・大 昭・平・令 ． ．	障 特障	年調	16 別居	調整
			明・大 昭・平・令 ． ．	障 特障	年調	16 別居	調整

○ 事業専従者に関する事項（(57)）

事業専従者の氏名	個人番号	続柄	生年月日	従事月数・程度・仕事の内容	専従者給与（控除）額
○○　愛子	××××××××××××	妻	明・大 昭・平 59．11．19	12月	2,500,000
			明・大 昭・平 ． ．		

○ 住民税・事業税に関する事項

住民税	非上場株式の少額配当等	非居住者の特例	配当割額控除額	株式等譲渡所得割額控除額	給与、公的年金等以外の所得に係る住民税の徴収方法：特別徴収	自分で納付	都道府県、市区町村への寄附（特例控除対象）	共同募金、日赤その他の寄附	都道府県条例指定寄附	市区町村条例指定寄附
	円	円	円	円	○	○	円	円	円	円

退職所得のある配偶者・親族の氏名	個人番号	続柄	生年月日	退職所得を除く所得金額	障害者	その他	寡婦・ひとり親
			明・大 昭・平 ． ．	円	障 特障	調整	寡婦 ひとり親

事業税				
非課税所得など	番号	所得金額　円	損益通算の特例適用前の不動産所得　円	前年中の開(廃)業　開始・廃止　月日
不動産所得から差し引いた青色申告特別控除額			事業用資産の譲渡損失など	他都道府県の事務所等

上記の配偶者・親族・事業専従者のうち別居の者の氏名・住所	氏名	住所	国外	所得税で控除対象配偶者などとした専従者	氏名	給与　円	一連番号

整理欄				
申告区分	申告等年月日　年 月 日	所得種類		
特例適用条文	法　条　の　項　号	申告期限　年 月 日		

税理士法書面提出	
30条	33条の2
○	○

税理士署名・電話番号
（　　　－　　　－　　　）

設例2	医療費控除や住宅借入金等特別控除を受ける場合

　　　　　（サラリーマンの還付申告）

(1)　所得の内訳

　　　㈱△△商事からの給与（年末調整済）

　　　収入金額　　　　　　　7,984,000円

　　　給与所得控除後の金額　6,085,600円

　　　源泉徴収税額　　　　　110,400円

(2)　所得控除の内訳

　　　支払った医療費　　　　530,780円（保険金で補てんされる金額200,000円）

　　　うち、特定一般用医薬品等購入費　150,000円

　　　源泉徴収票に記載された所得控除の額の合計額　　2,828,472円

　　　（年末調整において控除を受けた内容に異動はない。）

(3)　住宅借入金等特別控除の内容

　　　住宅取得資金に係る借入金の年末残高等の内容

　　　　　⎧住宅金融支援機構分　　19,800,000円⎫
　　　　　⎩銀行からの借入分　　　　6,700,000円⎭

　　　家屋および土地等の取得価額　　36,000,000円（認定住宅に該当）

　　　居住年月日　　　　　　令和6年4月1日

令和 6 年分　　給与所得の源泉徴収票

	住所又は居所	△△市××町2−99					
支払を受ける者				(受給者番号) 0123			
				(役職名)			
				氏名	(フリガナ) マルマル　サブロウ ○　○　三　郎		

種　　別	支　払　金　額	給与所得控除後の金額 (調整控除後)	所得控除の額の合計額	源泉徴収税額
給与・賞与	内 7 984 000	6 085 600	2 828 472	内 110 400

(源泉)控除対象配偶者の有無等		配偶者(特別)控除の額	控除対象扶養親族の数 (配偶者を除く。)				16歳未満扶養親族の数	障害者の数 (本人を除く。)		非居住者である親族の数
有	従有		特　定	老　人		その他		特　別	その他	
			人 従人	内 人 従人		人 従人	人	内 人	人	人
○		0	1			1				

社会保険料等の金額	生命保険料の控除額	地震保険料の控除額	住宅借入金等特別控除の額
内 878 472 円	50 000 円	30 000 円	円

(摘要)

定額減税額 120,000円

生命保険料の金額の内訳	新生命保険料の金額	円	旧生命保険料の金額	118,000	介護医療保険料の金額	円	新個人年金保険料の金額	円	旧個人年金保険料の金額	円
住宅借入金等特別控除の額の内訳	住宅借入金等特別控除適用数		居住開始年月日(1回目)	年 月 日	住宅借入金等特別控除区分(1回目)		住宅借入金等年末残高(1回目)	円		
	住宅借入金等特別控除可能額	円	居住開始年月日(2回目)	年 月 日	住宅借入金等特別控除区分(2回目)		住宅借入金等年末残高(2回目)		円	

(源泉・特別)控除対象配偶者	(フリガナ) 氏名	マルマル　ケイコ ○　○　桂　子	区分		配偶者の合計所得	0		国民年金保険料等の金額	円	旧長期損害保険料の金額	円
					基礎控除の額	円		所得金額調整控除額	円		

		(フリガナ) 氏名		区分			(フリガナ) 氏名		区分
控除対象扶養親族	1	マルマル　フトシ ○　○　太			16歳未満の扶養親族	1			
	2	マルマル　ヒトシ ○　○　仁				2			
	3					3			
	4					4			

未成年者	外国人	死亡退職	災害者	乙欄	本人が障害者		寡婦	ひとり親	勤労学生	中途就・退職				受給者生年月日			
					特別	その他				就職	退職	年	月	日	元号	年	月	日
															昭和	52	1	30

支払者	住所(居所)又は所在地	△△市××区□□町1−1−1
	氏名又は名称	株式会社 △△商事　　(電話) 052-412-7289

住宅取得資金に係る借入金の年末残高等証明書

住宅取得資金の借入れ等をしている者	住　所	△△市××町２−９９			
	氏　名	○　○　三　郎			
住宅借入金等の内訳		1　住宅のみ　　2　土地等のみ　　③　住宅及び土地等			
住宅借入金等の金額	年末残高	予定額		6,700,000	円
	当初金額	令和6年　3　月　20　日		7,000,000	円
償還期間又は賦払期間		令和6年　4　月から 令和26年　3　月まで	の　20　年　0　月間		
居住用家屋の取得の対価等の額又は増改築等に要した費用の額					円
（摘要）					

　　租税特別措置法施行令第26条の２第１項の規定により、令和 6 年 12 月 31 日における租税特別措置法第41条第１項に規定する住宅借入金等の金額、同法第41条の３の２第１項に規定する増改築等住宅借入金等の金額、同条第５項に規定する断熱改修住宅借入金等の金額又は同条第８項に規定する多世帯同居改修住宅借入金等の金額等について、上記のとおり証明します。

　　令和 6 年 11 月 10 日

（住宅借入金等に係る債権者等）

所 在 地　○市

名　　称　　△△銀行株式会社

（事業免許番号等　　　　　　　　　　　　　）

住宅取得資金に係る借入金の年末残高等証明書

（住宅金融支援機構）	住宅取得資金の借入れをしている者	住　所	△△市××町2-99		
		氏　名	○　○　　三　郎		
	住宅借入金の内訳		1 住宅のみ　　　2 土地等のみ	③ 住宅及び土地等	
	住宅借入金の金額	年末残高	予定額		19,800,000 円
		当初金額	令和 6 年 3 月 10 日		21,000,000 円
	償　還　期　間		令和 6 年 4 月から 令和 26 年 3 月までの	20 年 0 月間	
	（摘要）				

（参　考）

・医療費控除額の計算

$$\underset{\binom{支払った}{医療費}}{530,780円} - \underset{\binom{保険金で補て}{んされる金額}}{200,000円} - \underset{\binom{申告書の⑤の5％と10万円}{のいずれか少ない方の額}}{100,000円} = 230,780円 \quad\cdots①$$

$$\underset{\binom{特定一般用医薬品等}{購入費}}{150,000円} - 12,000円 = 138,000円（88,000円が限度）\quad\cdots②$$

①医療費控除＞②セルフメディケーション税制　∴①医療費控除を選択

「医療費控除の明細書」を作成して、確定申告書に添付します。

・住宅借入金等特別控除の額の計算

$$(\underset{（△△銀行分）}{6,700,000円} + \underset{（住宅金融支援機構分）}{19,800,000円}) \times 0.7\% = \underset{（住宅借入金等特別控除額）}{185,500円}$$

「住宅借入金等特別控除額の計算明細書」を作成して、確定申告書に添付します。（この設例では省略しています。）

・定額減税額の計算

定額減税は、住宅借入金等特別控除などの税額控除後の所得税額から控除されますので、事例の場合、定額減税額は19,600円となります。

なお、本来の定額減税額（120,000円）との差額は、別途、給付金として支給されます。

△△ 税務署長		
令和 7 年 3 月 3 日	令和 06 年分の 所得税及び復興特別所得税 の 確定 申告書	FA2203

第一表（令和五年分以降用）

納税地	〒 514-××××	個人番号 マイナンバー ×××××××××××××	生年月日 3 52.01.30
現在の住所 又は 居所 事業所等	△△市××町2丁目 99 番地	フリガナ	マルマル　サブロウ
		氏名	○○　三郎
令和7年 1月1日 の住所	同 上	職業	屋号・雅号　○○ 三郎	世帯主の氏名　○○ 三郎	世帯主との続柄　本人

種類 青色 分離 国出 損失 修正 　特農の表示 特農　整理番号 090-××××-××××　電話番号 自宅・勤務先・携帯

収入金額等（単位は円）

事業	営業等	分	⑦	
	農業	分	⑦	
不動産		分	⑦	
配当			⑦	
給与		分	⑦	7 9 8 4 0 0 0
雑	公的年金等		⑦	
	業務	分	⑦	
	その他	分	⑦	
総合譲渡	短期		⑦	
	長期		⑦	
一時			⑦	

所得金額等

事業	営業等		①	
	農業		②	
不動産			③	
利子			④	
配当			⑤	
給与		分	⑥	6 0 8 5 6 0 0
	公的年金等		⑦	
雑	業務		⑧	
	その他		⑨	
⑦から⑨までの計			⑩	
総合譲渡・一時 ⑦+｛(⑦+⑦)×½｝			⑪	
合計 ①から⑥までの計+⑩+⑪			⑫	6 0 8 5 6 0 0

所得から差し引かれる金額

社会保険料控除	⑬	
小規模企業共済等掛金控除	⑭	
生命保険料控除	⑮	
地震保険料控除	⑯	
寡婦、ひとり親控除	⑰～⑱	0 0 0 0
勤労学生、障害者控除	⑲～⑳	0 0 0 0
配偶者 (特別)控除	㉑～㉒	0 0 0 0
扶養控除	㉓	0 0 0 0
基礎控除	㉔	0 0 0 0
⑬から㉔までの計	㉕	2 8 2 8 4 7 2
雑損控除	㉖	
医療費控除	㉗	2 3 0 7 8 0
寄附金控除	㉘	
合計 (㉕+㉖+㉗+㉘)	㉙	3 0 5 9 2 5 2

税金の計算

課税される所得金額 (⑫-㉙) 又は第三表	㉚	3 0 2 6 0 0 0
上の㉚に対する税額 又は第三表の㉜	㉛	2 0 5 1 0 0
配当控除	㉜	
分	㉝	
（特定増改築等）住宅借入金等特別控除 分	㉞	1 8 5 5 0 0
政党等寄附金等特別控除	㉟～㊲	
住宅耐震改修特別控除等 分	㊳～㊵	
差引所得税額 (㉛-㉜-㉝-㉞-㉟-㊱-㊲-㊳-㊵)	㊶	1 9 6 0 0
災害減免額・定額減税	㊷	1 9 6 0 0
再差引所得税額(基準所得税額) (㊶-㊷)	㊸	0
復興特別所得税額 (㊸×2.1%)	㊹	0
所得税及び復興特別所得税の額 (㊸+㊹)	㊺	0
外国税額控除等 分	㊻～㊼	
源泉徴収税額	㊽	1 1 0 4 0 0
申告納税額 (㊺-㊻-㊼-㊽)	㊾	△ 1 1 0 4 0 0
予定納税額 (第1期分・第2期分)	㊿	
第3期分の税額	納める税金	51	0 0
	還付される税金	52	1 1 0 4 0 0

修正申告

修正前の第3期分の税額 (還付の場合は頭に△を記載)	53	
第3期分の税額の増加額	54	0 0

その他

公的年金等以外の合計所得金額	55	
配偶者の合計所得金額	56	
専従者給与(控除)額の合計額	57	
青色申告特別控除額	58	
雑所得・一時所得等の源泉徴収税額の合計額	59	
未納付の源泉徴収税額	60	
本年分で差し引く繰越損失額	61	
平均課税対象金額	62	
変動・臨時所得金額 分	63	

延納の届出

申告期限までに納付する金額	64	0 0
延納届出額	65	0 0 0

還付される税金の受取場所	×× 銀行・金庫・組合 農協・漁協 △△ 本店・支店 出張所 本所・支所
郵便局名等	
預金 普通 当座 納税準備 貯蓄 種類	
口座番号記号番号	1 2 3 4 5 6 7
公金受取口座登録の同意	公金受取口座の利用

整理欄	区分	A B C D E F G H I J K
	異動	L
	補完	確認

(注) 1　令和6年分の所得税の確定申告書の様式は、まだ定められていませんので、実際の確定申告書の様式と異なる場合があります（令和6年4月1日現在）。

　　 2　第一表に納税者本人の「個人番号」を、第二表に控除対象配偶者や扶養親族、事業専従者の「個人番号」を記載する必要があります。

令和 **06** 年分の ^{所得税及び}_{復興特別所得税} の確定申告書

整理番号 □□□□□□□□　　FA2303

第二表（令和五年分以降用）○第二表は、第一表と一緒に提出してください。○国民年金保険料や生命保険料の支払証明書など申告書に添付しなければならない書類は添付書類台紙などに貼ってください。

住　所　△△市××町2丁目99番地
屋　号
フリガナ　マル　マル　サブ　ロウ
氏　名　○○　三郎

○ 所得の内訳（所得税及び復興特別所得税の源泉徴収税額）

所得の種類	種目	給与などの支払者の「名称」及び「法人番号又は所在地」等	収入金額	源泉徴収税額
給与	給料	(株)△△商事 △△市××区□□町1-1-1	7,984,000	110,400
		㊽ 源泉徴収税額の合計額		110,400

○ 総合課税の譲渡所得、一時所得に関する事項（⑪）

所得の種類	収入金額	必要経費等	差引金額
	円	円	円

特例適用条文等　**令和6年4月1日居住開始**

○ 配偶者や親族に関する事項（⑳〜㉓）

氏　名	個人番号	続柄	生年月日	障害者	国外居住	住民税	その他
		配偶者	明・大昭・平・令	障 特障	国外 年調	16 別居	調整
			明・大昭・平・令	障 特障	国外 年調	16 別居	調整
			明・大昭・平・令	障 特障	国外 年調	16 別居	調整
			明・大昭・平・令	障 特障	国外 年調	16 別居	調整

○ 事業専従者に関する事項（㊺）

事業専従者の氏名	個人番号	続柄	生年月日	従事月数・程度・仕事の内容	専従者給与（控除）額
			明・大昭・平		
			明・大昭・平		

○ 住民税・事業税に関する事項

住民税	非上場株式の少額配当等	非居住者の特例	配当割額控除額	株式等譲渡所得割額控除額	給与、公的年金等以外の所得に係る住民税の徴収方法		都道府県、市区町村への寄附（特例控除対象）	共同募金、日赤その他の寄附	都道府県条例指定寄附	市区町村条例指定寄附
					特別徴収	自分で納付				

	退職所得のある配偶者・親族の氏名	個人番号	続柄	生年月日	退職所得を除く所得金額	障害者	その他	寡婦・ひとり親
				明・大昭・平		障 特障	寡婦 寡 ひとり親	

事業税	非課税所得など	所得金額	損益通算の特例適用前の不動産所得	前年中の開（廃）業	開始・廃止		
	不動産所得から差し引いた青色申告特別控除額		事業用資産の譲渡損失など	他都道府県の事務所等			

上記の配偶者・親族・事業専従者のうち別居の者の氏名・住所	氏名	住所		所得税で控除対象配偶者などとした専従者	給与	一連番号	

整理欄	申告区分	申告等年月日		異動				所得種類		申告区分		法			

税理士署名・電話番号
◯◯　（　　−　　　−　　　）

	保険料等の種類	支払保険料等の計	うち年末調整等以外
⑬⑭ 社会保険料控除 小規模企業共済等掛金控除		円	円
⑮ 生命保険料控除	新生命保険料	円	円
	旧生命保険料		
	新個人年金保険料		
	旧個人年金保険料		
	介護医療保険料		
⑯ 地震保険料控除	地震保険料	円	円
	旧長期損害保険料		

本人に関する事項（⑰〜⑲）	寡婦 □死別 □生死不明 □離婚 □未帰還	ひとり親	勤労学生 □年調以外かつ専修学校等	障害者	特別障害者

○ 雑損控除に関する事項（㉖）

損害の原因	損害年月日	損害を受けた資産の種類など

損害金額	円	保険金などで補填される金額	円	差引損失額のうち災害関連支出の金額	円

○ 寄附金控除に関する事項（㉘）

寄附先の名称等		寄附金	

令和6年分　医療費控除の明細書【内訳書】

※この控除を受ける方は、セルフメディケーション税制は受けられません。

住所　△△市××町2-99　　　　　　　　氏名　○○三郎

この明細書は、申告書と一緒に提出してください。

1 医療費通知に記載された事項

医療費通知（※）を添付する場合、右記の(1)～(3)を記入します。

※医療保険者等が発行する医療費の額等を通知する書類で、次の6項目が記載されたものをいいます。
（例：健康保険組合等が発行する「医療費のお知らせ」）
①被保険者等の氏名、②療養を受けた年月、③療養を受けた者、④療養を受けた病院、診療所・薬局等の名称、⑤被保険者等が支払った医療費の額、⑥医療費等の名称

(1) 医療費通知に記載された医療費の額（自己負担額）(注)	(2) (1)のうちその年中に実際に支払った医療費の額	(3) (2)のうち生命保険や社会保険（高額療養費など）などで補てんされる金額
876,000 円	377,000 円	200,000 円

(注)　医療費通知には前年支払分の医療費が記載されている場合がありますのでご注意ください。

2 医療費（上記1以外）の明細

「領収書1枚」ごとではなく、「医療を受けた方」・「病院等」ごとにまとめて記入できます。

(1) 医療を受けた方の氏名	(2) 病院・薬局などの支払先の名称	(3) 医療費の区分	(4) 支払った医療費の額	(5) (4)のうち生命保険や社会保険（高額療養費など）などで補てんされる金額
○○桂子	××薬局	□診療・治療 ☑医薬品購入 □介護保険サービス □その他の医療費	80,000 円	円
○○太	ドラッグストア△△	□診療・治療 ☑医薬品購入 □介護保険サービス □その他の医療費	50,000	
○○仁	○○薬局	□診療・治療 ☑医薬品購入 □介護保険サービス □その他の医療費	20,000	
○○三郎	××タクシー	□診療・治療 □医薬品購入 □介護保険サービス ☑その他の医療費	3,780	
		□診療・治療 □医薬品購入 □介護保険サービス □その他の医療費		
		□診療・治療 □医薬品購入 □介護保険サービス □その他の医療費		
		□診療・治療 □医薬品購入 □介護保険サービス □その他の医療費		
		□診療・治療 □医薬品購入 □介護保険サービス □その他の医療費		
		□診療・治療 □医薬品購入 □介護保険サービス □その他の医療費		
		□診療・治療 □医薬品購入 □介護保険サービス □その他の医療費		
		□診療・治療 □医薬品購入 □介護保険サービス □その他の医療費		
		□診療・治療 □医薬品購入 □介護保険サービス □その他の医療費		
		□診療・治療 □医薬品購入 □介護保険サービス □その他の医療費		
2 の 合 計			⑦ 153,780	㋑ 0
医 療 費 の 合 計		A ⑦+⑦ 530,780 円	B ㋑+㋜ 200,000 円	

3 控除額の計算

支払った医療費	(合計) 530,780 円	A
保険金などで補てんされる金額	200,000	B
差引金額（A-B）	(マイナスのときは0円) 330,780	C
所得金額の合計額	6,085,600	D
D ×0.05	(赤字のときは0円) 304,200	E
Eと10万円のいずれか少ない方の金額	100,000	F
医療費控除額（C-F）	(最高200万円、赤字のときは0円) 230,780	G

申告書第一表の「所得金額等」の合計欄の金額を転記します。
(注)　次の場合には、それぞれの金額を加算します。
・退職所得及び山林所得がある場合・・・その所得金額
・ほかに申告分離課税の所得がある場合・・・その所得金額（特別控除前の金額）
なお、損失申告の場合には、申告書第四表（損失申告用）の「4繰越損失を差し引く計算」欄の⑨の金額を転記します。

申告書第一表の「所得から差し引かれる金額」の医療費控除欄に転記します。

| 設例3 | 公的年金等と一時所得や雑所得などがある場合 |

(1)　所得の内訳

　　雑所得　公的年金等

　　　　収入金額　　　　　　　　　　　3,372,000円

　　　　源泉徴収税額　　　　　　　　　　　　　0円

　　雑所得　原稿料

　　　　収入金額　　　　　　　　　　　　456,000円

　　　　必要経費　　　　　　　　　　　　 80,000円

　　　　源泉徴収税額　　　　　　　　　　 46,557円

　　一時所得　生命保険契約の満期金

　　　　収入金額　　　　　　　　　　　3,260,000円

　　　　払込保険料等の金額　　　　　　1,980,000円

　　上場株式等の譲渡所得（特定口座）

　　　　収入金額　　　　　　　　　　　3,615,000円

　　　　取得費および譲渡に要した費用　4,053,000円

　　上場株式等の配当所得等（特定口座）

　　　　収入金額　　　　　　　　　　　　258,000円

　　（○○証券会社交付の「特定口座年間取引報告書（投資家交付用）」に

　　よる。）

(2)　所得控除の内訳

　　社会保険料控除

　　　　国民健康保険料　　　　185,600円

　　　　介護保険料　　　　　　 55,600円

　　生命保険料控除　　　（旧）一般の生命保険（支払保険料）　162,000円

　　地震保険料控除　　　地震保険　　　　　　　　　　　　　 58,000円

　　配偶者控除　　　　　○○秋子（妻）昭和35.10.30生（給与所得 130,000円）

令和 6 年分　　公的年金等の源泉徴収票

支払を受ける者	住所又は居所	△△市○○区△△町 3 丁目 32 番地					
	(フリガナ)	マルマル タ ロウ	生年月日	明治　大正　(昭和)　平成　令和			
	氏　名	○　○　太　郎		31 年	3 月	15 日	

区分	支　払　金　額	源　泉　徴　収　税　額
所得税法第203条の3第1号・第4号適用分	3　372 千　000 円	千　0 円
所得税法第203条の3第2号・第5号適用分		
所得税法第203条の3第3号・第6号適用分		
所得税法第203条の3第7号適用分		

本　　人				源泉控除対象配偶者の有無等	控除対象扶養親族の数			16歳未満の扶養親族の数	障害者の数		非居住者である親族の数	社会保険料の額
特別障害者	その他の障害者	特別寡婦	寡婦寡夫	一般　老人	特定	老人	その他		特別	その他		55 千 600 円
					人	人	人	人	内　人	人	人	

源泉控除対象配偶者			控除対象扶養親族			16歳未満の扶養親族		
(フリガナ)	マルマル アキコ	区分	(フリガナ)		区分	(フリガナ)		区分
氏名	○　○　秋　子		1 氏名			1 氏名		

(摘要)				
【社会保険料の内訳】介護保険料額 55,600円	(フリガナ)		区分	(フリガナ)　　区分
【定額減税額】 50,437円	2 氏名			2 氏名

支 払 者	法人番号	6 0 0 0 0 0 1 2 0 7 0 0 0 1
	所在地	東京都千代田区霞が関 1 丁目 2 番 2 号
	名　称	厚生労働省年金局事業企画課長　電話番号

（受給者交付用）

(参　考)

・雑所得（公的年金等）の金額の計算

$$3,372,000円 \times 75\% - 275,000円 = 2,254,000円$$

・雑所得（原稿料）の金額の計算

（収入金額）　（必要経費）　（所得金額）

$$456,000円 - 80,000円 = 376,000円$$

・一時所得の金額の計算

（生命保険満期金収入額）（払込保険料の金額）（特別控除額）（一時所得の金額）

$$3,260,000円 - 1,980,000円 - 500,000円 = 780,000円$$

（一時所得の金額）（総所得金額に参入する一時所得の金額）

$$780,000円 \times \frac{1}{2} = 390,000円$$

・定額減税額の計算

　　公的年金等にかかる定額減税は、公的年金等にかかる源泉所得税等の額から順次控除されますが、確定申告書を提出する場合は、確定申告により精算されます。

令和 6 年分　　特定口座年間取引報告書（投資家交付用）

税務署長　殿　　　　　　　　　　　　　　　　　　　　　　　　　令和 7 年 1 月

特定口座開設者	住所（居所）	△△市○○区△△町3丁目32番地	フリガナ	マルマル タ ロウ		勘定の種類	①保管 2 信用 ②配当等
	氏 名	○ ○ 太 郎					
	前回提出時の住所又は居所	同 上	生年月日	明・大㊅ 平・令 31 ・ 3 ・15		口座開設年月日	平31・2・16
			個人番号			源泉徴収の選択	①有 2 無

（譲渡の対価の支払状況）

種 類	銘 柄	株（口）数又は額面金額	譲渡の対価の額	譲渡年月日	譲渡区分
株 式	○○株式会社	100 株（口）・千円	3 615 千 000 円	6・12・10	上 場 分
			・・		
			・・		
			・・		

（譲渡に係る年間取引損益及び源泉徴収税額等）

		源泉徴収税額（所得税）	千 円	株式等譲渡割額	千 円	外国所得税の額	千 円

譲 渡 区 分	① 譲渡の対価の額（収入金額）	② 取得費及び譲渡に要した費用の額等	③ 差引金額（譲渡所得等の金額）（①－②）
上 場 分	3 615 千 000 円	4 053 千 000 円	△ 438 千 000 円
特 定 信 用 分			
合 計	3 615 000	4 053 000	△ 438 000

（配当等の交付状況）

種類	銘柄	株（口）数又は額面金額	配当等の額（特別分配金の額）	源泉徴収額（所得税）	配当割額（住民税）	上場株式配当等控除額	外国所得税の額	交付年月日 支払確定又は支払の年月日
株式	○○株式会社	1000 株（口）・千円	258 000 千 円	39 512 千 円	12 900 千 円	千 円	千 円	6・7・20 (6・6・25)
								(・ ・)
								(・ ・)
								(・ ・)

（配当等の額及び源泉徴収税額等）

	種 類	配当等の額	源泉徴収税額（所得税）	配当割額（住民税）	特別分配金の額	上場株式配当等控除額	外国所得税の額
特定上場株式等の配当等	④株式、出資又は基金	258 000 千 円	39 512 千 円	12 900 千 円	千 円	千 円	千 円
	⑤特定株式投資信託						
	⑥投資信託又は特定受益証券発行信託（⑤、⑦及び⑧以外）						
	⑦オープン型証券投資信託						
	⑧国外株式又は国外投資信託等						千 円
	⑨合計（④＋⑤＋⑥＋⑦＋⑧）	258 000	39 512	12 900			
上記以外のもの	⑩公社債					千 円	
	⑪社債的受益権					千 円	
	⑫投資信託又は特定受益証券発行信託（⑩及び⑭以外）					千 円	
	⑬オープン型証券投資信託					千 円	
	⑭国外公社債等又は国外投資信託等					千 円	千 円
	⑮合計（⑩＋⑪＋⑫＋⑬＋⑭）						
	⑯譲渡損失の金額	438 000			（摘要）		
	⑰差引金額（⑨＋⑮－⑯）	△ 180 000					
	⑱納付税額						
	⑲還付税額（⑨＋⑮－⑱）		39 512	12 900			

金融商品取引業者等	所在地	△△市○○町 5－3－1		法人番号	××××××××××××
	名 称	○○証券株式会社	（電話）		

整理欄　①　　　　　②

385

　申告分離課税の株式等に係る譲渡所得等を有する者で、確定申告書を提出する必要のある場合は「一般株式等に係る譲渡所得等の金額の計算に関する明細書」、「上場株式等に係る譲渡所得等の金額の計算に関する明細書」、「所得税の確定申告書付表（上場株式等に係る譲渡損失の繰越用）」を確定申告書に添付しなければなりません。
　ただし、申告する取引が一つの特定口座のみの場合、「特定口座年間取引報告書」を確定申告書に添付することにより「株式等に係る譲渡所得等の金額の計算明細書」の添付を省略することができます。
　なお、この記載例では、いずれの様式の記載も省略しています。

△△ 税務署長	令和 **06** 年分の 所得税及び復興特別所得税 の 確定申告書	分離	FA2203
令和 7 年 3 月 3 日			

納税地 〒 464-××××　個人番号 ××××××××××××　生年月日 3 31.03.15

現在の住所又は居所 事業所等　△△市○○区△△町 3丁目32番地

フリガナ　マルマル　タロウ
氏名　○○　太郎

令和7年1月1日の住所　同上

世帯主の氏名 ○○ 太郎　世帯主との続柄 本人
電話番号 052-×××-××××

（単位は円）

収入金額等
- 事業 営業等 ㋐
- 事業 農業 ㋑
- 不動産 ㋒
- 配当 ㋓
- 給与 ㋔
- 雑 公的年金等 ㋕ 3 372 000
- 雑 業務 ㋖ 456 000
- 雑 その他 ㋗
- 総合譲渡 短期 ㋘
- 総合譲渡 長期 ㋙
- 一時 ㋚ 780 000

所得金額等
- 事業 営業等 ①
- 事業 農業 ②
- 不動産 ③
- 利子 ④
- 配当 ⑤
- 給与 ⑥
- 雑 公的年金等 ⑦ 2 254 000
- 雑 業務 ⑧ 376 000
- 雑 その他 ⑨
- ⑦から⑨までの計 ⑩ 2 630 000
- 総合譲渡・一時 ⑪ 390 000
- 合計 ⑫ 3 020 000

所得から差し引かれる金額
- 社会保険料控除 ⑬ 241 200
- 小規模企業共済等掛金控除 ⑭
- 生命保険料控除 ⑮ 50 000
- 地震保険料控除 ⑯ 50 000
- 寡婦、ひとり親控除 ⑰~⑱ 0 000
- 勤労学生、障害者控除 ⑲~⑳ 0 000
- 配偶者（特別）控除 ㉑~㉒ 380 000
- 扶養控除 ㉓ 0 000
- 基礎控除 ㉔ 480 000
- ⑬から㉔までの計 ㉕ 1 201 200
- 雑損控除 ㉖
- 医療費控除 ㉗
- 寄附金控除 ㉘
- 合計 ㉙ 1 201 200

税金の計算
- 課税される所得金額（⑫-㉙）又は第三表 ㉚ 000
- 上の㉚に対する税額又は第三表の㊙ ㉛ 90 900
- 配当控除 ㉜
- ㉞ 00
- 政党等寄附金等特別控除 ㊵
- 住宅耐震改修特別控除等 ㊶ 90 900
- 災害減免額・定額減税 ㊷ 60 000
- 再差引所得税額（基準所得税額）㊸ 30 900
- 復興特別所得税額（㊸×2.1%）㊹ 648
- 所得税及び復興特別所得税の額（㊸+㊹）㊺ 31 548
- 外国税額控除等 ㊼
- 源泉徴収税額 ㊽ 46 557
- 申告納税額（㊺-㊼-㊽）㊾ △ 15 009
- 予定納税額（第1期分・第2期分）㊿
- 第3期分の税額 納める税金 ﹇51 00
- 第3期分の税額 還付される税金 ﹇52 15 009
- 修正申告 修正前の第3期分の税額 ﹇53
- 第3期分の税額の増加額 ﹇54 00

その他
- 公的年金等以外の合計所得金額 ﹇55 766 000
- 配偶者の合計所得金額 ﹇56
- 専従者給与（控除）額の合計額 ﹇57
- 青色申告特別控除額 ﹇58
- 雑所得・一時所得等の源泉徴収税額の合計額 ﹇59 46 557
- 未納付の源泉徴収税額 ﹇60
- 本年分で差し引く繰越損失額 ﹇61
- 平均課税対象金額 ﹇62
- 変動・臨時所得金額 ﹇63
- 延納の届出 申告期限までに納付する金額 ﹇64 00
- 延納届出額 ﹇65 00

還付される税金の受取場所　△× 銀行　○○　普通
郵便局名等　種類　本店・支店・本所・支所
口座番号記号番号　1020345

整理欄 A B C D E F G H 1 J K L 7

（注）1　令和6年分の所得税の確定申告書の様式は、まだ定められていませんので、実際の確定申告書の様式と異なる場合があります（令和6年4月1日現在）。
　　　2　第一表に納税者本人の「個人番号」を、第二表に控除対象配偶者や扶養親族、事業専従者の「個人番号」を記載する必要があります。

令和 06 年分の 所得税及び復興特別所得税 の確定申告書

整理番号 □□□□□□□□

FA2303

第二表

住所　△△市○○区△△町
屋号　３丁目３２番地
フリガナ　マル　マル　タ　ロウ
氏名　○○　太郎

保険料等の種類	支払保険料等の計	うち年末調整等以外
⑬⑭社会保険料控除 源泉徴収票のとおり	55,600 円	円
国民健康保険	185,600	185,600
⑮生命保険料控除 新生命保険料	円	円
旧生命保険料	162,000	162,000
新個人年金保険料		
旧個人年金保険料		
介護医療保険料		
⑯地震保険料控除 地震保険料	58,000 円	58,000 円
旧長期損害保険料		

○ 所得の内訳（所得税及び復興特別所得税の源泉徴収税額）

所得の種類	種目	給与などの支払者の「名称」及び「法人番号又は所在地」等	収入金額	源泉徴収税額
雑	年金	厚生労働省年金局	3,372,000	0 円
雑	原稿料	××株式会社	456,000	46,557

㊽源泉徴収税額の合計額　46,557

本人に関する事項（⑰〜⑳）
□死別　□生死不明
□離婚　□未帰還
ひとり親　勤労学生（□年調以外かつ専修学校等）　障害者　特別障害者

○ 雑損控除に関する事項（㉖）
損害の原因	損害年月日	損害を受けた資産の種類など

損害金額　円　保険金などで補塡される金額　円　差引損失額のうち災害関連支出の金額　円

○ 総合課税の譲渡所得、一時所得に関する事項（⑪）

所得の種類	収入金額	必要経費等	差引金額
一時	3,260,000 円	1,980,000 円	1,280,000 円

○ 寄附金控除に関する事項（㉘）
寄附先の名称等　　　　　寄附金　円

特例適用条文等

○ 配偶者や親族に関する事項（⑳〜㉓）

氏名	個人番号	続柄	生年月日	障害者	国外居住	住民税	その他
○○　秋子	××××××××××××	配偶者 明・大・平	35.10.30	障・特障	国外・年調	16・別居	調整
		明・大・昭・平・令	． ．	障・特障	年調・16	別居	調整
		明・大・昭・平・令	． ．	障・特障	年調・16	別居	調整
		明・大・昭・平・令	． ．	障・特障	年調・16	別居	調整
		明・大・昭・平・令	． ．	障・特障	年調・16	別居	調整

○ 事業専従者に関する事項（�57）

事業専従者の氏名	個人番号	続柄	生年月日	従事月数・程度・仕事の内容	専従者給与（控除）額
		明・大・昭・平	． ．		円
		明・大・昭・平	． ．		

○ 住民税・事業税に関する事項

住民税	非上場株式の少額配当等	非居住者の特例	配当割額控除額	株式等譲渡所得割額控除額	給与・公的年金等以外の所得に係る住民税の徴収方法 特別徴収・自分で納付	都道府県、市区町村への寄附（特例控除対象）	共同募金、日赤その他の寄附	都道府県条例指定寄附	市区町村条例指定寄附
			0 円	0 円		円	円	円	円

退職所得のある配偶者・親族の氏名	個人番号	続柄	生年月日	退職所得を除く所得金額	障害者	その他
		明・大・平	． ．	円	障・特障	寡婦・ひとり親

事業税	非課税所得など	所得金額	損益通算の特例適用前の不動産所得		前年中の開（廃）業	開始・廃止　月　日
	不動産所得から差し引いた青色申告特別控除額		事業用資産の譲渡損失など		他都道府県の事務所等	○

上記の配偶者・親族・事業専従者のうち別居の者の氏名・住所
氏名　　　住所

所得税で控除対象配偶者などとした専従者
氏名　　　給与

一連番号

令和 06 年分の 所得税及び 復興特別所得税 の 確定 申告書 (分離課税用)

FA2401

第三表

| 住所 屋号 | △△市○○区△△町 3丁目32番地 |
| フリガナ 氏名 | マル マル タ ロウ ○　○　太　郎 |

整理番号 ☐☐☐☐☐☐☐☐ 一連番号 ☐☐☐☐

特　例　適　用　条　文					
	法		条	項	号
所法 ⊙ 措法 震法	37	条の 12 の 2	1	項	号
所法 措法 震法		条の の		項	号
所法 措法 震法		条の の		項	号

（単位は円）

○第三表は、申告書の第一表・第二表と一緒に提出してください。

収入金額	分離課税	短期譲渡 一般分	㋝		税金の計算	税金の計算額	⑦ 対応分	85				9 0 9 0 0
		軽減分	㋘				⑱ 対応分	86				
		長期譲渡 一般分	㋛				⑲ 対応分	87				
		特定分	㋟				⑳ 対応分	88				
		軽課分	㋠				㉑ 対応分	89				0
		一般株式等の譲渡	㋡				㉒ 対応分	90				
		上場株式等の譲渡	㋢	3 6 1 5 0 0 0			㉓ 対応分	91				
		上場株式等の配当等	㋤	2 5 8 0 0 0			㉔ 対応分	92				
		先物取引	㋥				85から92までの合計 (申告書第一表の㉛に転記)	93				9 0 9 0 0
	山林		㋐			そ の 他	株式等配当	本年分の㉓・㉔から 差し引く繰越損失額	94			
	退職		㋑					翌年以後に繰り越される 損失の金額	95		1 8 0 0 0 0
所得金額	分離課税	短期譲渡 一般分	66				先物取引	本年分の㉕から 差し引く繰越損失額	96			
		軽減分	67					本年分の㉕から 差し引く繰越損失額	97			
		長期譲渡 一般分	68					翌年以後に繰り越される 損失の金額	98			
		特定分	69									
		軽課分	70			○ 分離課税の短期・長期譲渡所得に関する事項						
		一般株式等の譲渡	71									
		上場株式等の譲渡	72	- 1 8 0 0 0 0								
		上場株式等の配当等	73	0								
		先物取引	74									
	山林		75									
	退職		76									

○ 分離課税の短期・長期譲渡所得に関する事項

区 分	所得の生ずる場所	必要経費	差引金額（収入金額−必要経費）	特別控除額
		円	円	円
差引金額の合計額	99			
特別控除額の合計額	100			

税金の計算	課税される所得金額	総合課税の合計額 (申告書第一表の⑫)	12	3 0 2 0 0 0 0
		所得から差し引かれる金額 (申告書第一表の㉙)	29	1 2 0 1 2 0 0
		⑫ 対応分	77	1 8 1 8 0 0 0
		66 67 対応分	78	0 0 0
		68 69 70 対応分	79	0 0 0
		71 72 対応分	80	0 0 0
		73 対応分	81	0 0 0
		74 対応分	82	0 0 0
		75 対応分	83	0 0 0
		76 対応分	84	0 0 0

○ 上場株式等の譲渡所得等に関する事項

上場株式等の譲渡所得等の 源泉徴収税額の合計額	101	0

○ 退職所得に関する事項

区 分	収 入 金 額	退職所得控除額
一般	円	円
短期		
特定役員		

整理欄	A	B	C	申告等年月日	
	D	E	F	通算	
	取得期間 資産		入力	申告区分	特例期間

設例 4　土地建物等の譲渡所得がある場合（青色申告）

(1)　所得の内訳

　　　譲渡所得　　　居住用の土地および建物の売却

　　　　　　収入金額　　　　　　　　　　　　70,000,000円

　　　　　　取得費、改良費および譲渡費用　　13,000,000円

　　　　　　（居住用財産を譲渡した場合の課税の特例（措法35）および居住用財産を譲渡

　　　　　　した場合の長期譲渡所得の軽減税率の特例（措法31の 3 ）の適用可能）

　　　事業所得(営業等)　　　歯科医業

　　　　　　収入金額　　　　60,006,180円

　　　　　　　　　　　　　　　　（社会保険診療報酬支払基金からの報酬 41,548,000円）

　　　　　　必要経費　　　　43,649,000円（うち青色申告特別控除額 650,000円）

　　　　　　（電子申告（e-Tax）を利用）

　　　　　　専従者給与額　　 2,000,000円（妻：○○春子　昭和56年11月 8 日生）

　　　　　　源泉徴収税額　　 3,906,928円

　　　　　　（社会保険診療報酬が5,000万円以下で、かつ、医師および歯科医業にかかる

　　　　　　収入金額が7,000万円以下の場合は措法第26条の所得計算の特例の適用が可能

　　　　　　ですが、本例の場合は適用していません。）

(2)　所得控除の内訳

　　　社会保険料控除

　　　　　　国民健康保険　　　　　548,000円

　　　　　　国民年金　　　　　　　385,580円

　　　　生命保険料控除　　　（旧）一般の生命保険（支払保険料）　　384,000円

　　　　　　　　　　　　　　　（旧）個人年金保険　（支払保険料）　　560,000円

　　　　地震保険料控除　　　地震保険　　　　　　　　　　　　　　52,000円

　　　　扶養控除　　　○○昌平　平成15年 5 月 1 日生

　　　　　　　　　　　○○昴平　平成19年 2 月 3 日生

(3)　予定納税額　　　　500,000円

(参　考)

○譲渡所得金額の計算

・居住用財産の譲渡……132ページ参照

・居住用財産を譲渡した場合の長期譲渡所得の軽減税率の適用

……229ページ参照

$$\underset{\substack{\left(\text{居住用土地・}\atop\text{建物の売却収入}\right)}}{70,000,000円} - \underset{\substack{(\text{取得費等})}}{13,000,000円} - \underset{\substack{\left(\text{居住用財産}\atop\text{の特別控除}\right)}}{30,000,000円} = \underset{\substack{\left(\text{課税長期譲渡}\atop\text{所得の金額}\right)}}{27,000,000円}$$

○事業税の非課税所得

医師または歯科医師の所得のうち社会保険診療報酬にかかる部分については事業税は非課税とされています。

この設例ではこの所得金額を9,500,000円としています。

○基礎控除額の算定

この設例では「合計所得金額」（175ページ コメント 参照）が2,500万円を超えるため基礎控除額（210ページ「15　基礎控除」参照）はゼロ（0円）となります。

〈合計所得金額の計算〉

$$\underset{\substack{(\text{事業所得の金額})}}{14,357,180円} + \underset{\substack{\left(\text{分離課税の土地建物等の譲渡}\atop\text{所得の金額（特別控除前）}\right)}}{57,000,000円} > 25,000,000円$$

○定額減税

合計所得金額が1,805万円を超えるため、定額減税の対象外となります。

令和 7 年 3 月 3 日　△△税務署長

令和 **0 6** 年分の 所得税及び復興特別所得税 の 確定申告書

青色　分離　**F A 2 2 0 3**

第一表

納税地	〒 2 3 1 - × × × ×	個人番号(マイナンバー) × × × × × × × × × × × ×	生年月日 3 5 0 . 1 1 . 3 0

現在の住所又は居所事業所等：△△市××町３７－９

令和7年1月1日の住所：同上

職業：歯科医師　屋号・雅号：○○歯科　世帯主の氏名：○○吉郎　世帯主との続柄：本人

フリガナ：マルマル　ヨシロウ　氏名：○○　吉郎

電話番号　045 - XXX -XXXX

（令和五年分以降用）

単位は円

収入金額等

事業	営業等 ㋐	6 0 0 0 6 1 8 0
事業	農業 ㋑	
不動産 ㋒		
配当 ㋓		
給与 ㋔		
雑	公的年金等 ㋕	
雑	業務 ㋖	
雑	その他 ㋗	
総合譲渡	短期 ㋘	
総合譲渡	長期 ㋙	
一時 ㋚		

所得金額等

事業	営業等 ①	1 4 3 5 7 1 8 0
事業	農業 ②	
不動産 ③		
利子 ④		
配当 ⑤		
給与 ⑥		
雑	公的年金等 ⑦	
雑	業務 ⑧	
雑	その他 ⑨	
⑦から⑨までの計 ⑩		
総合譲渡・一時 ②+{(㋙+㋚)×½} ⑪		
合計 (①から⑥までの計+⑩+⑪) ⑫		1 4 3 5 7 1 8 0

所得から差し引かれる金額

社会保険料控除 ⑬		9 3 3 5 8 0
小規模企業共済等掛金控除 ⑭		
生命保険料控除 ⑮		1 0 0 0 0 0
地震保険料控除 ⑯		5 0 0 0 0
寡婦、ひとり親控除 ⑰~⑱		0 0 0 0
勤労学生、障害者控除 ⑲~⑳		0 0 0 0
配偶者(特別)控除 ㉑~㉒		0 0 0 0
扶養控除 ㉓		1 0 1 0 0 0 0
基礎控除 ㉔		0 0 0 0
⑬から㉔までの計 ㉕		2 0 9 3 5 8 0
雑損控除 ㉖		
医療費控除 ㉗		
寄附金控除 ㉘		
合計 (㉕+㉖+㉗+㉘) ㉙		2 0 9 3 5 8 0

税金の計算

課税される所得金額 (⑫-㉙)又は第三表 ㉚		0 0 0
上の㉚に対する税額又は第三表の㉝ ㉛		5 2 1 0 7 9 0
配当控除 ㉜		
区分 ㉝		
(特定増改築等)住宅借入金等特別控除 区分 ㉞		0 0
政党等寄附金等特別控除 ㉟~㊲		
住宅耐震改修特別控除等 区分 ㊳~㊵		
差引所得税額 ㊶		5 2 1 0 7 9 0
災害減免額・定額減税 ㊷		0
再差引所得税額(基準所得税額) (㊶-㊷) ㊸		5 2 1 0 7 9 0
復興特別所得税額 (㊸×2.1%) ㊹		1 0 9 4 2 6
所得税及び復興特別所得税の額 (㊸+㊹) ㊺		5 3 2 0 2 1 6
外国税額控除等 区分 ㊻~㊼		
源泉徴収税額 ㊽		3 9 0 6 9 2 8
申告納税額 (㊺-㊻-㊼-㊽) ㊾		1 4 1 3 2 0 0
予定納税額 (第1期分・第2期分) ㊿		5 0 0 0 0 0
第3期分の税額 納める税金 (㊾-㊿) 51		9 1 3 2 0 0
第3期分の税額 還付される税金 52		
修正前の第3期分の税額(還付の場合は頭に△を記載) 53		
第3期分の税額の増加額 54		0 0

その他

公的年金等以外の合計所得金額 55		7 1 3 5 7 1 8 0
配偶者の合計所得金額 56		
専従者給与(控除)額の合計額 57		2 0 0 0 0 0 0
青色申告特別控除額 58		6 5 0 0 0 0
雑所得・一時所得等の源泉徴収税額の合計額 59		
未納付の源泉徴収税額 60		
本年分で差し引く繰越損失額 61		
平均課税対象金額 62		
変動・臨時所得金額 63		

延納の届出

申告期限までに納付する金額 64		0 0
延納届出額 65		0 0 0

㊹・㊺・㊾ 51 又は 52 の記入をお忘れなく。

還付される税金の受取場所：
銀行・金庫・組合／農協・漁協　本店・支店／出張所／本所・支所
郵便局名等
預金種類：普通・当座・納税準備・貯蓄
口座番号記号番号

公金受取口座登録の同意　公金受取口座の利用

A	B	C	D	E	F	G	H	2	I	J	K
						L					7

整理欄　管理　名簿

(注) 1　令和６年分の所得税の申告書の様式は、まだ定められていませんので、実際の申告書の様式と異なる場合があります（令和６年４月１日現在）。

　　2　第一表に納税者本人の「個人番号」を、第二表に控除対象配偶者や扶養親族、事業専従者の「個人番号」を記載する必要があります。

令和 0 6 年分の 所得税及び 復興特別所得税 の確定申告書

整理番号 □□□□□□□□　　FA2303

住　所　△△市××町37−9
屋　号　○○歯科
フリガナ　マル　マル　ヨシ　ロウ
氏　名　○○　吉郎

○ 所得の内訳（所得税及び復興特別所得税の源泉徴収税額）

所得の種類	種目	給与などの支払者の「名称」及び「法人番号又は所在地」等	収入金額	源泉徴収税額
事業	事業	社会保険診療報酬支払基金	41,548,000円	3,906,928円

㊽ 源泉徴収税額の合計額 | 3,906,928

○ 総合課税の譲渡所得、一時所得に関する事項（⑪）

所得の種類	収入金額	必要経費等	差引金額
	円	円	円

特例適用
条文等

○ 配偶者や親族に関する事項（⑳〜㉓）

氏名	個人番号	続柄	生年月日	障害者	国外居住	住民税	その他
	□□□□□□□□□□□□	配偶者	明・大昭・平・令	障 特障	国外 年調	同一 別居	調整
○○ 昌平	××××××××××××	子	明・大昭・平・令 15.5.1	障 特障	国外 年調	16 別居	調整
○○ 昂平	××××××××××××	子	明・大昭・平・令 19.2.3	障 特障	国外 年調	16 別居	調整
			明・大昭・平・令	障 特障		16 別居	調整
			明・大昭・平・令	障 特障		16 別居	調整

○ 事業専従者に関する事項（㊿）

事業専従者の氏名	個人番号	続柄	生年月日	従事月数・程度・仕事の内容	専従者給与（控除）額
○○ 春子	××××××××××	妻	明・大昭・平・令 56.11.8	12月	2,000,000
			明・大昭・平・令		

○ 住民税・事業税に関する事項

住民税	非上場株式の少額配当等	非居住者の特例	配当割額控除額	株式等譲渡所得割額控除額	給与、公的年金等以外の所得に係る住民税の徴収方法 特別徴収 / 自分で納付	都道府県、市区町村への寄附（特例控除対象）	共同募金、日赤その他の寄附	都道府県条例指定寄附	市区町村条例指定寄附
	円	円	円	円		円	円	円	円

退職所得のある配偶者・親族の氏名	個人番号	続柄	生年月日	退職所得を除く所得金額	障害者	その他	寡婦・ひとり親
			明・大昭・平 ・・				

事業税	非課税所得など	番号 8	所得金額 9,500,000	損益通算の特例適用前の不動産所得	円	前年中の開（廃）業	開始・廃止 月 日
	不動産所得から差し引いた青色申告特別控除額			事業用資産の譲渡損失など		他都道府県の事務所等	

上記の配偶者・親族・事業専従者のうち別居の者の氏名・住所		住所		所得税で控除対象配偶者などとした専従者	氏名		給与		一連番号

整理欄	申告等区分		申告年月日		条の		所得の種類		申告区分		税理士署名・電話番号 （　　−　　　−　　　　）

第二表（右側）

	保険料等の種類	支払保険料等の計	うち年末調整等以外
⑬⑭ 社会保険料控除 小規模企業共済等掛金控除	国民健康保険	548,000円	548,000円
	国民年金	385,580	385,580
⑮ 生命保険料控除	新生命保険料	円	円
	旧生命保険料	384,000	384,000
	新個人年金保険料		
	旧個人年金保険料	560,000	560,000
	介護医療保険料		
⑯ 地震保険料控除	地震保険料	52,000円	52,000円
	旧長期損害保険料		

本人に関する事項（⑰〜⑳）

寡婦		ひとり親	勤労学生		障害者	特別障害者
□死別　□生死不明 □離婚　□未帰還			□年調以外かつ専修学校等			

○ 雑損控除に関する事項（㉖）

損害の原因	損害年月日	損害を受けた資産の種類など
	・・	

損害金額	円	保険金などで補塡される金額	円	差引損失額のうち災害関連支出の金額	円

○ 寄附金控除に関する事項（㉘）

寄附先の名称等		寄附金	円

第二表（令和五年分以降用）○第二表は、第一表と一緒に提出してください。○国民年金保険料や生命保険料等の支払証明書など申告書に添付しなければならない書類は添付書類台紙などに貼ってください。

令和 06 年分の 所得税及び復興特別所得税 の 確定 申告書（分離課税用）

FA2401

第三表

整理番号 □□□□□□□□　一連番号

特　例　適　用　条　文

法		条	項	号
所法○措法	31	条の 3 の	項	号
所法○措法	35	条の 条の	1 項	号
所法 措法 震法		条の	項	号

住所 △△市××町３７－９
屋号 ○○歯科
氏名 ○○ 吉郎

（単位は円）

収入金額

分離課税	短期譲渡	一般分 ㋛	
		軽減分 ㋜	
	長期譲渡	一般分 ㋝	
		特定分 ㋞	
		軽課分 ㋟	70000000
	一般株式等の譲渡 ㋠		
	上場株式等の譲渡 ㋡		
	上場株式等の配当等 ㋢		
	先物取引 ㋣		
山林 ㋤			
退職 ㋥			

所得金額

分離課税	短期譲渡	一般分 66	
		軽減分 67	
	長期譲渡	一般分 68	
		特定分 69	
		軽課分 70	27000000
	一般株式等の譲渡 71		
	上場株式等の譲渡 72		
	上場株式等の配当等 73		
	先物取引 74		
山林 75			
退職 76			

税金の計算

総合課税の合計額（申告書第一表の⑫） ⑫	14357180
所得から差し引かれる金額（申告書第一表の㉙） ㉙	2093580
課税される所得金額	⑫対応分 77	12263000
	66 67 対応分 78	000
	68 69 70 対応分 79	27000000
	71 72 対応分 80	000
	73 対応分 81	000
	74 対応分 82	000
	75 対応分 83	000
	76 対応分 84	000

税金の計算 税額

⑦ 対応分 85	2510790
⑦ 対応分 86	
⑦ 対応分 87	2700000
⑧ 対応分 88	
⑧ 対応分 89	
⑧ 対応分 90	
⑧ 対応分 91	
⑧ 対応分 92	
85から92までの合計（申告書第一表の㉛に転記） 93	5210790

その他

株式等 本年分の71・72から差し引く繰越損失額 94	
翌年以後に繰り越される損失の金額 95	
配当 本年分の73から差し引く繰越損失額 96	
先物取引 本年分の74から差し引く繰越損失額 97	
翌年以後に繰り越される損失の金額 98	

○ 第三表は、申告書の第一表・第二表と一緒に提出してください。

○ 分離課税の短期・長期譲渡所得に関する事項

区分	所得の生ずる場所	必要経費	差引金額（収入金額－必要経費）	特別控除額
長期軽課	△△市××町	13,000,000 円	57,000,000 円	30,000,000 円
差引金額の合計額 99		57,000,000		
特別控除額の合計額 100		30000000		

○ 上場株式等の譲渡所得等に関する事項

上場株式等の譲渡所得等の源泉徴収税額の合計額 101

○ 退職所得に関する事項

区分	収入金額	退職所得控除額
一般	円	円
短期		
特定役員		

整理欄	A 1 C	申告等年月日	
	D E F	通算	
	取得期間 資産	入力	申告区分 特例期間

《著者略歴》

藤本　清一（ふじもと　せいいち）

関西大学法学部卒。大蔵省(現財務省)主税局所得税第一係長，税制専門官，大阪国税不服審判所審判官，田辺税務署長，大阪国税局課税第一部資料調査第一課長，所得税課長，神戸税務署長，大阪商業大学教授，大阪経済大学教授などを歴任。現在，税理士。

《主な著書（共著を含む）》
「会社の税務経理」「会社の税金」（以上，全経出版会），「地方税」（大成出版），「やさしい演習実務簿記」「中小企業のオヤジの税金学」（以上，清文社），「生活の中の税金知識」「住まいをめぐる税金」「わかりやすい所得税の確定申告」「ビジネス簿記入門」（以上，税務研究会出版局），「税法の基本」「医院・歯科医院の税務ハンドブック」，「勘定科目と仕訳」，「会社の会計処理と決算」（以上，実務出版），「やさしい税法200問」，「ビジネスと法」（以上，法律文化社）など。

《令和6年度版改訂共著者略歴》

中嶋　輝男（なかしま　てるお）

大阪国税局所得税課審理係長，審理課総括主査，税務大学校教授，今津税務署長，大阪国税不服審判所神戸支所長，高松国税不服審判所部長審判官，豊能税務署長等を歴任。現在，公益社団法人神戸納税協会専務理事，税理士。

《主な著書（共著を含む）》
「申告所得税取扱いの手引」「一目でわかる医療費控除」「所得税実務問答集」（以上，清文社），「生活の中の税金知識」「医療費控除のすべてがわかる本」「わかりやすい所得税の確定申告」（以上，税務研究会出版局）など。

一瀬　圭子（いちせ　けいこ）

甲南大学法学部卒。大阪公立大学大学院(修士)修了。大阪国税局個人課税課審査指導係長，課長補佐，審理課課長補佐，安芸税務署長，大阪国税不服審判所神戸支所審判官，大阪国税局税務相談室主任相談官等を歴任。現在，税理士。

《主な著書（共著を含む）》
「所得税確定申告の手引」「申告所得税取扱いの手引」「相続税・贈与税の手引」「消費税の取扱いと申告の手引」「所得税問答集」（以上，清文社）など。

本書の内容に関するご質問は、税務研究会ホームページのお問い合わせフォーム（https://www.zeiken.co.jp/contact/request/）よりお願い致します。なお、個別のご相談は受け付けておりません。

本書刊行後に追加・修正事項がある場合は、随時、当社のホームページ（https://www.zeiken.co.jp/）にてお知らせ致します。

所得税入門の入門

平成11年2月25日	平成10年度版（初版）発行	（著者承認検印省略）
令和6年6月7日	令和6年度版第1刷印刷	
令和6年6月14日	令和6年度版第1刷発行	

© 著者 藤 本 清 一

発行所　週刊「税務通信」「経営財務」発行所
　　　　税 務 研 究 会 出 版 局
　　　　代表者　山 根　　毅
　　　　〒100-0005
　　　　東京都千代田区丸の内1-8-2 鉄鋼ビルディング
　　　　https://www.zeiken.co.jp/

乱丁・落丁の場合は、お取替えします。　印刷・製本　藤原印刷㈱
ISBN978-4-7931-2823-3